KB194404

일본인은 어떻게 신이 되는가

人神信仰의 根本原理와 構造

일본인은 어떻게 신이 되는가

人神信仰의 根本原理와 構造

2005년 7월 20일 초판1쇄 인쇄
2005년 7월 30일 초판1쇄 발행

지은이 고마쓰 가즈히코
옮긴이 김용의 외
펴낸이 홍기원

펴낸곳 민속원
주 소 서울 금천구 시흥5동 220-33 한광빌딩 B-1호
등 록 제18-1호
전 화 02) 805-3320, 806-3320
팩 스 02) 802-3346
E-mail minsok1@chollian.net

ⓒ 민속원, 2005
값 14,000원

ISBN   89-5638-273-5   93380

일본인은
어떻게
신이 되는가

人神信仰의 根本原理와 構造

小松和彦 著 / 金容儀 외 共譯

민 속 원

한국어판 저자서문

이 책은 원래 보통 일본인들이 현재의 일본 신사와 신에 대해서 깊이 이해할 수 있도록 한다는 의도에서 집필되었다. 이 저서가 한국인들도 읽을만하다고 판단되어, 한국어 번역판이 출판되게 된 것을 무척 기쁘게 생각한다.

신사神社란 신이 거주하는 공간이다. 일본에는 각양각색의 신사가 존재한다. 즉 광대한 부지에 거대한 신전을 갖춘 신사가 존재하는가 하면, 다른 한편으로는 길 한쪽에 쓸쓸하게 세워져 있는 작은 신사(이 작은 신사는 호코라祠라고 한다)도 있다. 게다가 집 한 구석에 특별히 마련한 가미다나神棚라는 공간과 같은 신사도 있다. 신사란, 그 곳이 일본임을 말해주는 상징물이라 해도 과언이 아니다.

그런데, 신사에는 어떤 신이 모셔져 있는 것일까? 신사는 어떤 역사적

과정을 거쳐 성장해 온 것일까? 이 책에서는 일본 신사의 다양성, 제사를 모시는 신의 다양성을 이해하기 위한 일조로, 죽은 사람의 영혼을 신으로 모셔 놓은 신사에 초점을 맞추어, 이런 유형의 신사가 건립되어 가는 과정을 개관해 보았다. 이 책을 읽어보시면 알겠지만, 본인이 바라던 그대로 인생을 구가하다 죽은 위정자 및 정치적 패자에서 압정에 항의하다 죽은 서민에 이르기까지, 신이 된 사람들은 여러 유형이다. 나는 이를 정리하여 '사람을 신으로 모신 신사' 즉 '인신 신사人神神社'를, 재앙신崇り神 유형과 현창신顯彰神 유형으로 크게 나누어 보았다.

재앙신 유형(이를 원령이라고도 한다)이란, 일반적으로 살해당하든지 하여 이 세상에 원한을 남기고 죽었다고 추정되는 사람의 영혼을 신으로 모신 것이다. 옛날 일본인들은 이런 유형의 영혼은 저승에 가서도 생전의 원한을 떨쳐버리지 못하고, 기회가 있으면 자신을 죽음으로 내몬 사람들에게 신비한 방법으로 복수하려 한다고 생각하였다. 예를 들어 역병이 유행하면 이는 원령의 짓이라고 판단하였다. 이 재액을 물리치기 위한 최선의 방법으로 생각해 낸 것이 원령을 신으로 모시는 일이었다. 신사를 건립하여 원령을 신으로 모심으로써, 재액을 초래하는 힘을 진정시키거나 봉쇄하려고 했던 셈이다. 일본인은 원한을 남기고 죽은 사람의 재앙(신비스런 공격)을 두려워하였다. 고대에는 위정자도 정쟁政爭으로 물러난 정적의 원령을 두려워하였다. 이 신앙은 지금도 서민들 사이에는 살아 있다. 이 같은 재앙신(원령) 신앙이 위로는 국가에서 아래로는 서민에 이르기까지 다양한 계층에 확산되었고 그 재앙신을 진정시키기 위해서 신사를 건립하는 문화가 확대되고, 크고 작은 다양한 유형의 재앙신 신사가 고대에서 근대까지 건립되었다. 그리고 시골에서는 현재까지도 계속해서 건립되고 있다.

현창신 유형은 앞에서 언급한 재앙신 유형보다 훨씬 늦게 출현한 인신 신사이다. 이 유형의 신앙은 생전에 위업을 달성한 인물을 신으로 모신 것이다. 이 유형의 신은 중세 이후에 출현했으리라 보지만, 국가의 최고권력자 스스로가 사후에 신으로 모셔지기를 희망한 경우는, 이 책에서 다룬 도요토미 히데요시豊臣秀吉가 최초였을 것으로 생각된다. 이런 유형의 신의 특징은, 위업을 달성한 인물을 찬양하고 영원토록 기억하기 위한 장치로써 신이라는 관념이나 신사라는 장치를 이용한다는 점에 있다. 예를 들면 각종 직업집단은 그 직업집단의 시조로 전해지는 인물을 신으로 모시거나 혹은 영주의 자손이나 영주의 치세를 찬양하고자 하는 백성들은 그 초대 영주를 신으로 모심으로써 현창하고 기억하고자 했던 것이다.

　여기서 강조하고 싶은 것은 현창신 유형의 신사는 근대에 들어서서 급증했다는 점이다. 이는 일본의 근대국가에서 국민을 지배하는 데에 효과가 있다고 판단하여, 적극적으로 이런 유형의 신사를 건립했기 때문이다. 현재 일본의 대사大社의 대부분은 근대에 들어서서 국가가 건립한 것이다. 예를 들면, 메이지천황明治天皇을 모신 메이지 신궁明治神宮, 헤이안쿄(平安京, 京都)를 세운 간무천황桓武天皇을 모신 헤이안 신궁平安神宮, 진무천황神武天皇을 모신 가시와라 신궁橿原神宮, 구스노키 마사시게楠木正成를 모신 미나토가와 신사湊川神社 등은 그 어느 것이나 근대에 들어서서 국가가 건립한 신사이다.

　그렇지만, 현창신 유형에도 국가가 아닌 일반사람들에 의해 건립된 신사가 있다. 일본 최후의 내전이라 일컫는 세난전쟁西南戰爭에서 패해 죽은 반정부군薩摩軍의 총대장인 사이고 다카모리西鄕隆盛를 신으로 모신 난슈신사南洲神社는 그 전형적인 경우이다.

　이 책에서는 거론하지 않았지만, 현재 문제가 되고 있는 야스쿠니신사靖國神社도 앞에서 언급한 신사의 역사, 바꿔 말하자면 신사에 내포된 신앙의 전통이라는 문맥으로도 이해할 수 있을 것이다. 야스쿠니신사는 유신전쟁維新戰爭으로 죽은 신정부군의 사망자를 현창하고 그 영혼을 위로하기 위해서, 신정부 구체적으로는 육군과 해군이 건립한 인신 신사로, 그 후로는 대외전쟁에서 전사한 일본 장병의 영혼을 신으로 모신 것이다. 야스쿠

니 신사는 제국의 육·해군이 해체된 후에도 하나의 종교법인으로 존속했다. 오늘날에도 가장 군국주의적인 신사이다. 이 신사의 기층에 흐르는 신 관념에 관해서, 필자는 「누가 '영혼'을 관리할 수 있는가(誰が「たましい」を管理できるのか)」(『신이 존재하지 않는 시대의 민속학(神なき時代の民俗學)』, せりか書房, 2002)에서 자세히 서술한 적이 있다.

한국과 일본은 바다를 끼고 이웃한 나라이며, 고고학의 시대부터 현대까지 다양한 형태로 교류를 해 왔다. 다양한 교류 속에는 물론 국가간의 우호적인 교류도 있었으며 한쪽 국가에 의한 침략이나 지배·피지배라는 형태의 교류도 있었다. 특히 근대에는 잊을 수 없는 불행한 역사가 있었다.

나는 이러한 역사를 반성하고 극복하여 바람직한 관계를 구축해가기 위해서는 상호이해를 더욱 심화시켜 가는 것이 매우 중요하다고 생각한다. 특히 연구자는 비록 국가간에 마찰이 있을 때에도, 상호이해를 학문적으로 진전시켜야 한다고 생각하고 있다. 학문 레벨에서 상호이해를 축적하지 않으면, 일반 시민들 사이의 친밀한 교류가 도저히 가능할 수 없기 때문이다. 한국인에 의한 일본연구, 일본인에 의한 한국연구, 혹은 한일교류사·한일비교문화론, 더욱이 아시아에 있어 한국이나 일본의 정치적, 경제적, 그리고 문화적 관계나 역할에 관한 연구성과는, 다양한 경로를 거쳐 최종적으로는 한일 양국민의 상호이해를 심화시키는 데에 공헌해야만한다. 보잘것없는 책이기는 하지만, 이 한국어 번역판이 그와 같은 상호이해에 일조 할 수 있기를 바라고 있다.

마지막으로, 이 책을 한국어로 번역하여 주신 전남대학교 일어일문학과 김용의 교수와 대학원생 여러분들의 노고에 진심으로 감사드리는 바이다.

2005년 6월 1일
저자 고마쓰 가즈히코小松和彦

사람은 어떻게 해서 신이 되는가?

　민속학에 관한 공부를 막 시작했을 무렵에 민속조사라는 명목으로 촌락 몇 군데를 걸어 다녔다. 그 때 몇 번인가, 기묘한 분위기를 지닌 신격神格을 모신 사당을 목격했다. 그 신격은 와카미야사마若宮様로 부르고 있었다. 처음에는 매우 단순하게 '와카미야若宮'의 '와카若'를 '젊은 나이에 죽은 사람의 영혼'이라는 의미로 이해했다. 이윽고 대부분의 신격은 그 지역 사람들이 비운의 죽음을 맞이한 사람을 '신'으로 모신 것으로, '거칠게 날뛰는' 즉 '신위神威가 강력한' 신격이라는 사실을 알게 되었다. 더 분명히 말하자면, 사람들을 상대로 여러 가지 재액災厄을 초래하는, 인간 쪽에서 아직 충분히 제어할 수 없는 상태의 신격을 의미한다는 사실을 알게

9

되었다. 말하자면 '거칠게 날뛰는' 영혼이 불러일으키는 '재액'을 신으로 모심으로써 진정시키고자 했던 것이다.

이 세상 사람이 죽은 후에 '신'으로 모셔지는 일은 오래된 습속의 일종이었다. 만약 전국 각지에 있는 크고 작은 다양한 신사神社나 사당 종류를 조사해 보면, 아마도 우리들의 상상을 훨씬 뛰어넘는 '신이 된 사람'에 관한 수치가 나오지 않을까 싶다.

'와카미야'라는 호칭은 '고료御靈'[1]와 거의 같은 의미를 지닌 말이다. 이 '와카미야' 가운데는, 예를 들면 스가와라노 미치자네菅原道眞의 영혼을 모신 기타노 덴만구北野天滿宮나 안베 세베에山家淸兵衛를 모신 와레신사和靈神社 등과 같이, 그 후에 신앙이 성장하여 독자적인 신명神名을 획득한 것도 있었다.

사람을 신으로 모신 시설을 조사해 보면 압도적으로 많은 것이 신사이다. 신으로 모셨으므로 신사가 많은 것이 당연하지 않겠는가, 하고 생각할지도 모른다. 그렇지만 그렇게 단언할 수는 없다. 불교 계통의 시설에서도 사람을 신(불교적인 설명이나 명칭이 부여되는 경우가 많지만)으로 모시는 경우를 볼 수 있기 때문이다. 예를 들면, 그 전형적인 사례로 에도江戶시대의 의민義民전승[2]으로 잘 알려진 사쿠라 소고로佐倉惣五郎를 모신 소고영당宗吾靈堂나 고보대사弘法大師 구카이空海[3]를 모신 고야산 오쿠노인(高野山奧の院, 구카이의 영묘) 등을 들 수가 있다.

즉 우리들에게 중요한 것은 어떤 이유에선가 사람을 사후에 신격화하

---

1) 뜻하지 않은 재난으로 비운의 죽음을 맞이하거나 생전의 원한을 풀지 못한 채 분하게 죽은 사람의 혼령을 가리킨다. 이 혼령이 내리는 재앙을 가리켜서 일본어로 '다타리(祟り)'라 한다.
2) 농민반란을 일으켜서 죄를 뒤집어쓰고 처형된 의민(義民)을 제사 지내고 그의 행적을 이야기하는 것.
3) 헤이안(平安)시대 초기의 승려이다. 일본의 진언종(眞言宗)의 개조(開祖)이다. 804년에 당(唐)으로 들어가 혜과(惠果)의 제자가 되었으며 806년에 일본으로 돌아왔다. 고보대사는 그의 시호(諡號)이다.

고, 그 결과 그 사람을 제사 지내기 위한 시설을 세운다는 점이다. 그 신격을 신으로 부르던지 부처로 부르던지, 아니면 영혼이나 신령神靈으로 부르던지 문제가 되지 않는다. 신도神道 계통의 종교인이 그 제사에 깊이 관여하면 신이 되는 것이고, 불교 계통의 종교인이 관여하는 경우에는 부처 -즉 대일여래大日如來나 비사문천毘沙門天-가 되어 불당으로 모시게 되는 것이다.

사람을 신으로 제사 지내는 종교시설에 신사가 많은 데에는 이유가 있다. 왜냐하면 이 습속의 원류를 불교가 일본에 전래되기 이전부터 일본인들이 지니고 있던, '재액을 초래하는 신'을 진정시키고자 했던 사상에서 찾아볼 수 있기 때문이다. 예를 들면 『히타치노구니 풍토기常陸國風土記』에 보이는, 재앙을 초래하는 야쓰노 신夜刀の神을 진정시키기 위해서 개척자인 야하즈노 마타치箭括麻多智가 "사당을 세워서 내가 제주祭主가 되어 당신을 모실테니까 원한을 품지 마시오, 재앙을 내리지 마시오."라고 빌었다는 기록은, 이 점을 잘 말해주고 있다.

이 야쓰노 신이 죽은 사람의 영혼인지 아닌지는 놔두고라도, 이처럼 '재앙을 내리는 신'을 위해 사당을 세워서, 즉 제사를 모심으로써 진정시키고자 했던 신앙의 연장선상에서, 사람을 신으로 모시는 신앙이 생겨났다. 그 제사를 지내던 사람의 연장선에서 나중에 신직神職[4]이니 샤케社家[5]니 하고 부르게 된 신도 계통의 종교인이 존재하게 되었다. 따라서 그 제사를 지내기 위한 시설이 신사라는 사실은 당연하다.

그런데 이 같은 '재앙을 내리는 신'에 대한 진혼(제사를 모심) 사상 속으로 외래사상인 불교가 차츰 침투해 갔다. 불교는 고대부터 신기神祇사상의 배제·박멸이 아니라, 협조·융화를 추구함으로써 세력을 확대하고 침투했다. 그 결과가 신불습합神佛習合[6]이라는 사상과 실천이었다.

---

4) 신사(神社)에서 신을 받드는 일에 종사하는 사람이다. 신관(神官)이라고도 한다.
5) 신직(神職)을 세습하는 집안을 가리킨다.

불교는 죽은 사람의 영혼의 행방을 비롯하여 그 영혼의 관리 및 장례식에 이르기까지 관여하고, 죽은 사람 모두를 '부처佛'[7]로 삼기에 이르렀다. 게다가 '재앙을 내리는 신' 계열의 신사에도 깊이 관여하기에 이르렀다. 그 명목은 제사 지내는 신격을 진혼 – 불교적인 용어로는 공양供養 – 한다는 것으로, 공양탑供養塔에서 공양당供養堂, 더 나아가서는 사원까지 건립하게 된 것이다. 즉 불교는 공양이라고 하는 불교적인 방식에 따른 제사를 전개해 간 셈이다. '재앙을 내리는 신'(재앙을 내리는 영혼)을 공양하기 위해 건립된 소토바卒塔婆[8]나 불당 등은, 신도의 사당이나 신사에 해당되는 것이었다.

그런데 천 년이나 된 신불습합神佛習合의 역사가 갑자기 국가권력으로 인해 끝을 맺게 되었다. 메이지明治 초기의 신불분리神佛分離이다. 이 때, 대부분의 신불습합 절과 신사에서는 샤케社家 계통의 종교인이 국가권력을 배경으로 권력을 획득하여 절을 신사로, 혹은 신사에서 불교적인 색채를 몰아내고 말았다. 오랫동안 불교가 주도적인 위치에 있었던, 이른바 신궁사神宮寺의 대부분이 신사로 바뀌었다. 이 영향을 받아서 '사람을 제사지낸 사원'도 신사로 바뀌었다. 예를 들면 후지와라노 가마타리藤原鎌足의 묘묘廟를 모체로 하여 생겨 난 도노미네 절多武峯寺이 모습을 바꾼 단잔 신사談山神社나, 미나모토노 미쓰나카源滿仲의 묘묘廟를 지키는 다다인多田院에서 생겨 난 다다 신사多田神社 등은 이런 종류의 신사에 해당한다.

또 한 가지 유의할 점이 있다. 새삼스럽게 말할 필요도 없지만, 사후에 신으로 모시는 영혼이 존재한다는 것은 한편으로 사후에 신으로 모셔지지

---

6) 일본 고유의 신도신앙과 불교신앙을 절충하여 융합한 사상으로 신불혼효(神佛混淆)라고도 한다.

7) 일본어로 '호토케(佛)'란 일반적으로 부처를 의미하지만 죽은 사람이나 그 혼령을 가리켜서 호토케라고도 한다.

8) 불교에서 공양추선(供養追善)을 위해 묘지에 세우는 윗 부분이 탑 모양으로 된 가늘고 긴 판자를 말한다.

않는 그 밖의 많은 영혼이 존재한다는 것을 의미한다. 특별한 인생을 산 사람만이 신으로 모셔질 자격이 있었다. 그 자격이란 사후에 사람들에게 재앙을 내리는가 아닌가에 달려있었다.

민속학에서는 일본의 신에 관한 관념의 본질은 조령祖靈 혹은 조상에게 있다고 생각해 왔다. 그렇지만 여기서 사후에 신으로 모시는 영혼 ─ 민속학에서는 이를 인신人神으로 구별한다 ─ 과 민속학에서 말하는 조령으로서의 신은 분명하게 다르다.

사람은 누구나 조령이 될 자격을 지니고 있다. 조령이란 자손들이 제사를 모시는 신격神格이다. 그렇지만 자손 누구나가 조상을 모실 수 있는 것은 아니다. 조상으로부터 대대로 물려 내려 온 집안의 계승자만이 제사의 주체가 될 수 있었던 것이다.

이처럼 조상의 제사를 모시는 관습에서 볼 수 있는 신격과, 사람을 신으로 모시는 관습에서 볼 수 있는 신격이란, 똑같이 신이라는 용어를 사용할지라도 질적으로 커다란 차이가 있다.

이런 습속에 관해 깊이 고찰한 사람이 야나기타 구니오柳田國男[9]였다.

---

9) 흔히 일본 민속학의 창시자라 부른다. 1875년(明治 8년)에 효고 현(兵庫縣) 가미히가시 군(神東郡)의 다하라 촌(田原村)에서 마쓰오카(松岡)집안의 여섯 번째 아들로 태어나, 1962년(昭和 37년)에 87세의 나이로 사망하였다. 그는 1901년 5월에 야나기타(柳) 집안의 양자로 입적하여, 이 때부터 성(姓)을 야나기타로 바꾸게 된다. 1897년에 23세의 나이로 동경제국대학 법과대학 정치과에 입학하여 농정학자인 마쓰자키 구라노스케(松崎藏之助)에게 농정학(農政學)을 배운다. 동경제국대학에 입학하기 전의 야나기타는 문학, 특히 그 중에서도 일본의 전통시가인 단카(短歌) 쪽에 관심을 갖고 15세의 나이에 문학잡지에 단카를 투고하기도 하였다. 또한 18세 때에는 단카시인 마쓰우라 하기쓰보(松浦萩坪)의 문하(門下)로 들어가 본격적으로 단가를 배웠다. 흔히 야나기타 구니오의 문체는 학술적으로보다 문학적으로 더 뛰어나다는 평가를 받는데, 이 같은 평가의 배경에는 문학청년으로서의 그의 문학적 재능이 큰 몫을 차지하고 있었다고 볼 수 있다.

그의 생애에서 빼놓을 수 없는 것은 고급행정관료로서의 그의 생애이다. 1900년에 대학을 졸업하고 농상무성(農商務省)의 농무국(農務局)에 들어감으로써 행정관료의 길을 걷게 된다. 1910년에는 내각 서기관 기록과장(內閣書記官記錄課長)을 겸임하게 되며, 1913년에는 법제국 서기관을 겸임한다. 1914년에는 귀족원 서기관장이 되어 관사생활을 시작하였으며, 1919년에 당시 귀족원 의장이었던 도쿠가와 이에사토(德家達)와 대

그는 「사람을 신으로 제사 모시는 풍습人を神に祀る風習」이라는 논문에서 그 점에 대해서 분명하게 지적하고 있다.

"죽은 사람을 신으로 제사 모시는 관행은 분명 지금보다 옛날에 더욱 성행하였다. 그러나 그와 동시에 오늘날에는 이미 개의치 않는 일종의 제한 사항이 최근까지 전국적으로 인정되었다. 중국에서 사당祠堂이라 부르고 우리들이 다마야靈屋라고 부르는 일가 전용의 사적인 묘廟는 별도로 하고, 널리 공적인 제사를 지내고 기원하는 대상이 되는 신사의 신들 중에서, 사람을 신으로 모신 경우에는 이전에 특히 몇 가지 조건이 있었다. 즉 나이가 들어서 자연스럽게 생을 마감한 사람은 우선 대상이 되지 않았다. 사후에 여한餘恨을 갖고 있는 것으로 인정되고, 따라서 자주 재앙을 내리는 방식으로 분노나 기쁨의 감정을 나타낼 수 있는 사람만이 영험한 신으로 모셔지게 되었다."

사람을 신으로 모시는 저변에 존재하는 것은 '재앙을 내린다'는 관념으로 재앙을 내릴 수 없는 사자死者의 영혼은, 자손의 범위를 벗어난 사람들로부터 신으로써 모셔지는 일이 없었다.

그런데 시간의 흐름과 역사의 진전과 함께 사람을 신으로 제사 모시는 습속에도 여러 가지 변화가 생겨, 여한을 지닌 채 죽었다고 생각되지 않는 사람, 훌륭한 업적을 남기고 천수天壽를 다하고 죽은 사람일지라도, 이윽고 신사나 사당을 만들어서 신(부처)으로 모시게 되었다. 위정자나 민중의 의식에 변화가 생긴 것이다. 이 것이 뒤에 생겨난 '신이 된 사람들'의

립하여 이를 사임하였다. 야나기타 구니오는 관료생활을 하는 동안에 일본 각지를 돌아다니면서 산업조합이나 농회(農會) 등에 관해 순회강연을 실시하였는데, 행정관료 시절에 강연을 위해 일본 각지를 돌아다니며 보고 들은 농촌생활의 실태는, 그가 일본의 민속학을 정립해 가는 데에 많은 도움이 되었다. 특히 야나기타 구니오는 행정관료였던 시기에 한국과도 깊은 관계를 맺게 되는데, 예를 들어 1910년 8월에 한일합방과 관련한 법제(法制) 작성에 관여하였으며, 그 뒤 1911년 6월에 한일합방에 기여한 공로로 훈오등서보장(勳五等瑞寶章)을 수여하였다. 당시 야나기타가 어떤 입장에서 한일합방에 관여했는가에 대해서는 아직 구체적으로 알려지지 않고 있다.

유형이다.

사람을 신으로 모시는 습속의 구조와 변천

사람을 신으로 제사 모시는 습속을 고찰할 때에 첫 번째로 생각해야만 하는 요소는 그 습속을 유지해 온 사람들이다. '제사 모시는' 행위에 이르기까지의 과정에는 그 원동력이 되는 사상이 존재한다. 그 사상은 특정한 사자의 영혼에 대한 사람들의 상상력에 따라 생겨난 것이다. 즉 죽은 사람에 대해 나머지 사람들이 배려하는 마음에서 제사를 모시지 않으면 안되겠다는 사상이 생겨나고, 제사를 모시는 행동을 이끌어냈던 것이다.

이 생각은 크게 두 가지로 나누어진다. 되풀이해서 말하지만, 한 가지는 죽은 사람의 영혼이 원한을 지니고 있으므로, 이를 제사 지내서 진정시키지 않으면 사람들에게 재앙을 초래한다는 관념이다. 또 한 가지는 죽은 사람이 생전에 걸출한 업적을 남겼으므로, 그 업적을 칭송하기 위해서 신으로 제사를 모시는 경우이다. 전자를 가령 재앙신 계통의 인신人神이라 부른다면, 후자는 현창신顯彰神 계통의 인신이라 부를 수 있을 것이다.

이 점을 역사적 시점에서 다시 말하자면, 그 신앙의 저변에 존재하는 것은 재앙신 계통이고, 현창신 계통의 인신이 파생적으로 생겨났다고 볼수 있다. 현창신 계통이 발생하게 된 데에는 사람들의 의식변화가 있었다. 즉 인신사상에는 재앙을 진정시키는 기능만이 아니라, '기념 · 기억장치'라고 하는 기능도 존재한다는 점을 깨달은 것이다.

재앙을 내리는 신 계통의 신앙에서는 사람들을 덮치는 여러 재앙의 원인을 특정한 사자死者의 영혼의 소행으로 본다. 그 때문에 원령怨靈에 대한 진혼을 강조한다. 진혼을 해야할 원령의 마음을 누그러뜨리기 위해서 제례를 행하고, 신사를 세워서 신으로 모시는 것이다. 그리고 그 원령의 발현發現과 신사 창건에 관한 이야기가 오랫동안 전해지게 된다.

여기서 중요한 점은 신사, 제례, 기원담과 같은 미디어를 통해서 죽은 사람의 생전과 사후에 벌어진 일(설화)이 시간을 초월하여 기억된다는 사실이다. 이 '기념·기억장치', 더 나아가서는 '지배를 위한 장치'라는 측면에 착목한 것이 현창신 계통의 인간신이다. 재앙을 내린다는 것을 상상할 수도 없을 만큼 행복한 인생을 보낸 인물, 즉 늙어서 천수를 다하고 죽은 권력자나 위인의 영혼도 사후에 신으로 모시게 된 것은 이 같은 기능 때문이었다. 도요토미 히데요시豊臣秀吉를 모신 도요쿠니 신사豊國神社나 도쿠가와 이에야스德川家康를 모신 도쇼구東照宮 등은 그 전형적인 예이다.

유형론적으로 말하자면 이 두 유형의 인간신은 대극점에 위치한 듯이 보인다. 그렇지만 사람을 신으로 모신 신사의 역사를 거슬러보면 알 수 있듯이, 재앙을 내리는 신 계통의 신사도 세월이 지나면 현창신 계통의 신으로 변화하는 것이 보통이다. 기타노 덴만구北野天滿宮나 와레 신사和靈神社가 그랬던 것처럼, 창건 당시에는 재앙을 내리는 신 계통의 신사였지만, 이윽고 그 재앙이 다 끝났다고 여겨지면 제신은 신자들의 수호신·복신福神으로 변화한다. 그와 함께 제신을 현창하는 방향으로 신자들의 신앙도 변화해 갔다. 재앙을 내리는 신의 영웅·위인화, 즉 현창신으로 변화한 셈이다. 그런데 이에 비해서 그 반대로 현창신에서 재앙신으로 변화한 신사는 무슨 까닭인지 찾아볼 수가 없다. 이 점도 사람을 신으로 모시는 사상의 커다란 특징이다.

'기념·기억장치'로서의 신사를 별도의 관점에서 설명할 수도 있다. 즉 일본인의 영혼이라는 관점에서 말하자면, 개개인의 영혼은 이 같은 기억장치를 매개로 하지 않으면, 몇 세대에 걸친 오랜 세월동안 기억될 수가 없었던 것이다. 신이 될 수 없는 사람들의 영혼은, 33주기에서 50주기가 지나면 개체로써의 성격을 상실하고 조상이라는 집합적인 영혼 속으로 편입되고 만다. 이 최종적인 주기週忌를 도무라이아게弔い上げ[10] 라고 말한다. 이는 죽

은 사람 개개인에 대한 기억이 사라지는 시기와 대략 일치한다.

즉 사람들의 기억에서 특정한 죽은 사람에 대한 기억이 사라지는 시기가, 말하자면 그 죽은 사람의 영혼이 소멸되는 시기였다. 이를 초월하여 백년 후, 이 백년 후, 미래에 영원토록 그 영혼을 존속시키기 위해서는 그 사람에 관한 기억이 후세 사람들에게 분명하게 계승되어 보존되어야만 한다. 신사와 여기에 부수된 여러 요소는 그것을 위한 가장 유효한 장치였던 셈이다.

이 같은 기념·기억·지배라는 기능에 생각이 미치면, 이 세상에서 보낸 생애를 몇 세대고 나중 사람들에게 전하기 위해서, 사후에 신으로 모셔지기를 본인 스스로가 바라는 사람이 출현한다 해도 이상치 않다. 실제로 강력한 권력을 얻은 도요토미 히데요시나 도쿠가와 이에야스는 생전에 죽은 후 신으로 모셔지기를 원했으며, 그 유지를 받들어서 도요쿠니 신사나 도쇼구가 건립되었다.

그러나 아무리 생전에 본인이 사후에 신이 되기를 바라고, 영원토록 그 신사가 존속하기를 바랄지라도, 제사를 지내주는 사람이 없으면 그 영혼은 살아남을 수가 없다. 계속해서 제사를 모시고 기억하고자 생각하는 사람이 있을 경우에 의미가 있는 영혼인 것이다.

마지막으로 사람을 신으로 모시는 습속에 대해서 또 한 가지 다른 관점에서 정리해 두고자 한다. 이는 신앙하는 사람들의 계층에 관한 문제이다. 고대에는 신으로 모셔지는 것은 재앙신 계통이 주류를 이루고 있었다. 재앙신 사상이란 천재지변이나 역병의 유행, 흉작 등 다양한 재해의 원인을 영적인 존재의 분노나 원념怨念 탓으로 여기는 사상이다. 따라서 재앙이 내렸다고 판단되었을 때에는 위정자나 민중이 함께 그 재앙을 진정시키기

---

10) 도이아게(弔上げ)라고도 한다. 죽은 사람에 대한 연기(年忌)가 최종적으로 끝나는 것을 가리킨다. 일본에서는 33년째가 이에 해당되는 곳이 많으며, 이 때부터 조령(祖靈)으로 융합된다고 믿는다.

위해서 신사를 세웠다. 특히 위정자에게 있어서는 그 일이 정세를 안정시키는 최상의 방책이었다.

그런데 현창신 계통의 신사는 위정자가 자신들이 정치를 하는 데에 소용이 있다고 생각한 결과 등장한 신사이다. 특히 민심을 통제하기 위한 도구의 일부로써 국가에서 적극적으로 현창신 계통의 신사를 창건한 시대가 명치 초기였다. 그 선두를 이룬 것이 구스노키 마사시게楠木正成를 모신 미나토가와신사湊川神社이다.

이에 비해서 정쟁에서 패배한 측 혹은 민중 측에서도 현창신 유형의 신이 적극적으로 만들어졌다. 사이고 다카모리西鄕隆盛를 모신 난슈 신사南洲神社, 오다케를 모신 오다케다이니치도お竹大日堂 등등, 그 성격은 상당히 다르지만 어느 것이나 민중들이 인간신의 과정에 깊숙이 관여했다.

중요한 점을 한 가지 더 지적해 두고자 한다. 그것은 살아있는 사람도 주위 사람들에게 신으로 여겨지는 경우가 있었다는 점이다. 여러 가지 기적을 일으킬 수 있는 사람은 신이나 부처의 화신으로 간주되어, 살아 있는 상태에서 신앙의 대상이 되었다. 이른바 살아있는 신生き神樣이다. 이 살아 있는 신 신앙과 사후에 신으로 모시는 신앙은 연속적인 측면을 지니고 있다고 말할 수 있을 것이다. 예를 들면 이 책에서 다루는 오다케 대일여래お竹大日如來는 그 전형적인 사례라고 말할 수 있다.

이하 16인의 인물을 예로 들어, 이들을 신으로 모시는 신사나 사원을 방문하면서, 대관절 어떤 경위에서 신사나 사원이 건립되었는가, 제신은 어떤 인생을 살아 온 사람인가 등에 관해서 고찰하기로 한다.

차례

일본인은 어떻게 신이 되는가

19

人神信仰의 根本原理와 構造

스가와라노 미치자네菅原道真

사쿠라 소고로佐倉惣五郎

다이라노 마사카도平將門

도쿠가와 이에야스德川家康

4장 민중 __175

이삼평李參平

오타케ぉ竹

1장 숭배

후지와라노 가마타리 藤原鎌足
미나모토노 미쓰나카 源満仲
아베노 세메 安倍晴明

후지와라노 가마타리藤原鎌足

단잔신사談山神社 - 나라奈良

1. 후지와라노 가마타리의 전기傳記와 도우노미네多武峯

단잔 신사談山神社는 나라현奈良縣의 야마토大和 평야 최남단에 위치해 있으며, 자동차로 일본 국철(JR선)의 사쿠라역櫻驛에서 남쪽으로 15분 정도 가면 도우노미네의 산중에 있다. 제신祭神은 다이쇼쿠칸大織冠인 후지와라노 가마타리이다. 후지와라노 가마타리라고 하면 나카노오에황태자中大兄皇子와 함께 '다이카 가이신大化改新'[1]을 실현했던 고대 역사상 가장 유명한 정

---

1) 다이카 가이신(645)은 나카노오에 황태자(中大兄皇子)가 나카도미노 가마타리(中臣鎌) 등과 합세하여 천황 고교쿠(皇極)의 면전에서 집권자인 소가 이루카(蘇我入鹿)를 참살한 유혈 쿠데타였다. 다이카 가이신의 쿠데타로 4대째 1년간 집권해 왔던 소가 일족이 완전 몰락했다.

단잔 신사의 13층 탑

치가 중의 한 사람이다.

아주 먼 옛날부터 이 부근은 나카노오에황태자와 후지와라노 가마타리가 당시 권력을 마음대로 휘두르고 있었던 소가노 에미시蘇我蝦夷와 이루카入鹿를 제거하려는 밀담을 했던 곳이라 전해져 오고 있다. 그리고 '단보談峯' '단노미네談の峯' '가타라이야마談い山' '단조가모리談所が森' 등으로 불리웠으며, '도우노미네多武峯'라는 지명도 '단노미네談の峯'가 변한 것이라고 여겨지고 있다. 사호社号인 '단잔談山'도 그 전승에 기인하여 이름이 붙여진 것이다.

분명히 단잔신사는 유서 깊은 신사이다. 그러나 현재의 신사는 메이지明治 초기의 폐불훼석廢仏毁釋의 신불분리에 따라, 그때까지 있었던 사원을 없애고 불교적인 색채를 일소하는 데에서 탄생한 새로운 신사이며, 옛날부터 그러한 사호의 신사가 있었던 것은 아니다. 교토京都의 야사카신사八坂神社가 신불분리 이전에는 기온간진인祇園感神院이라는 천태종에 속하는 사원이었듯이, 메이지 이전은 고대부터 성쇠를 반복하면서 연면히 이어 온 도우노미네데라多武峯寺라 하는 천태종에 속하는 신불 습합의 사원이었다.

어떠한 경위로 이 산에 가마타리의 혼령을 모시게 되었을까? 도대체 그 제사 형태는 어떠한 것이었을까? 사전社伝에는 단잔신사(구 도우노미네 사)의 기원은 후지와라노 가마타리가 이곳에 묻혀있는 데에서 비롯되었다고 설명되어 있다.

단잔신사의 신사 창건의 경위를 말해주고 있는 사료는, 시대가 훨씬 지난 무로마치 후기에 제작된 『도우노미네 엔기 에마키多武峯緣起繪卷』이다. 그러면 우선 이 두루마리 그림에 그려진 전승을 소개해 보겠다.

두루마리 그림의 모두冒頭에 가마타리의 신비스러운 출생이 다음과 같이 전해진다.

가마타리의 출생담을 그린 두루마리 그림

후지와라의 시조인 가마타리는 아메노코야네노미코토(天児屋根命)[2]의 자손으로 아버지는 나카토미노 미케코(中臣御食子)이고, 어머니는 오토모노 구이코(大伴久比子)의 딸인 오토모 부인이었다. 어머니인 오토모 부인은 가마타리를 임신했을 때, 등나무 꽃이 자신의 몸에서 피어나는 꿈을 꾸었다. 또 태어났을 때 그 울음소리는 아주 먼 곳까지 울려 퍼졌다고 한다. 이는 스이코(推古) 22년(614) 8월 15일의 일로서 탄생한 곳은 야마토 지방(大和国) 오다카 군(大高郡) 오하라(大原)라고도 하고, 히타치지방(常陸国) 시카지마군(鹿島郡)이라고도 한다. 또한 태어났

---

2) 『고지키(古事記)』·『니혼쇼키(日本書紀)』에 나오는 신(神). 나카토미 씨(中臣氏)의 선조신. 가스가 대사(春日大社)와 히라오카(平岡)신사의 제신(祭神).

을 때 어디선가 신수(神獸, 여우)가 낫을 물고 홀연히 나타나 헌상했다고 한다.

　다시 말해, 이 기록에 의하면 야마토나 히타치도 모두 후지와라와 관련이 있는 곳이라는 점과 등나무 꽃은 후에 '후지藤'와 관련된 성을 붙이게된 점, 신수인 여우가 헌상했다는 가마鎌를 따서 가마타리(鎌足, 鎌子)라고부르게 되었다는 것이 암시되어 있다.

　이렇게 태어난 가마타리는 총명하고 용모도 훌륭하였고, 학문을 즐겼으며, 다이고보大公望의 병법서『육도六韜』3) 등도 순식간에 암기해 버릴 정도였다. 그 무렵 소가노 이루카는 그 횡포가 심해서 쇼토쿠 태자聖德太子의아들인 야마시로노오에왕山背大兄王을 제거하였으며, 그 기세는 천황을 능가할 정도였다. 이것을 불쾌하게 생각한 가마타리는 소가씨를 제거할 생각을 가진 국가혁신의 맹주盟主를 찾아다니는 중에, 게마리 회蹴鞠會4)에서뜻을 같이 하는 나카노오에황태자(후의 덴지 천황<天智天皇>)와 알게 되었다. 그리고 교토의 동쪽인 구라하시산倉橋山에서 소가씨를 타도하기 위한 밀담을 하였다. 「도우노미네 엔기」에 따르면, 이 산이 담(談, 이야기)을 했던 곳이라는 점에서 후에 '단노미네談の峯'가 되었고, 또한 '담談'의 글자가 바뀌어 '도우노多武'로 되었다고 한다.

　한편, 가마타리 등은 몰래 동지를 모아 착실히 준비를 하고 고교쿠皇極4년(645) 6월, 마침내 쿠데타가 결행된 궁중에서 나카노오에 황태자가 소가노 이루카의 목을 치자, 그 목에서 피가 내뿜어지면서 공중으로 치솟았다고 한다. 이렇게 하여 고쿄쿠 천황은 퇴위했고, 고토쿠 천황이 즉위하면서

---

3) 주(周)의 태공망(太公望)이 편집한 병법서. 문도(文韜)・무도(武韜)・용도(龍韜)・호도(虎韜)・표도(豹韜)・견도(犬韜)의 권60편의 총칭. 위진(魏晋)시대의 위작이라고 생각되어진다.

4) 예부터 황궁으로 전해 내려오고 있는 교토의 전통예능(게마리) 공차기 놀이로 8명의경기자가 사슴가죽으로 만든 공을 땅에 떨어뜨리지 않도록 공중으로 높이 차 올리는중국에서 전래되었음.

연호를 처음으로 정하여, '다이카大化'라고 칭한 것이다. 이 쿠데타 사건이 '다이카 가이신大化改新'이라고 하는 유명한 사건이었다. 그 후, 가마타리는 고토쿠孝德, 사이메齋明, 덴지天智라는 3명의 천황을 모시고 출세했지만, '다이카 가이신'때 맹주였던 나카노오에황태자가 천황이 된 덴지천황 8년(669)에 병이 들어 죽었다. 천황은 위독한 가마타리를 문병하여, 다이쇼쿠칸과 내대신内大臣의 지위를 주었으며, 나카토미中臣성 대신에 후지와라 아손藤原朝臣을 주었다. 다이쇼쿠칸이란 직포織布로 만들어진 관冠인 것이다. 이렇게 해서 헤이안시대에 권세를 마음대로 휘둘렀던 후지와라 가문이 시작된 것이다. 가마타리의 유해는 셋쓰지방攝津國 시마시모군島下郡 아이阿威에 있는 아부산阿武山에 매장되었다.

「도우노미네 엔기」에 적힌 지금까지의 기술은, 앞부분의 출생에 관한 내용처럼, 다소 윤색되기는 하였으나, 거의 정설로 되어있는 가마타리전鎌足伝, 예를 들면 8세기 중엽에 후지와라노 나카마로仲麻呂[5](에미노 오시가쓰<惠美押勝>)에 의해 씌여진 『가덴家伝』에 들어있는 「가마타리덴鎌足伝」과도 일치하고 있다. 또 중세에 유행했던 고와카 부교쿠幸若舞曲의 '다이쇼쿠칸'의 전기도 거의 골격은 같은 것이기 때문에 중세에는 가마타리의 전기가 거의 고정화되어 있었다고 해도 좋을 것이다.

아부산에 매장되었던 가마타리가 도우노미네에서 신으로서 모셔지게 된 경위를 이야기하는 것은 후반 부분이다.

「도우노미네 엔기」에 의하면 가마타리에게는 다이카 원년(645)에 태어난 신진眞人이라는 장남이 있었다. 그러나 그의 생부는 고토쿠천황으로 신진

---

5) 후지와라노 나카마로(706~764). 나라 시대의 귀족. 남가(南家) 후지와라노 무치마로(藤武智麻呂)의 차남. 모친이 아베노미우시(阿倍御主人)의 손녀딸. 고메이황후(光明皇后)로 신임되었다. 다치바타노 나라마로(橘奈良麻呂)들의 대항세력을 배제하고, 덴포호지(天平宝字) 2년 준닌(淳仁) 천황을 옹립. 에미노 오시가츠(惠美押勝)의 이름을 부여받았고, 4년 태정대신(太政大臣), 6년 정일위(正一位)가 된다. 도쿄(道鏡)의 대두로, 고켄(孝謙)상황과 대립, 거병해서 덴포호지 8년 9월 18일에 전사. 59세.

은 출가해서 조에定慧라고 불리었다. 세메천황이 닌오회仁王會를 개최한 날에 가마타리가 조에에게 몰래 말했다. "단보談峯는 비길 데 없는 성지이다. 동쪽은 이세伊勢까지 높은 산이 연결되어 아마테라스오미카미가 왜국(일본)을 지켜주고 있다. 서쪽은 긴코산金剛山으로 그곳에는 호키 보살法起菩薩이 있어 부처의 이생利生을 가르쳐 깨닫게 하고 있다. 남쪽은 곤보산金峯山으로 다이곤겐大權現과 미륵弥勒의 출현을 기다리고 있고, 북쪽은 오가미산(大神山・三輪山)이며, 여래가 출현한 땅이다. 그 중앙에 위치하는 단보는 신선이 있는 산으로 중국의 고다이산五台山과 같다. 여기에 나의 묘를 만들면 자손이 번영할 것이다." 또한 가마타리가 서거薨去했을 때, 조에는 당나라에 있었는데, 자신이 단잔에 있다는 내용의 영몽靈夢을 꾸었다. 그 꿈속에서 가마타리가 말하기를 "이 단보에 탑을 세워라. 나는 신이 되어 이 땅에 내려와 자손을 지킬 것이다."라고 했다.

그래서 덴무天武 천황 7년(678), 당나라에서 돌아온 조에는 남동생 후히토不比等에게 당나라에서 꾼 영몽을 말하고, 아부산의 가마타리의 묘를 발굴해 유골의 일부를 단보로 이장하였다. 그 위에 13층탑을 세웠다. 또한 덴무 8년, 탑의 남쪽에 법당을 세워 묘라쿠지妙樂寺라고 하였다. 또한 다이호大宝 원년(701), 탑의 동쪽에 때때로 이상한 광채가 나타났기 때문에 여기에 사방 3미터 크기의 사전寺殿을 조영해서 가마타리의 영상靈像을 안치시켰다. 이 사전이 쇼료인(聖靈院 : 현재 단잔 사 본전)의 시초이다. 그리고 가마타리 혼령이 강림한 이래, 국가나 후지와라씨에게 이변이 있을 때에는 이 능산陵山이 울리며 진동하고 떠도는 이상한 광채까지 나타났으며, 또 가마타리의 상이 파괴되었다고 한다.

2. 도우노미네에 모셔져 있는 사람은 누구인가

이「도우노미네 엔기」에 기록된 것을 믿는다고 하는 것은, 즉, 도우노미네의 '기원 신화'를 믿는다고 하는 것이기도 하지만, 후지와라 가문의 성지로서 도우노미네는 가마타리의 묘소로 시작되었고, 다이호 원년(701)의 쇼료인(가마타리 초령=가마타리의 상이 안치)에서 거의 그 기초가 만들어졌다는 것이 된다. 적어도 이 기원이야기가 널리 유포되었던 무로마치 시대 이후의 사람들에게는 그것이 사실이었던 셈이다. 아니 거의 최근까지도, 율령국가가 발족된 지 얼마 되지 않아서 사료가 매우 적기도 하고, 사실과 전설이 뒤섞여 있는 기록에서 발췌된 것과 같이 생각되어지기도 하면서, 앞에서 서술한 바와 같이 창건 전승이 수용되어졌던 것이다.

그런데 최근에 와서 이 도우노미네의 능에는 가마타리는 매장되어 있지 않고, 매장된 자는 조에일 것이라는 대담한 가설이 우메하라 다케시梅原猛에 의해 개진되었다. 우메하라는『탑塔』(「우메하라 다케시 저작집(梅猛著作集)」제 9권)에 수록된 몇 개의 논고에서 이 가설을 전개하고 있다.

그가 착안했던 것은『가덴家伝』속에 있는「조에덴定慧伝」의 기록과「도우노미네 엔기」의 조에 전기의 기록이 다른 점이었다.『가덴』에 의하면 조에는 고교쿠 2년(643)에 태어나 하쿠치白雉 4년(653)에 11살의 나이로 견당사를 따라 당나라에 건너갔으며, 덴지 4년(665)에 당나라 황제의 명으로 귀국하여, 3개월 후에 야마토지방의 오하라지역에서 23살의 젊은 나이로 죽었다고 기록되어 있다. 그 죽음은 가마타리의 죽음보다도 4년 전의 일이었다. 그런데 이미 살펴본 바와 같이「도우노미네 엔기」에서는 조에는 다이카 원년(645)에 태어나 당나라에서 귀국한 것이 가마타리가 죽은 후인 덴무 7년(678)으로 되어 있는 것이다. 그래서 우메하라는 후세에 제작된「도우노미네 엔기」의 조에의 전기는 '커다란 거짓'이라고 생각했다. 또한 아부산의 발굴기록을 검토하고 그곳에 매장되었던 유골의 머리부분에 '다이

가마타리 · 조에 · 후히토

'쇼쿠칸'처럼 생긴 것이 있었기 때문에 그 묘가 '후지와라노 가마타리'의 묘라고 판단했다.

그렇다면, 왜 「도우노미네 엔기」는 '커다란 거짓말'을 해야만 했을까? 우메하라는 다음과 같은 점에서 의심을 품었다. 조에는 가마타리의 장남이다. 게다가 차남인 후히토가 태어나기 전에 출가해서 당나라에 갔다. 또 조에의 어머니는 가마타리가 고토쿠천황으로부터 그 황후를 하사받아 아내로 삼은 여성으로, 이미 천황의 아들을 임신하고 있었다고 한다. 결국 조에는 고토쿠천황의 아들이었던 것이다. 또한 고토쿠 천황과 후의 덴지 천황은 하쿠치 4년경을 경계로 사이가 나빠져, 고토쿠 천황의 황태자를 비롯한 고토쿠 천황측 사람들이 덴지천황에 의해 차례로 제거되었다.

그래서 우메하라는 다음과 같이 추리한다. 고토쿠천황의 아들이었던 조에도 덴지천황의 제거의 표적이 될 가능성이 있었으므로, 이 때문에 가마타리는 조에를 출가시켜서 당나라로 보냈던 것이었다. 그러나 중국의 황제의 명으로 귀국하게 되었다. 조에는 돌아가면 목숨이 위태로울 정치상황에 처해 있는 일본으로 돌아왔던 것이다. 예상했던 대로, 귀국 후 얼마 되지 않아서 살해당해 버린다. 말할 것도 없이 그 주모자는 덴지천황과 가마타리였다. 이러한 이유로 친자식이 아니었지만, 자신의 아들을 죽게 한 양심의 가책으로, 가마타리는 도우노미네에 그 혼령을 달래기 위해서 후히토와 상의하여 조에의 묘를 만들어 정중히 모셨던 것이다. 즉, 우메하라의 추측으로는 도우노미에의 가마타리의 묘는 실은 조에의 묘이고 단잔신사의 제신도 당초에는 조에였다는 것이다.

3. 도우노미네데라는 언제 대두하였는가

이곳에 조에가 매장되었다고 하면 이치가 맞다. 그 의미에서는 설득력
이 있는 추리이다. 그러나 우메하라는 또한, 후지와라노 후히토가 아버지
인 가마타리의 의지에 따라 이 지역에 비운의 형인 조에를 매장해서 절을
세우고, 나아가 그가 「도우노미네 엔기」에서 볼 수 있는 거짓 전승을 만
들어 냈다고 보고 있는 것이다. 그러나 이 가설에는 당장 찬성하기 힘들
다. 우선, 만약 이 도우노미네의 묘가 조에의 묘이고, 그것을 후지와라노
가마타리와 후히토가 쌓아 절을 세웠다고 한다면, 덴지천황에게 그 사실
을 알리고 싶지 않았을 것이다. 따라서 조에의 묘가 아닌 다른 인물의 묘
로 세웠다고 생각하는 쪽이 타당하지 않을까? 또 덴지 천황이 인정했다면
당연히 조에의 묘로서 처음부터 출발했을 것이다. 따라서 후히토가 일부
러 복잡한 전승을 날조해야 하는 이유를 알 수 없는 것이다. 또한 닌오회
때에 가마타리가 이 도우노미네가 자신이 묻히기에 적합한 성지라고 조에
에게 말했다고 하는 이야기 부분은 '곤보 산金峯山의 다이곤겐大權現' 등의
표현으로 판단해 보면, 후세에 만들어진 것이 분명하고 후히토가 만들어
낸 허위 이야기라고는 도저히 생각하기 힘들다.

오히려 필자인 나는 다음과 같이 생각한다. 우메하라 다케시가 말하는
조에의 분묘설은 상당히 납득할 수 있다. 만약 그렇다면 가마타리나 후히
토는 덴지천황이 알지 못하도록 여기에 조에를 묻었던 것이다. 후히토가
겉으로는 다른 이유를 붙였는데, 사실은 조에의 혼령을 진혼시키기 위해
세운 절이 바로 여기에 있었던 셈이다. 그러나 비밀이었으므로 마침내 이
묘가 후지와라씨와 연고가 있는 묘廟이고 절임에도 불구하고, 그 묘에 매
장되어 있는 자가 누구인지는 알 수 없게 되어 버렸던 것이다. 즉 매장된
자에 대해서는 조에일 가능성을 포함해 가마타리나 후히토와도 깊은 관계
를 가지고 있던 어떤 자가 여기에 매장되었다고 이해하는 정도에 머물러

야 하지 않을까?

왜냐하면, 『산다이 지쓰로쿠三代實錄』6)에 따르면, 덴안天安 2년(858)에 국가에서 도우노미네에 묻혀있는 자를 가마타리라고 정했다고 씌여 있고 그로부터 70년 정도 지난 엔초延長 5년(927)의 『엔기시키延喜式』7) 제능묘諸陵墓의 역주에는 묻혀있는 자가 '후히토'라 기록되어 있기 때문이다. 이러한 기술을 보면 그 무렵까지는 도우노미네에 매장된 자는 가마타리나 후히토와 관계가 있는 묘라고 알려져 있지만, 누가 묻혀 있는가는 분명하게 하지 않았던 것이다.

그럼 왜 매장된 자가 분명하지 않은 묘가 새삼스럽게 '가마타리'나 '후히토'의 묘로 여겨지게 된 것일까. 아마 이 시대에 도우노미네에서 어떤 사건이 많이 일어나 그 결과 매장된 자를 확정해야 할 필요가 있었기에 가마타리나 후히토의 이름이 거론된 것이 아닐까? 나는 이 '어떤 사건'이란 '도우노미네가 울리면서 진동하고 신상神像이 파열되었던 일'이라고 생각하고 싶다.

기록에 의하면 처음으로 도우노미네 신상이 파열된 것은 쇼타이昌泰 원년(898)이다. 매장된 자가 확정되지 않았을 시기에 해당된다. 즉, 도우노미네가 울려 진동하고 그 원인을 이 분묘와 관련지은 해석(탁신이 있었을 것이다)이 퍼져, 마침내 매장된 자가 가마타리라고 정해졌을 것이다.

우연의 일치인지 모르지만, 이 시기에 순조롭게 조정 내에서 확고한 지위를 계속 확립했던 후지와라씨에게 위험이 찾아오고 있었다. 스가와라노 미치자네가 파격적인 출세를 하여 쇼타이 2년(899)에는 우대신右大臣까지

---

6) 릿고쿠시(六國史)의 하나. 50권. 분도쿠(文德) 실록의 뒤를 받아, 세이와(清和)·요제이(陽成)·고코(光孝) 3천황의 시대인 약30년의 일을 기록한 편년체의 사서. 일본 삼대 실록.

7) 고닌시키(弘仁式)·죠간시키(貞觀式)의 뒤를 이어서 편수된 율령의 시행세칙. 헤이안 초기의 금중(禁中)의 연중의식이나 제도 등의 일을 한문으로 기록함. 50권. 967년 시행.

되었던 것이다. 가마타리나 후히토와 연고가 있는 사원과 묘능이었던 도우노미네데라는 능산陵山이 울린 사건을 교묘히 이용하여, 교토에서 위험을 맞이했던 후지와라씨와의 관계를 확보하고, 그 이후 후지와라의 보호를 받는 유력한 사원으로서 형태를 갖추었던 것은 아닐까? 실제로 엔초延長 4년(926)에 총사신전總社神殿을 창건하고 법당을 수리함과 동시에 후지와라노 도키히라와 함께 스가와라노 미치자네를 제거했던 다이고醍醐 천황으로부터 단보 다이곤겐談峯大權現의 신호를 부여 받았으며, 그 후 후지와라의 비호아래서 당우堂宇의 건립과 정비가 이루어졌고, '도우노미네 묘지기'라 하는 '진닌神人·요리우도寄人'가 180명까지 이르게 되었다.

즉, 9세기부터 10세기에 걸친 이 시기에 후지와라씨의 시조始祖와 연고가 있는 묘와 사원이었던 도우노미네는 중앙정계에서 활약하는 후지와라의 우지가미氏神인 가스가다이샤春日大社와 우지데라氏寺[8]인 고후쿠지興福寺[9]가 담당할 수 없었던 짐을 떠맡는 기능을 하면서 다시 한번 존재감을 보여주게 된 것이다. 그 배후에는 도우노미네의 승려나 '묘지기'들의 교묘한 정치적·종교적인 노력이 있었다는 것이다. 즉 이 시기에 도우노미네데라의 정비와 기원설화(창건신화)의 창조, 즉 가마타리와 도우노미네의 모티브와 가마타리와 조에의 에피소드가 전해지기 시작한 것이다. 중세의 「도우노미네 연기」도 이 무렵의 도우노미네의 사승社僧에 의하여 만들어진 기원설화의 연장선상에서 자리매김 할 수 있었다고 생각해야 한다.

도우노미네의 규모는 작지만 가마타리와 후히토와 연고가 있는 묘와

---

8) 왕조(王朝) 시대에 권문들이 자기들 일족의 명복을 빌기 위하여 세운 절.
9) 나라시대에 있었던 법상종(法相宗)의 대본산(大本山). 남도(南都) 칠대사(七大寺) 중의 하나. 후지와라노 가마타리의 유언에 따라 부인 가가미노 오오기미(鏡王女)가 야마시로지방(山城國) 야마시나(山科)에 창건했던 야마시나데라(山階寺)가 기원으로 후지와라교(藤原京)로 옮겨서는 우마야사카데라(廐坂寺)라 불렸고, 그 후 또 헤이죠쿄(平京)로 옮겨졌다고 한다. 그러나 실제로는 후지와라노 후히토 등이 8세기 초에 현지에 개창(開創)하였고, 그 이후 후지와라씨의 우지데라, 야마토지방(大和國) 영주로서 승병을 지켰으며, 오랫동안 성대를 누렸다.

절이 있었다. 9세기 후반에 후지와라의 위험과 도우노미네의 울림을 계기로 교토의 후지와라가 이 도우노미네를 후지와라의 시조인 가마타리의 묘로 고쳐서 인정했다. 그 후 도우노미네는 가마타리의 묘를 지키는 생산력이 풍부한 영지를 가진 장원영주로서 발전해 갔던 것이다. 그리고 아이러니컬하게도 도우노미네데라와 피비린내나는 전쟁을 중세에 걸쳐 반복했던 상대는 같은 후지와라 연고의 사원인 고후쿠지였다.

그런 역사를 가지고 있었던 도우노미네였지만, 메이지 시대가 되어 신사가 되었을 때에는 큰 전환을 꾀하게 되었다. 천황에게 충성을 다했던 충신 후지와라노 가마타리와 그 두명의 아들을 칭송하고 현창하는 신사로 변신한 것이다.

4. 도우노미네를 방문하다.

5월말의 어느 날, 도우노미네를 방문했다. 역에서 그다지 멀지 않았지만, 험한 계곡 사이의 좁고 경사가 급한 길을 오르니, 마을에서 멀리 떨어진 깊은 산으로 계속 들어 온 듯한 기분이 들었다. 현재와 같이 교통기관이 발달하지 않았던 시대에 도우노미네를 참배하기 위해 산길을 걸어 올라간 사람들은 영위靈威로 가득한 성지로 향하고 있다는 것을 체감하고 몸이 긴장되었을 것이다.

'단풍의 도우노미네'라고도 전해지기도 했지만, 신록으로 뒤덮여 있는 조용한 경내도 참으로 정취가 있어서 좋았다. 깊숙한 골짜기를 깎아서 만든 높낮이가 있는 종교시설도 그다지 넓지는 않지만, 필요한 시설은 실제로는 교묘히 배치되어 있어, 장엄하다기 보다는 풍류스럽다고 하는 것이 더 어울린다. 이 풍류는 '묘소'라는 성격도 있었기 때문이겠지만, 현세의 이익을 추구하는 민중 신앙에 영합하지 않았기 때문에 느껴지는지도 모른다. 특히, 전국적으로 희귀한 13층탑도 높낮이를 이용하여, 위치에 따라서는 그 배의 높이로 볼 수도 있고, 날카롭게 뚫고 하늘에 우뚝 솟아 있는 모습을 보고 있으면, 영혼이 산상계나 천상계를 왕래하기 위한 사다리와 같다는 생각도 든다. 여기가 산이 명동鳴動해서 사람들을 공포로 떨게 하고, 이를 배경으로 하여 중세에 많은 장원과 승병이 있었던 고후쿠지 등과 항쟁을 계속 한 곳이라는 것이 거짓말처럼 들리는 풍경이었다.

　단잔신사의 나가오카 치히로長岡千尋씨에게 고하레쓰산御破裂山이 있는 가마타리의 묘소라고 전해지는 곳까지 안내를 받았다. 그 곳은 도우노미네의 승려들의 묘지이기도 했다. 예전에는 울창한 삼나무 숲이었기 때문에 낮에도 어두웠고 음기가 많았던 곳이어서 이 지역사람들 조차도 근처에 별로 가지 않았다고 한다. 그러나 헤이세이平成 1년(1989)에 태풍으로 많은 삼나무가 쓰러져 버려서 예상과는 달리 밝은 느낌이었다. 그러나 이 밝음이 근대 이후의 도우노미네에 대한 신앙의 모습일 것이다. 단잔 신사의 능산요동이나 신상파괴라는 신비는 이미 오랜 옛날의 기억 저편에 있는 사건일 것이다. 지금은 오히려 가마타리의 위업을 현창하고, 근대가 되어서는 게마리회에서 가마타리와 나카노오에황태자가 서로 알게 되었다는 이유에서 창출된 '게마리 마쓰리祭'나 사계절의 아름다움을 이용한 풍류적인 신사로 바뀌고 있는 것이다. 돌아올 때, 신사에서 배포하는 잡귀를 쫓는 에마繪馬를 구입했다. 이른바 '사방팔방으로 눈을 돌려 살피는 가마타리'라 불리는 가마타리상과 장남 조에, 차남 후히토가 그려졌을 뿐이다. 이 에마를 보고 저 건너편에 숨겨져 있는 신사의 역사를 떠올릴 수 있는 사람은 그다지 많지 않을 것이다.

미나모토노 미쓰나카源満仲

다다신사多田神社 ─ 효고兵庫

1. 세와겐지清和源氏의 조상─미쓰나카満仲의 공적

다다신사는 효고현兵庫縣과
오사카부大阪府의 경계를 흐
르는 이나가와猪名川 상류, 효
고현 가와니시시川西市 다다
노인多田院에 있다. 강가의 조
금 높은 언덕 위에 있는 차
분하고 풍치있는 신사이다.
제신祭神은 미나모토노 미쓰
나카源満仲이다. 유명한 세와

다다 신사의 입구

미나모토노 미쓰나카가 말을 타고 있는 모습

겐지清和源氏의 조상이 되는 인물이다. 사실史實에 입각해서 말하자면 젠구넨노 에키前九年の役[1]를 평정한 미나모토노노 요리요시源頼義·요시이에義家 부자나, 가마쿠라막부鎌倉幕府를 열고 무가정권武家政權을 세운 미나모토노 요리토모源頼朝, 다이라平씨를 타도하기 위한 전투에서 뛰어난 전과戰果를 올리면서도 형인 요리토모의 노여움을 사서 비극적인 최후를 맞이한 미나모토노 요시쓰네源義経는 이 미쓰나카의 자손이다.

미나모토노 미쓰나카는 셋쓰지방攝津國의 다다多田에 거점을 두었기 때문에 다다 미쓰나카多田満仲라고도 부른다. 그 본처의 아들 요리미쓰頼光가 귀신鬼퇴치 전설로 유명한 요리미쓰多田源氏이며, 차남 요리치카頼親는 야마토大和에, 삼남인 요리노부頼信는 가와치河内에 거점을 두었다. 이 중에서 요리노부의 자손이 세와 겐지의 이름을 전국적으로 유명하게 만들었다. 겐지源氏라는 성을 하사 받은 것은 세와천황清和天皇의 손자에 해당하는 미쓰나카의 아버지인 로쿠손노 모토쓰네六孫王基経이다. 따라서 엄밀하게 말하면 이 모토쓰네가 세와겐지의 조상이 된다. 그런데 모토쓰네가 아니라 겐지의 자손들은 미쓰나카를 세와겐지의 조상이라고 우러러 보게 되었다.

여기에는 다음과 같은 이유가 있었다. 모토쓰네는 황통皇統에서 이탈하여 귀족으로서의 길을 걷기 시작할 때 무인武人이 되려고 생각했던 것 같

---

1) 헤이안시대 중기의 1051~1062년에 도호쿠(東北)지방의 오쿠바(奥羽)에서 호족 아베씨(安倍氏)가 일으킨 전쟁. 미나모토노 요리요시(源頼義)·요시이에(義家) 부자가 같은 오쿠바지방의 기요하라씨(清原氏)의 도움으로 평정한다.

다. 그러나 군사·경찰조직의 장관을 하기에는 아직 미숙했으며, 오히려 교토京都에 사는 전형적인 황손귀족皇孫貴族으로서 생애를 마친 인물로 평하는 것이 좋을 것이다. 이에 비해서 그의 아들 미쓰나카도 그 생애를 거의 교토에서 보낸 무인귀족이었지만, 교토의 무인귀족으로서의 성격을 계속 유지하면서도 나이가 들자 아버지와는 다른 인생을 선택하였다. 후세에 무사단武士団[2]의 등장을 재촉하게 되는 중요한 사업을 한 것이다.

즉, 셋쓰지방 다다의 땅에 야카타館[3]를 세우고 이 지역에 소위 영주로서 농업개발을 개척함과 동시에 자신을 따르는 자, 다시 말해 로도郞党[4]를 개발농민으로서만이 아니고, 교토의 섭관집안攝關家에 고용되어 신변을 경호하는 군사·경찰집단, 즉 무사단武士団으로서도 조직화한 것이었다. 덴로쿠天錄 원년(970)에 미쓰나카는 다다多田지역의 땅에 다다신사의 전신이 되는 사원인 '다다인多田院'을 창건한다. 그 무렵에 다다의 본격적인 개발을 착수했을 것이다. 이때 지방에 거점을 둔 겐지라는 무사단이 발생한 것이다. 즉 겐지의 자손 측에서 보면, 세와겐지의 조상으로 적합한 인물은 미쓰나카가 아니면 안되었던 것이다.

미쓰나카는 죽은 후 유명遺命에 따라 이 '다다인'에 묻힌다. 이후 '다다인'은 '미쓰나카의 무덤'으로서의 성격이 강조되게 되었다. 당시에는 천태종天台宗으로 가마쿠라시대부터는 율종서대사律宗西大寺 종파에 속하는 사원이었다.

---

2) 엄밀히 말하면 고대말기에서 중세초기에 걸쳐 성립한 무사들의 동족결합을 목적으로 하는 조직을 말한다.
3) 귀인의 저택(숙소).
4) 가마쿠라(鎌倉)·무로마치(室町)시대에 주인과 혈연관계가 없고 영지(領地)도 없는 무가(武家)의 가신(家臣).

2. 다다겐지多田源氏의 멸망과 '다다인多田院의 명동鳴動'

다다多田에 본거지를 둔 다다겐지는 미쓰나카의 적남嫡男인 요리미쓰賴光, 게다가 그의 적남인 요리쿠니賴國라는 식으로 대대로 걸쳐 미나모토노 요리토모의 시대까지 섭관집안攝關家과 강한 인연을 갖는 무사단으로서 존속한다. 이 시기 요리쓰나의 시대에는 미쓰나카 이래의 소령所領인 다다를 섭관집안과의 관계를 강화하기 위해서 섭관가에 기부한다. 따라서 그 이후로 이 땅은 형식적으로는 섭관집안의 장원莊園이 되었으며, 섭관집안의 분열 후에는 고노에집안近衛家의 다다소多田莊 즉 장원으로서 이어지게 되었다.

그런데 그 실질적인 지배자였던 다다겐지는 요리토모의 시대가 되어 다다 유키쓰나多田行綱가 요시쓰네와 결부되었기 때문에 추방되었다. 이후 호조北條씨로 정권이 바뀌었을 때 그의 아들 모토쓰나가 조큐의 난承久の亂5) 때에 고토바상황後鳥羽上皇 측에 협력했기 때문에 망해버린다. 그 결과 다다소多田莊는 호조씨의 도쿠소료得宗領6)가 되었다. 다만 다다겐지의 일당이었다. 많은 유력자들은 '다다인 고케닌多田院御家人'7)이라는 특별한 취급을 받고 가마쿠라 막부에 의해 재편되어 존속하게 되었다. 다시 말해 호조씨와의 사이에 새로운 주종관계가 맺어진 것이다.

이러한 특별한 대접을 받게 된 배경에는 다다에 다다 겐지와 그 일당들에 의해 지켜졌던, 겐지 집안에서 소홀하게 대접할 수 없는 매우 중요한 종교시설이 존재하고 있었다. 말할 것도 없이 '다다인'이다. 결국 가마쿠라시대의 다다인 고케닌多田院御家人이라는 것은 그 속에 신흥세력도 있었지만, 대부분은 다다 겐지 일당들의 자손(이라고 칭하는 사람)이어서 '다다 겐

---

5) 고토바상황(後鳥羽上皇) 조정(朝廷)을 무너뜨린 막부는 전국정권이 된다.
6) 집권북조씨(執權北條氏)의 가독(家督)의 소령(所領)
7) 가마쿠라(鎌倉)·무로마치(室町) 시대에 장군과 주종관계를 맺은 무사.

지의 조상'이자 '겐지 일족의 조상'인 '미쓰나카'의 '무덤'과 그 사령寺領
이었던 지역을 관리·운영하기 위해 막부에서 임명된 사람들이었던 것이
다. 그러나 이 '다다인 고케닌'의 제도도 가마쿠라막부의 멸망과 함께 소
멸해 버린다.

그후 다다소多田莊는 무로마치막부의 유력자이고, 고노에近江의 슈고守
護8)이면서 셋쓰지방의 통치도 겸했던 교고쿠씨京極氏의 지배와, 무로마치
시대 중기부터는 호소카와씨細川氏의 지배를 받게 되었다. 그럼에도 불구
하고 지배자가 교대되면서도 구 고케닌슈御家人衆9)인 지방의 유력자들은
미쓰나카 영묘靈廟를 계속 수호하려고 노력했다. 다만 후지와라노 가마타
리藤原鎌足10) 영묘를 수호하는 도우노미네데라多武峰寺11) 처럼 강대한 무력
과 재력을 갖추고 외부의 지배를 배제하고, 자신들의 손으로 다다소多田莊
를 관리하기까지에는 이르지 않았다. 실제로 다다인은 어느 쪽인가 하면
힘이 약한 사원寺院에 불과했던 것이다.

그런 다다인이었지만 매우 흥미롭게도 마치 도우노미네데라에서 하는
방식을 흉내낸 듯한 사태가 벌어진다. 즉 '다다인의 명동鳴動'이라 불리는
현상이다.

무로마치막부를 설치한 아시카가 다카우지足利尊氏12)는 미나모토씨의 자
손이라고 칭하였고, 가마쿠라막부를 본 따서 무장 최고위인 쇼군將軍직을

---

8) 가마쿠라·무로마치 시대의 직명으로 각 지방의 경비·치안 유지를 담당했으나, 뒤에
   강대해져서 영주화(領主化)하였음.
9) 가마쿠라·무로마치시대에 쇼군(將軍)과 주종관계를 맺은 무사. 에도시대에는 장군직
   속의 하급무사.
10) 후지와라노 가마타리(614~669). 고토쿠(孝德)~덴지(天智)천황까지의 관료였으며, 다
    이카노 가이신(大化の改新)의 공적이 크다. 만요슈(万葉集)에 노래가 있다. 묘는 나라
    (奈)의 단잔신사(談山神祠)에 있다.
11) 후지와라노 가마타리(藤原鎌足)를 모시는 절은 도노미네데라(多武峰寺)이다. 일본에서
    유일하게 목조 13층탑을 비롯해 산중턱에 우아하고 아름다운 건물이 배치되어 있다.
12) 아시카가 다카우지(1305~1358). 무로마치막부(室町幕府)의 초대 장군. 가마쿠라막부
    (鎌倉幕府)의 유력한 고케닌(御家人)이었지만, 1338년 정이대장군(征夷大將軍)으로 임
    명되어 교토(京都)에 무로마치막부(室町幕府)를 연다. 이것이 무로마치이다.

하사 받음으로써 무가정권을 수립했다. 당연한 일이지만 미나모토씨의 조상을 제사하는 다다인의 존재를 무시할 수 없었다. 아시카가 요시미쓰足利義満13)는 실제로 다다인에 막부의 기도소祈禱所와 같은 역할을 부여한 것이다. 그러나 무로마치막부는 전제군주專制君主와 같은 권력을 수중에 넣은 요시미쓰시대가 지나자 급속히 약화되어 갔다. 미쓰나카의 묘가 소리를 내며 흔들린다는 '다다노인의 명동鳴動'은 그러한 상황에서 발생한 것이다. 여담이지만, 한신아와지阪神淡路 대지진이 일어나기 직전에 이나가와초猪名川町를 중심으로 일찍이 다다소에 해당하는 지역에 작은 지진이 엄습했다. 이때에 중세의 '다다노인의 명동鳴動'은 대지진이 일어나기 전에 일어나는 작은 지진은 아니었을까 하는 점이 화제가 된 일은 기억에 새롭다.

이 지역에 남겨진 『다다고다이키多田五代記』14)라고 불리는 서적에 기록된 전승에 의하면, 미쓰나카는 죽음에 즈음하여 "자신은 사후에도 다다인의 묘에 머물러 무인의 집을 수호하고 또한 명동함으로써 일족의 안위를 알리겠다."고 유언했다고 한다. 그러나 명동에 관한 기록이 나타나는 것은 무로마치 시대부터이며, 다다 미나모토씨의 멸망 때 조차도 그러한 명동이 일어났다고 하는 전승은 없다. 어쩌면 명동사건의 계기가 된 것은 지진이었다고 해도 다다인 측이 무로마치막부의 보호를 끌어내기 위한 방책으로서 생각한 것일 것이다. 바꿔 말하면 다다노인은 미나모토씨의 조상의 묘라는 특수·특권적 입장을 교묘하게 이용해서 세력의 회복·확장을 도모한 것이다. 예를 들면 분메이文明 4년(1472) 명동 때 조정은 미쓰나카에 대해서 종2품從二位下의 신분을 하사한다. 명동 때마다 막부에서 다다노인에 이런저런 명목을 붙여 금품이 보내지고 있다. 요시마사義政이후 장군의 분골分骨이 다다노인에 납골되어진 것도 무로마치 막부의 관심을 미쓰나

---

13) 무로마치막부의 3대 장군.
14) 일반적으로 다다고다이(多田五代)는 미쓰나카(満仲)에서 요리미쓰(賴光), 요리노부(賴), 요리요시(賴義), 요시이에(義家)를 가리키는 기록이다.

카의 묘로 끌어들이는 것에 성공한 증거였다. 소위 다다노인의 명동이라
는 것은 자손 측의 작용에 대한 조상의 응답이었던 것이다.

3. '겐지신화源氏神話'의 창조─교토京都 쪽에서

미쓰나카나 요리미쓰 등과 같이 교토에서 활약하는 무사에게는 두 개
의 얼굴이 있었다. 하나는 교토의 귀족사회에 있어서는 유력한 귀족에게
고용되어 그 신변을 경호하며 따라다니는 사람 즉 보디가드로서의 얼굴이
며, 또 다른 하나는 본거지에 있어 영주領主로서 지방 사람들에게 군림하
는 얼굴이다. 당연한 일이지만 이러한 두 개의 얼굴은 교토 사람들이 갖
고있는 그들에 대한 이미지와, 무사단武士団 동량에 대한 지방사람들이 갖
는 이미지의 차이로도 나타났을 것이다.

미나모토씨의 조상인 미쓰나카나 그 영지領地를 계속 이어온 아들 요리
미쓰의 경우는 그 업적과 족적이 반복해서 그 자손 또는 자손이라고 칭하
는 무사에 의해서 상기想起되어졌다. 그러나 그러한 조상의 '역사'를 상기
시키는 일은 이상화理想化, 즉 신화화神話化 되지 않을 수 없었을 것이다.

우선 교토 사람들은 어떤 이미지를 가지고 있었는지 살펴보자. 전설상의
인물로서 미나모토노 미쓰나카나 요리미쓰가 교토 사람들의 이미지 속에서
전설상의 주인공 모습으로 나타나는 것은 중세에 들어서부터이다. 『곤자쿠
모노가타리슈今昔物語集』나 『겐페이 세스이키源平盛衰記』등에도 미쓰나카나
요리미쓰 및 그들 무가의 가신에 관한 설화가 몇 개 나온다. 그러나 그러한
기술記述 안에서 미쓰나카나 요리미쓰는, 예를 들면 미쓰나카의 경우 승려
가 된 자식 미나모토노 겐源賢15)의 설교에서 살생을 반복해 왔다는 것을 반

---

15) 다다노 요시나카(多田義仲)의 3남으로 어릴 적 이름은 비조마루(美女丸)이다. 그는 과
   거 자신의 행동을 반성하고 승려가 되기 위해 히에잔(比叡山)에 들어갔다. 그리고 이

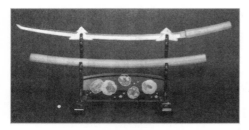

오니키리마루 칼(다다신사 소장품)

성하고 출가했다든지, 요리미 쓰가 오니키리마루鬼切丸라는 도적을 베었다라는 식으로 실화 같은 이야기로 등장한다.

그런데 미나모토씨 계통이 무가정권을 세우면서 미쓰나 카나 요리미쓰 이야기는 신화화와 환타지화가 된다. 다시 말해『헤케 모노가타리平家物語』나『겐페이 세스이키源平盛衰記』또한『다이헤키太平記』에 삽입된 에피소드의 형태를 취하면서, 미쓰나카나 요리미쓰의 '요괴퇴치' 전설이 나오게 되어 이것을 근거로 예능도 연희하게 된다. '히자마루膝丸' 와 '오니키리마루鬼切丸'라는 미나모토씨 선조 대대로의 보검전승도, 이러한 요괴퇴치전설 속에서 편집되는 형식으로 이야기되어진다.

예를 들면『야다이혼屋代本·헤케 모노가타리平家物語』의「쓰루기노마키劍の卷」는 미쓰나카를 비롯해 요시쓰네에 이르는 미나모토씨 선조 대대로의 보검을 둘러싼 장대한 이야기이다. 그 주된 부분을 소개하면 미쓰나카가 자신에게 어울리는 칼이 필요하다고 생각하고, 중국에서 온 치쿠젠筑前 지방에 사는 대장장이에게 칼을 만들게 했다. 대장장이는 하치반대보살八幡大菩薩의 가호를 얻어 두 번 흔드는 칼을 만들었다. 미쓰나카가 죄인을 시험삼아 베어 본 결과 한번은 수염을, 또 한번은 무릎을 잘랐기 때문에 각각 '가미키리髮切' '히자마루膝丸'라는 이름을 붙였다. 그리고 요리미쓰 대에 이르러서는 이상한 일이 계속 일어났다.

우선 처음에 나오는 이야기는 기후네신사貴船神社[16]에 머물며 기도하다

름을 미나모토 겐으로 고쳤다.

16) 제신(祭神)으로는 다카오카미노 가미(高おかみの神), 구라오카미노 가미(闇おかみの神)가 모셔진 것으로 전해지고 있다. 이 신들은 물을 주관하는 신들이다. 전국에 분령사(分靈社)가 500사(社) 있다.

귀신이 된 여자 이야기이다. 요리미쓰를 따르는 와타나베노 쓰나渡辺綱[17]는 요리미쓰의 명을 받아 미나모토씨의 보검을 들고, 한밤중에 사용하기 위해 이치조 오미야一條大宮로 나갔다. 이치조 모도리바시一條戾橋에 당도했을 때 위에서 말한 여자 귀신이 아름다운 여인으로 변신하여, 쓰나의 상투머리를 쥐어 잡고 공중으로 사라지려고 하지만, 가지고 있던 미나모토씨의 보검으로 팔을 잘라버리고 무사했다는 이야기이다. 두 번째 이야기는 와타나베노 쓰나가 아베노 세메安倍晴明의 점술에 따라 엄격히 몸조심을 하고 있을 때, 위에서 말한 쓰나의 의모義母로 변신한 여자 귀신이 찾아와서 귀신의 팔을 빼앗아 갔다는 이야기이다. 셋째는 기타노 무덤北野の塚에 사는 요괴인 산 거미가 요리미쓰에 붙어서 괴롭히지만, 히자마루 칼로 변신하는 요괴를 베어버리고 그 혈흔을 따라 요괴가 사는 곳과 정체를 알아내 퇴치한다는 이야기이다. 어느 것이나 유명한 이야기로 제각기 독립되어 후세에 에마키繪卷[18]나 노가쿠能樂[19], 오토기조시ぉ伽草子[20] 등에 그려지고 연희되는 것은 새삼스럽게 말할 필요도 없을 것이다.

여기에서는 언급되고 있지 않지만, 그 중에서도 유명한 것은 요리미쓰가 오에야마大江山에 사는 슈텐 도지酒吞童子[21]라는 귀왕鬼王을 퇴치했다는 이야기와, 또 미쓰나카에 대해서는 『다이헤키太平記』 권32에서 도가쿠시야마戶隱山의 귀신을 베었다는 이야기가 전해지고 있다.

그런데 여기에서 의문이 드는 것은, 이러한 미나모토씨의 조상인 미쓰나카나 요리미쓰에 관한 '신화적인 무용전武勇伝'이 왜 중세중기부터 적극적으로 나오게 된 것일까 하는 점이다. 어쩌면 그것은 이러한 이야기가

---

17) 와타나베노 쓰나(953~1025). 헤이안중기의 무장으로 미나모토씨(源氏)의 일족이다.
18) 설명의 글이 곁들여 있는 그림 두루마리.
19) 일본의 대표적인 가면 음악극.
20) 무로마치(室町)시대에 성행한 동화풍(童話風)의 소설.
21) 헤이안(平安)시대에 오에잔(大江山)을 근거지로 한 극악무도한 짓을 한다는 귀신의 두목이다.

전해진 시대가 미나모토씨의 자손들이 정권에 관여하고 있었던 시대였다는 것과 관계가 있을 것이다. 이러한 이야기는 지배자인 '미나모토씨의 시조신화始祖神話', 다시 말해 '왕권신화'로서의 성격을 부여한 이야기인 '다다노인의 명동'처럼 교토 측이 필요에 따라 인위적으로 만들어 낸 '신화'였던 것이다.

4. '미쓰나카신화'의 창조—지방 쪽에서

중앙(교토)에서 찬양되어진 미쓰나카나 요리미쓰의 전설이 교토 측의 요청에 따라 만들어진 '미나모토씨 왕권신화'라고 하면, 지방 쪽 다시 말해 다다노인 · 다다소 사람들 사이에서의 미쓰나카나 요리미쓰에 관한 '신화'는 어떠한 것이며, 그러한 '신화'는 어떻게 전해지고 있는 것일까?

이를 전하고 있는 것이 에도시대의 기록이다. 셋슈攝州 가와치군河內郡 '다다노인 엔기緣起'나 교토의 '미쓰나카 · 요리미쓰의 신화'를 흡수해서 만든 지방 쪽의 전승집성伝承集成이라고 말할 수 있는 『다다고다이키多田五代記』이다.

그 중에서도 지방 쪽 사람들이 만들어낸 이야기라고 생각되어지는 전승으로, 한층 더 뛰어난 것이 스미요시住吉의 영험담靈驗譚이다. 이것은 '다다노인 엔기'나 『다다고다이키』 어디서나 찾아볼 수 있지만, 이야기가 전자前者보다 진전되어 있는 『다다고다이키』에 근거를 두면서 그 개략概略을 소개해 보겠다.

고호康保 5년(968) 봄, 미쓰나카는 숙원하는 바가 있어 가신을 데리고 셋쓰攝津지방에 있는 스미요시샤住吉社[22)에 참배하기 위해 나섰다. 7일째 기

---

22) 스미요시자 진구데라(住吉社神宮寺)는 신라절(新羅寺)이라고도 부르고, 방형(方形)의 동서 2개의 탑을 비롯해 큰절을 갖고 있었다. 메이지(明治) 6년 철저한 신불분리(神分

도하는 한밤중에 스미요시 묘진住吉明神이 노인의 모습으로 나타나 "왕법王法・불법仏法을 수호하기 위한 곳을 찾는 뜻이 가상하여 이 화살을 준다. 이 화살을 허공을 향해 쏘아 화살이 떨어지는 곳이 찾는 땅이다."라고 말한다. 그 화살을 힘껏 허공에 쏘자 북쪽을 향해 천둥과 같은 소리와 빛을 내면서 사라져 사쓰키야마五月山[23])의 서북방향으로 떨어졌다. 미쓰나카는 화살의 방향을 쫓아 말을 달렸다. 그리고 산봉우리에 암자가 있는 것을 발견한다. 암자의 노승에게 화살이 날아간 방향을 묻자 "여기서부터 산기슭의 바위 뒤까지는 저기 보이는 산으로 둘러싸인 강물로 가득한 천길 깊이의 연못이었다. 그 연못에는 아홉 개의 머리를 가진 큰 뱀이 살고 있어서, 가까이 다가오는 자를 집어삼키고 있었다. 그런데 조금 전 새벽하늘에서 빛나는 것이 날아와서 저기에 보이는 산그늘에 진동과 함께 떨어졌다. 그러자 연못의 뱀이 난폭해져, 물이 소용돌이치고 불을 내뿜고 울부짖고 있었다. 그리고 산이 무너져 물은 흘러가고 이상하게도 이러한 평지가 생겼다."라고 말했다(이 때문에 이 땅을 야몬(矢問) <현 가와니시시 야몬(川西市矢問)>이라 이름을 붙였다고 한다). 그래서 산기슭을 따라 가 보자 머리가 아홉 개인 큰 독사가 죽어 있었다.

앞으로 아쓰다코熱田公인 모토키 야스오元木泰雄『다다미쓰나카코덴多田満仲公伝』에 수록된 원문을 소개하기로 한다.

열여덟 개의 뿔과 열여덟 개의 눈빛은 해와 달과 같고, 목 아래의 비늘은 둥글다. 그 색은 전복껍질이 반짝이는 듯 하다. 그의 화살이 뿔과 뿔 사이를 적중한다. …(중략)… 즉시 목을 자르고, 구두용권현(九頭龍権現)으로 모시어 제사를 올렸다. 물을 댄 흔적이 있고 많은 논과 같이 되어 타다(多田)라고 이름 붙였다.

離)가 행해져, 거의 모든 불당이 파괴된다.
23) 오사카(大阪) 근교의 이케다시(池田市)에 있는 작은 산.

이 전승은 미쓰나카가 큰 뱀을 퇴치한 이야기임과 동시에 다다의 개발 전설이기도 하다. 이러한 토착적인 전승이 언제 만들어졌는가는 모른다. 그렇지만 다다소에 속하는 기모가와무라肝河村 <현 이나가와초 기모가와 猪名川町肝河>의 진수鎭守[24]가 머리가 아홉 개九頭 달린 다이묘진大明神을 모시는 도가쿠시신사戶隱神社라는 점을 고려하면, 도가쿠시야마戶隱山의 슈겐修験[25]과 오시御師[26]의 활동을 통해서 구두룡九頭龍 신앙이 농경·기우제의 신으로서 다다소에 들어온 시기가 있으며, 그 영향 아래 미쓰나카가 머리가 아홉 개인 용을 퇴치했다는 이야기가 이 지방에서 만들어진 것은 아닐까. 상상력을 제대로 발휘하면, 『다이헤키太平記』에 보이는 미쓰나카가 도가쿠시야마 귀신을 퇴치한 이야기와도 관계가 있을지도 모른다.

5. 다다신사多田神社를 방문하다

실은 내가 살고 있는 곳은 앞에서 말한 도가쿠시신사戶隱神社가 모셔져 있는 기모가와肝川 근처의 촌락이다. 개와 산책할 때 가끔 이 신사까지 온다. 작은 신사이기는 하지만 사전社殿은 국가지정 중요유형문화재로 지정되어 있고, 제신祭神은 도가쿠시야마의 머리가 아홉 개 달린 용九龍이다. 이점을 이상하게 여겨서 이 지역 역사를 공부해 가면서 차츰 알게 된 것이 다다노인과 미쓰나카의 관계를 풀어주는 진언종眞言宗의 오래된 사찰인 만간지満願寺와의 관계였다.

깊은 가을 어느 날, 나는 다다신사를 찾았다. 이 신사는 근처에서 가장 큰 신사이기도 하고, 내가 좋아하는 요리미쓰의 귀신퇴치전설이 있기도

---

24) 그 고장·절·씨족 등을 진호하는 신이나 사당.
25) 수행(修行)을 행한 사람.
26) 신분이 낮은 중·신관(神官).

하여 딸이 7살이 되었을 때 시치고산七五三[27])의 축하기도를 받게 한 신사였다. 경내境內에는 이 전설을 근간으로 하였던지 귀신의 목을 씻었다는 '목 씻는 연못首洗い池'도 있다.

신불분리神仏分離로 신사가 되었지만, 당시 건조물이나 배치는 사원이었던 모습 그대로

미쓰나카 · 요리미쓰의 묘(廟)

이다. 미쓰나카와 후세에 나란히 모셔진 요리미쓰의 묘를 중심으로 본전本殿과 배전拜殿이 나란히 배치되어 있는 것으로 보아 분명히 신사화神社化되기 이전부터 사람을 신으로 모시고 있던 '조묘祖廟'로서의 성격이 우월했던 별당사원이었던 것을 알 수 있다. 즉 '묘'가 '신사'로 된 것이다.

나를 응대해 주었던 구지宮司[28])인 후쿠모토 가로福本賀郞씨는 "이 신사는 미나모토씨의 조상인 미쓰나카공公의 조묘를 지키기 위한 신사입니다. 그래서 마을의 진수사鎭守社처럼 우지코氏子[29])조직은 없습니다. 미쓰나카공이 무사단 미나모토씨의 조상이기 때문에 전시에는 일시적으로 무사의 무운을 비는 신으로서 출병하는 병사들의 신앙의 대상이 되었지만, 지금은 귀신퇴치전설로 유명한 요리미쓰와 연관된 신사라는 것을 관심거리로 여기는 정도의 평범한 신사입니다. 사원寺院시대의 불상仏像·불구仏具가 거의 남아있지 않습니다."라고 담담하게 있는 그대로를 말씀해 주셨다. 그러나 보물전에는 미쓰나카의 화상畵像과 미나모토씨 대대로의 보검 '히자마

---

27) 아이들 성장의 축하행사로서 남자는 3세·5세, 여자는 3세·7세 되는 해 11월 15일에 마을을 지키는 신에게 참배하는 의식행사.

28) 신사의 제사를 맡는 신관.

29) 같은 씨족신을 모시는 고장에서 태어난 사람들.

루膝丸'라고 불리는 큰 칼, 천상의天象儀30), 만다라曼茶羅31) 등 나의 흥미를 자아내는 신사의 보물이 줄지어 있었다.

돌아가는 차안에서 다음과 같은 재미있는 상상을 해보았다. 귀신이나 요괴를 둘러싼 문화에 대한 관심이 높아지고 있는 현대이다. 반드시 그러한 문화 속에는 어딘가의 미술관이나 박물관에서 '미쓰나카·요리미쓰와 요괴퇴치전설전'이라는 것이 기획되어, 이 신사에 보관되어 있는 수많은 물건들이 슈텐 도지酒吞童子나 산거미山蜘蛛 등의 요괴퇴치를 그린 에마키繪卷 등과 나란히 전시될 것이 틀림없을 것이라고….

---

30) 천체(天体)의 모든 것을 가리키는 말.
31) 부처의 세계나 극락을 그린 그림.

아베노 세메安倍晴明

세메신사晴明神社 - 쿄토京都

1. 쿄토京都 세메신사晴明神社의 역사

　　쿄토 중심부를 남북으로 달리는 호리가와거리堀川通는 시내 간선도로의 하나이다. 이 호리가와거리에 니조성二條城이 있다. 이 니조성에서 호리가와거리를 북쪽으로 20분 정도 걸어 가면 서쪽에 아베노 세메安倍晴明를 모시고 있는 '세메신사'가 있다. 주소도 세메 신사와 연관되어 가미쿄구 호리가와거리 이치조아가루 세메정(上京區堀川通一條上ル晴明町)이다. 자동차로 갈 경우 눈여겨보지 않으면 지나쳐 버리기 쉬운 조그마한 신사이다. 10년 정도 전에는 이 지방 사람들이 태어난 아이들의 이름을 짓기 위해 점을 치러 가는 신사로서 은밀하게 믿고 있는데 불과했다. 그런데 최근 몇 년 사이에 젊은 사람들을 중심으로 아베노 세메安倍晴明와 음양도陰陽道[1)]의 붐을 타고 지금은 많은 참배객들이 찾아오게 되었다.

세메신사의 초기 역사는 거의 확실하지 않다고 할 수 있겠다. 세상 소문으로는 세메가 죽고 나서 2년 후 간코寬弘 4년(1007), 천황이 세메의 생전의 위업을 기리기 위해 그의 옛 집에 신사를 세우게 하여 그 신령을 모시도록 했던 데서 비롯되었다. 당초에 동쪽은 호리가와堀川, 서쪽은 구로몬黑門, 북쪽은 모토세간지元誓願寺, 남쪽은 나카다치우리中立賣까지 넓은 사지社地를 갖고 있었는데, 오닌의 난(1467~1477)[2] 이후 큰 전화(戰火)와 도요토미 히데요시의 구획정리 등이 겹쳐서 축소·황폐의 일로를 걸었다. 그런데 쇼와昭和시대가 되어 세메큐초구미晴明九町組라는 씨족집단이 중심이 되어 단계적으로 정비를 추진하여 현재에 이르게 되었다고 한다. 그러나 에도江戶시대 이전의 일은 전설로 이해하는 것이 틀리진 않을 것이다.

유의할 것은 역사적 사실에서 세메의 집은 현재 이 세메신사가 있는 곳이 아닌 호리가와의 동쪽, 모도리바시戾橋의 동남쪽인 가미쿄구 가미초자

세메신사의 정면 모습

마치거리 신정上京區上長者町通新町 서쪽 입구 북쪽의 쓰치미카도정土御門町에 있었다고 한다. 따라서 만약에 이 신사가 세메의 옛 집에 세워졌다고 한다면 어느 시기엔가 현재 있는 지역으로 옮긴 것이 된다.

세메사晴明社 역사를 추측

---

1) 음양오행(陰陽五行)의 이치로 길흉을 판단하며 재액(災厄)을 물리침을 목적으로 하는 학문.
2) 쇼군가 및 시바(斯波)·하타케야마(畠山) 두 집안의 상속싸움과 호소가와(細川)·야마나(山名) 두 집안의 대립으로 일어났으며 교토를 무대로 격렬한 싸움을 벌였다. 이 내란으로 교토는 황폐화되고 막부의 위신은 실추되어 장원제의 붕괴가 촉진되었다.

할 수 있는 몇 개의 사료史料를 소개하겠다. 에도 시대 후기의 안에安永 9년(1780)의 『미야코메쇼즈에都名所図會』권1에 "아베노세메샤安倍晴明社는 이치조一條 서쪽 요시야정葭屋町, 세메정晴明町에 있다. 모시는 것은 세메가 영신靈神이다. 옛날에는 이 곳이 세메의 집이다."라는 간단한 설명이 있다. 또 『교마치카가미京町鑑』(1762)에도 "세메초晴明町 이 거리 동쪽에 아부라노고지도노油小路殿 저택이 있다. 또한 서쪽에 아베노 세메샤安倍晴明社가 있다. 옛날에 이곳이 세메가 살았던 옛터이며, 이 거리의 서쪽으로 들어간 중간 정도의 곳"이라고 되어 있으며, 『산슈메세키시山州名跡志』(1711) 권17에도 "세메정 이치조거리 요시야정晴明町一條通葭屋町의 서쪽에 있다. 이것을 요코세메정橫晴明町이라고 한다. 요시야마치거리 이치조葭屋町通一條의 북쪽을 다테세메정竪晴明町이라고 한다. 옛날에는 이 두 거리에 걸쳐 아베 집안의 집들이 있다. 세메의 영사靈社는 다테정竪町에 있다."라고 되어있다. 근세 중기 무렵에도 이미 조그만 신사가 있었던 셈이다. 더욱더 거슬러 올라가서 근세 전기의 간분寬文 5년(1665)에 『후소케카시扶桑京華誌』권1에도 "세메 신사는 호리가와의 서쪽, 이치조 북쪽에 있고, 그 곳을 세메정晴明町라고 한다."고 되어 있다. 즉 근세를 통해서 현재의 땅에, 세메의 옛 집터에 세워졌다고 전해지는 세메샤가 있었다는 것을 알 수 있다.

이 『후소케카시』와 거의 같은 시기에 쓰여진 『데키사이쿄미야게出來齋京土産』에도 "세메의 옛 집터 이치조 이노쿠마猪熊의 동쪽을 세메정晴明町이라고 부른다. 아베노 세메의 옛 집터이다."라고 기록되어 있다. 이 『데키사이쿄미야게出來齋京土産』에는 또한 "나중에 세메가 죽었는데, 그 무덤은 고조 마쓰바라 가모가와五條松原鴨川의 동쪽 기슭에 지금도 그 표시가 있다."라는 기록이 있으며, 세메의 묘라고 하는 무덤이 고조거리五條通 마쓰바라松原의 가모가와鴨川의 동쪽 기슭에 있었다는 것을 알 수가 있다. 이 세메의 무덤은 그 후 『미야코메쇼즈에』권2에 "세메의 신사는 미야가와정宮川町 동쪽, 마쓰바라松原 북쪽에 있다. 옛날에 이 곳에 아베노 세메의 무덤이 있었는데, 새로운 도로와 인가人家를 만들어 감에 따라 점차 무덤이 무너져 평지가 되었다. 이런 까닭으로 이 곳에 신사를 세우고 그 혼령을 모신다."라고 하는 것처럼, 이른바 개발이 진행되어 무덤이 있는 산이 깎여 내려졌기 때문에 세메의 신사를 새로 지어 모시게 되었다고 한다. 하지만 이 신사는 메이지시대3) 초기에 폐사廢社되었다고 한다.

여기서 약간 보충한다면, 이 미야가와정 마쓰바라거리宮川町 松原通에 있었던 무덤은, 「기요미즈데라산케만다라清水寺參詣曼陀羅」 등에 의하면 중세시대에는 가모가와의 나카스中州에 세워져 있던 '호조지法城寺' 경내에 있었던 것 같다. 그러나 근세시대가 되면서 강줄기가 변하여, 동쪽 강줄기가 없어져 동쪽 기슭의 일부가 되고, 이 호조지도 종파를 바꾸어 산조바시히가시즈메三條橋東詰로 옮겨져 버려 무덤만이 그대로 거기에 남아 있었던 것이었다.

근세를 통해서 세메 신앙信仰의 2대 거점이었던 호리가와의 세메샤와 가모가와 동쪽 기슭의 세메샤 중에서 한쪽은 살아남고 다른 한쪽은 폐사廢社되었다. 여기에는 이 세메샤를 지탱해 온 씨족들의 신앙심 차이가 반영되어 있다. 그러나 조금 더 이해하기 쉽게 설명을 덧붙인다면, 호리가와堀川 서쪽의 세메정晴明町의 세메샤는 바로 가까이에 아베노 세메와도 연관되어 있는 모도리바시戻橋를 바로 옆에 끼고 있었던 것과도 관련이 있는지도 모른다.

더욱이 이 호리가와의 세메 신사조차도 세메 신앙의 쇠퇴에 따라 한 때에는 전임신직專任神職이 없어진 적도 있으며, 현재는 근대 이전의 음양사陰陽師의 전통과는 관련이 없는 신직에 의해 지켜져 가고 있다.

---

3) 1868년부터 메이지천황이 사망한 1912년 7월까지 약 44년 동안을 말한다.

2. 아베노 세메는 어떤 사람인가

세메신사의 제신祭神으로 되어 있는 아베노 세메는 후지와라藤原 가문4)
을 중심으로 한 왕조 귀족의 전성기에 해당하는 헤이안平安시대5) 중기의
음양도의 대가로 알려진 인물이다. 아베노 세메는 『쓰치미카도기로쿠土御
門記録』에 의하면, 간코寬弘 2년(1005) 9월 26일에 타계하였다고 되어 있으며,
『손비분먀쿠尊卑分脈』와 『아베시게즈安倍氏系図』에 의하면 향년 85세라고 되
어 있다. 이러한 것들에 따르면 엔기延喜 21년(921)에 태어났다는 것이 된다.

음양도의 전문가를 음양사陰陽師6)라고 한다. 이 당시의 음양사는 조정의
기관인 음양료陰陽寮에 속하는 음양사와 민간에서 활동하는 음양사로 나뉘
어지는데, 세메는 조정에서 일하는 음양사로 당시 최고권력자인 후지와라
노 미치나가藤原道長7)에게도 중용되었다.

음양도는 고대 율령국가 건설에 적용하여 규범이 되었던 중국의 국가
조직을 떠받치는 지식과 기술의 일부로 이입되었다. 그 지식과 기능을 관
리하는 관청이 음양료이고, 그 주요 임무는 음양오행설陰陽五行說 혹은 십
간십이지十干十二支에 따른 우주의 이해라는 우주론적·형이상학적 측면과
그것을 적용한 천문 등의 자연관측·기록·달력의 작성과 시각의 측정
등 과학적·실용적인 양쪽에 걸친 연구와 교육, 그 지식에 의해 길흉을
판단하는 점술, 나아가서 점의 결과에 대처하기 위한 초복제재招福除災 의

---

4) 후지와라가문은 고대부터 근세의 대표적인 귀족으로 다이카 가이신(大化改新, 645)에
   서 공적을 세운 나카토미노 가마타리(中臣鎌足)가 덴지천황(天智天皇)으로부터 후지와
   라(藤原)라는 성을 받으면서 시작되었다.
5) 794년 헤이안쿄(平安京)로 수도를 옮겼을 때부터 1192년 미나모토노 요리토모가 가마
   쿠라막부(鎌倉幕府)를 열 때까지 약 400년 동안을 말한다.
6) 옛날 궁중의 음양료(陰陽寮)에 속하여 점·풍수지리 등을 관장한 벼슬자리로 지금의
   점쟁이를 가리킴.
7) 후지와라노 미치나가(966~1027). 이치조(一條), 고이치조(後一條), 고스자쿠(後朱雀), 니
   조(二條)천황의 4대에 딸을 시집보내 30년 동안 섭정(攝政)과 관백(關白)을 독점하며
   셋켄정치(攝關政治)의 전성기를 맞이했다.

아베노 세메 초상화

례의 집행 등 여러 방면에 걸쳐 있었다.

일본에 정착되어 감에 따라서 주술적인 측면을 비대화시켜 '다이잔후쿤사이泰山府君祭'[8]라는 궁중제사와 '모노이미物忌み'[9] '가타타가에方違え'[10] 등 귀족들의 일상생활 구석구석까지 규제하는 독특한 코스모로지(우주관)와 주법呪法을 고안해냈다. '다이잔후쿤사이泰山府君祭'는 음양도식의 병치료 의례이며, '모노이미物忌み'는 사악한 신령의 침입과 공격을 피하기 위해 특정한 날은 집에 틀어박혀 사회적인 생활을 중지한다는 주법이다. 그리고 '가타타가에方違え'는 외출할 때 그 방향으로 직접 행하는 것이 흉이라고 한다면, 그 전날 밤에 길한 방향에 해당하는 집에서 하룻밤을 자고 흉한 일이 일어나지 않도록 하고 나서 목적지로 향한다는 것이었다. '주소노하라에呪咀の祓え'는 사람의 원한과 게가레ケガレ[11] 등을 일년에 한 두 번 제거하기 위한 의례였다.

이러한 우주론으로부터 사악한 신령을 '귀신'으로 표현하는 사상과, 사악한 신령을 쫓아내거나 점을 치기 위해서 사역하는 '시키가미式神'[12]의 사상이 생겨났다. 특히 시키가미는 사람을 저주하여 죽이는 데에도 이용될 수 있는 아주 강력한 사역령使役靈이었다고 한다.

당시의 궁중의 음양도는 유서 깊은 가문인 가모집안賀茂家이 종가의 지위

---

8) 다이잔후쿤(泰山府君)은 인간의 생사를 담당하는 음양도의 주신(主神).
9) 불길하고 부정하다고 꺼려하거나 피함. 금기(禁忌).
10) 나들이나 여행을 할 때 목적지의 방위가 나쁘면 일단 방위가 좋은 곳에서 1박하고 다음날 목적지로 가는 일.
11) 월경 상(喪) 해산 등 부정(不淨).
12) 음양도에서 음양사가 이르는 대로 조화를 부린다는 신령(神靈).

를 쌓고 있었다. 가모 다다유키賀茂忠行는 그 이전의 음양사에 결코 뒤지지 않는 당대 제일이라고 평가받은 음양사이었으며, 그의 아들인 야스노리保憲에 의해서 종가의 지위는 확고해지게 되었다. 세메는 유서깊은 가문 출신은 아니었는데, 재능이 풍부하고 또한 오래 산 덕분에, 이 다다유키와 야스노리 부자 2대를 섬겼다. 스승인 야스노리는 음양도를 이분하여 천문도天文道는 세메에게, 역도曆道는 야스노리의 아들인 미쓰요시光榮에게 전수하여, 여기에서 나중의 음양도 2대 종가의 기초가 만들어졌다. 아베노 세메의 자손은 '쓰치미카도집안土御家'으로서 메이지 초기까지 종가의 지위를 유지하게 된다.

세메는 음양료에서의 담당 직무는 천문박사天文博士를, 관직으로서는 다이센다이부大膳大夫, 사쿄다이부左京大夫, 하리마노카미播磨守를 맡았으며, 위계는 주시이게從四位下까지 올랐다. 사실史實로써 세메의 활동을 전해주는 것은 당시 귀족들의 일기이다. 거기에서 단편적이지만 세메의 이름을 조금씩 볼 수 있다.

예를 들면 후지와라노 무네타다藤原宗忠의 일기인 『주유키中右記』의 조토쿠長德 3년(997) 3월 21일 대목에, 히라노平野신사의 가마도 마쓰리竈祭り의 사전社殿이 없기 때문에 조정이 그 건축에 착수하는 길일吉日을 점치게 하고 있다. 또 후지와라노 유키나리藤原行成의 일기인 『곤키權記』 조토쿠長德 3년 6월 대목에, 이치조一條천황이 히가시산조인 센시東三條院詮子[13]의 병문안을 갈 때 '한베はんべい'를 하였다. 이것은 북두구성北斗九星을 표상表象하는 스텝 동작으로, 악령을 밟아서 진정시켜 사기邪氣를 내쫓는 주술이었다. 조호長保 4년(1002) 11월 대목에는, 유키나리行成가 아마 병에 걸렸을 것이라고 하며 세메에게 다이잔후쿤사이泰山府君祭를 시키고 있다. 후지와라노 미치나가藤原道長의 일기 『미도칸파쿠키御堂關白記』의 조호長保 2년(1000) 1월 대목에는, 미치나가의 딸인 쇼시彰子가 정식으로 황후로 결정되었기

---

13) 후지와라노 센시(藤原詮子 : 962~1001)를 말하며 이치조천황의 생모이다.

때문에 입궁 길일을 알아보게 하고 있다. 또한 같은 해 7월 대목에는 가 뭄이 계속되고 있기 때문에 오룡제五龍祭라는 기우제를 지내자, 그 날 밤 에 큰 비가 내렸다고 한다. 특히 이미 소개한 도우노미네多武峰의 단잔신 사談山神祀와 관계에서 흥미 깊은 것은 간코寬弘 원년(1004) 9월25일 대목으 로, 도우노미네의 묘藤原鎌足陵墓가 명동鳴動하기 때문에 점을 치고, 미치나 가의 쓰치미카도 저택에서 대반야경大般若経 등의 공양법회를 거행하도록 했다는 기록이 있다.

3. 신화화神話化된 아베노 세메

아베노 세메는 왕조문화가 꽃피던 헤이안 중기시대의 실재 음양사이다. 그의 명성은 이미 생전부터 있었다. 그러나 세메는 음양도사陰陽道史 속에 서는 명성을 떨친 음양사 한 사람에 불과하다.

그런데 죽은 후에, 세메의 명성을 더욱 높게 한 센켄占驗 · 주켄단呪驗譚 이 많이 이야기되기 시작한다. 그것은 이미 헤이안 시대 말기 설화집인 『곤자쿠모노가타리슈今昔物語集』와 역사 이야기인 『오카가미大鏡』 등에서 시 작되어, 마침내 『겐페세스이키源平盛衰記』와 『소가모노가타리曾我物語』 등의 소설물 속에도 채택되어 있으며, 신비화의 정도를 강화해 가면서 민중 속 으로 넓게 파고들어 갔다.

신비화 초기의 중심적인 담당자는 설화작가들이었다. 귀족들은 귀족사 회 내외에서 재미있는 화제를 채집하여 기록하고, 이것들을 모은 설화집 을 읽고 즐겼다. 『곤자쿠모노가타리슈今昔物語集』와 『고지단古事談』 『고콘 초몬주古今著聞集』 등이 차례로 편찬되고 그 속에 세메의 이야기도 수록되 었던 것이다. 거기에서 묘사된 세메는 귀족사회 속에서 신비화된 세메라 고 말해도 좋을 것이다. 읽기와 쓰기 능력을 갖춘 사람들이 아니라면 이런 종류의 설화집을 향유할 수 없었기 때문일 것이다.

　그 중에서 몇 가지를 소개해 보겠다. 『곤자쿠모노가타리슈今昔物語集』에
는 세메가 스승인 가모 다다유키賀茂忠行를 따라서 시모쿄下京 부근으로 나
갔을 때 도보로 마차 뒤를 막 걷고 있었는데, 바로 그 때 앞쪽에서 백귀야
행百鬼夜行을 보았기 때문에 수레 안에서 잠들어 있던 다다유키를 깨워서
알렸다. 다다유키는 법술法術로 자신들의 모습을 백귀야행으로부터 숨기
고 무사하게 되었다. 이때 스승은 제자인 세메의 재능이 심상치 않음을
발견하고, 이후에는 세메를 소중히 하였다. 또 세메가 히로자와廣澤의 간
초寬朝 스님의 집에서, 젊은 귀족과 스님이 사람을 주술로 죽일 수 있느냐
고 물으며, 만약에 죽일 수 있다면 연못 옆에 있는 개구리를 죽여보라고
재촉하였다. 그래서 풀잎을 움켜잡고 주문을 외어 개구리에게 던지자 납
작하게 으스러져서 죽어버렸다. 세메는 집에 사람이 없을 때는 시키가미
式神를 사용해서 덧문을 올리고 내리거나 문을 열고 닫게 하였다. 『우지슈
이모노가타리슈宇治拾遺物語集』에는 구로도藏人[14] 고쇼少將가 까마귀에게 똥
을 뒤집어쓰는 것을 목격하고, 그 까마귀는 고쇼를 저주하여 죽이려고 하
는 음양사가 보낸 시키가미인
것을 간파하고, 고쇼를 위해서
주술을 베풀어 빌어주었다. 그
때문에 주술을 부린 음양사는
되돌려 보내진 자신의 시키가
미에게 맞아서 죽고, 주술을
부탁한 사람도 고쇼의 동서이
었던 것이 판명되었다.

세메신사에서 판매하는 각종 부적

14) 구로도도코로(藏人所)에서 사무를 보는 영(令) 이외의 관직. 천황을 측근에서 모시면서
　　천황의 명령을 전달하고 궁중의 행사나 일상생활까지 맡았으며 그 우두머리를 구로
　　도노토(藏人頭)라 한다.

이러한 설화가 이야기되어지고 있던 헤이안시대 말기부터 가마쿠라鎌倉 시대에는 세메의 신사를 만들어 그 신령을 제사지낸 일은 없었던 것 같다. 만약에 그런 일이 있었다고 해도 겨우 세메의 자손들이 '쓰치미카도 집안土御門家'를 내세우고 군림했을 때, 선조의 분묘를 특별한 종교시설로 만들어 갔을 정도였던 것은 아닐까?

가마쿠라시대15)에서 무로마치室町시대16)가 되면 소설물들이 민중들에게 지지를 받게 된다. 『헤케모노가타리平家物語』와 『겐페세스이키源平盛衰記』 『기케키義経記』 『다이헤키太平記』같은 센키모노가타리戦記物語에서 시작되어 「세쓰교부시說経節」와 「고조루리古浄瑠璃」 등과 같은 여러 가지 소재의 소설물이 만들어졌다. 그 안의 에피소드로써 음양사가 등장하고 있다. 그래서 음양사의 대명사처럼 세메의 이름이 유명해지고 그의 센켄·주겐단이 이야기되고, 마침내 고조루리古浄瑠璃 「시노다즈마信太妻」와 같은 세메의 일대기도 만들어지게 된 것이다.

이 소설물들의 주된 담당자는 귀족은 아니다. 귀족과 특정의 사사社寺에 예속되어 있는 하급 즉 궁핍한 종교자(=예능자)들이었다. 그들은 사사의 영험을 선전하기 위해서 많은 사람들이 즐길 수 있는 이야깃거리를 전하면서 돌아다녔다. 그 한편에서는 민중의 요구에 부응해서 주술적 활동도 행했던 것이다. 음양사 계통의 민간종교자(=예능자)가 그 주력呪力을 보증해주는 제신祭神으로서 숭배하는 '조신祖神' 속에 아베노 세메의 신령도 있었던 것이다.

「시노다즈마信太妻」 전설은 그러한 천시받던 민간종교자(=예능자)들이 자신들이 처해있는 처지를 짜넣어가면서 만든 '세메신화'였다. 세메의 아버지는 아베노 야스나安倍安名라고 하며 여우사냥을 하는 아쿠우에몬惡右衛門

---

15) 미나모토노 요리토모(源頼朝)가 가마쿠라(鎌倉)에 막부(幕府)를 연 1192년부터 1333년까지 약 150년 동안을 말한다.

16) 아시카가 다카우지(足利尊氏)가 막부(幕府)를 연 1336년부터 1573년까지를 가리키는 무가정권으로 3대 쇼군 아시카가 요시미쓰(足利義満)가 1378년 교토의 무로마치에 저택을 짓고 그 곳을 막부로 해서 무로마치막부라 한다.

에게서 여우를 구해주었는데, 이 여우가 여자로 변해서 야스나의 아내가 되어 세메(아베의 동자)를 낳았는데, 그 정체를 동자가 알게 되자 "사랑한다면 물어서 찾아와 봐요. 이즈미에 있는 삼림 속의 원한의 담쟁이 넝쿨 잎"이라는 노래를 남기고 사라진다. 마침내 동자는 하쿠도조닌伯道上人으로부터「긴우교쿠토슈金烏玉兎集」라는 비권秘卷을 손에 넣고 상경하여, 크게 활약하며 천하에 그 이름을 떨치게 된다는 이야기이다.

4. 세메의 유적을 만든 사람들

중세시대 세메전설의 중심적인 담당자는 궁중 음양사가 아니라 민간의 음양사이고, 그들의 지지를 받은 민중들이었다. 그들은 자신들의 제사와 주술적 활동에 근거를 제공하는 '신화'로써 새로운 세메전승을 창출해내고, 그것을 각지로 이야기하며 전하였다. 그리고 신화적 존재가 된 세메가 신비로운 일을 했다는 장소를 찾아내거나 새롭게 창출해내기도 하면서 거기에 신사와 무덤을 세워갔던 것이다.

세메와 관련이 있는 신사와 무덤 등을 전국적으로 답사한 다카하라 도요아키高原豊明에 의하면, 오늘날 전해지고 있는 세메의 전설 지역은 대사大社의 말사末社와 섭사攝社[17], 작은 신사와 무덤, 우물, 집터 등이 대부분이다. 이러한 이유는 역사학자 등이 분명히 밝혀왔듯이, 세메를 자신들 신앙의 시조로 숭배하는 종교자들이 당시의 사회구조와 종교조직 속에서는 주변적 위치에 놓여있던 사람들이었기 때문일 것이다.

그렇지만 다른 관점에서 보면 사회 중심에 있던 사람들이 가질 수 없는 특별한 지식과 능력을 갖춘 사람들이고, 그 지식과 능력으로 민중을 도와

---

17) 신사의 제신(祭神)과 인연이 깊은 신을 모신 신사.

그 생활을 활성화할 수 있었다는 것이다. 자세히 그들의 생활을 살펴보면 지나치기 쉬운 또 다른 일본의 모습이 떠오를 것이다. 예를 들면 주술과 점의 역사는 물론이고, 일본의 천문학과 역학曆學, 토목공사, 예술 등에 그들은 깊이 관여하고 있었던 것이다. 즉 그들은 이승異界과 현세의 경계에 서있는 사람들이고, 그런 까닭에 '어둠闇'을 바로 볼 수도 있었던 것이었다.

점술가·주술가로서 아베노 세메의 이미지는 후세 사람들의 「생각·기대」를 의탁하는 형태로 몇 번이나 재창조되어 왔다. 또한 최근의 유행도 그 연장선상에 있다고 말할 수 있을 것이다. 따라서 그 역사를 탐구할 경우, 세메신앙·세메전설을 전승하거나 재창조하는 사람들과 그것을 지지하는 민중의 사회사·심성사心性史를 염두에 두지 않으면 안 된다는 것이다.

교토 호리가와의 세메신사도 교토에 있는 신사 중에서는 결코 큰 신사는 아니다. 음양도의 종가는 세메의 자손인 음양가 '쓰치미카도집안土御門家'이며, 이 곳이 전국 음양도를 지배하고 있다. 세메신사는 세메와 연고가 있는 지역이라는 것 때문에 언제부턴가 신사가 만들어지고, 중세에 있어서는 음양사 계통의 종교자들과 그 신자들에 의해서, 근세에 들어서는 거기에 지역주민도 참여하여 비교적 영세한 형태로 유지되어 온 신사에 지나지 않았다고 말할 수 있을 것이다. 게다가 근대가 되면 신불분리神仏分離와 국가신도國家神道의 영향을 받아 음양도의 전통은 거의 끊기고, 사람을 신으로 모시는 다른 신사와 같이, 아베노 세메를 제신祭神으로 하고, 그의 위업을 현창·기억하기 위해 받들어지는 신사로 변해버렸던 것이다.

그런데 지금 이 세메신사가, 음양사와 아베노 세메 붐으로 음양도와 아베노 세메 팬들의 메카가 되어가고 있다. 세메신사는 새로운 융성기를 맞이한 것이다. 때마침 2005년은 세메가 죽은 지 천년에 해당하며 세메신사는 그 기념 사업을 준비하고 있다. 그 사업의 일환으로서 음양도 역사와 아베노 세메에 관한 연구서 간행도 계획되고 있다. 그 속에서 세메 전설을 담당해온 사람들의 심성도 설명될 수 있을 것이다.

2장 원령

이노에 내친왕井上内親王 · 사와라친왕早良親王
스가와라노 미치자네菅原道真
사쿠라 소고로佐倉惣五郎
다이라노 마사카도平将門
얀베 세베에山家清兵衛

이노에내친왕井上內親王 · 사와라친왕早良親王

가미고료신사上御靈神社 – 쿄토京都

1. 저주받은 수도 · 교토

교토는 저주받은 도시였다. 그 저주는 한 두 가지가 아니라 크고 작은 다양한 저주가 무수히 많은 도시였다. 그리고 그 저주에 떨며 저주의 발현을 모든 수단을 이용하여 방어하고, 또 나타나면 계속 제거하면서 천년 이상이나 되는 긴 세월에 걸쳐 수도로서 계속 이어져 왔던 것이다.

교토가 저주 속에서 탄생했다는 것을 여실히 말해주는 것이 '고료신사御靈神社'이다. 교토에는 상하 2개의 고료신사가 있다. '가미고료신사'가 더 오래된 것으로, 엔랴쿠延曆 13년(794), 천도에 앞서서 간무桓武천황이 이 곳에 정쟁政爭에서 패한 '사와라친왕'의 영을 모셨던 것에서 비롯된다고 한다. 『미야코메쇼즈에都名所図會』는 그것을 의식한 것일 것이다. 그 책의 1권

고료신사의 경내

첫머리에 대궐의 그림에 이어서 '가미고료샤上御靈社'를 소개하고 있다.

'시모고료신사下御靈神社'는 닌묘仁明천황이 조와承和 6년(839)에 헤제平城천황의 즉위를 둘러싸고 후지와라노 나카나리藤原仲成[1]의 음모에 의해 실각된 이요伊予친왕[2]과 그의 모친의 영을 제사지낸 것이 시작이며, 당초에는 가미고료신사(가미이즈모지·上出雲寺) 남쪽, 이치조키타一條北, 교쿄쿠히가시京極東의 시모이즈모지下出雲寺 경내에 있었으나 덴쇼天正 18년(1590), 히데요시의 도시개조계획에 걸려 신정근위新町近衛를 거쳐, 주쿄구中京區의 현재 지역으로 옮겨졌다.

가미고료신사의 부지에는 천도 이전부터 있었던 이즈모씨出雲氏의 우지데라氏寺인 가미이즈모지上出雲寺가 있었다. 이 절에는 이미 나라奈良朝시대의 정쟁에 의해 폐위된 이노에내친왕井上內親王[3](고닌·光仁 천황의 후)가 그 고장의 신으로 모셔져 있으며 그곳에 합사의 형태로 사와라친왕[4]를 모시는

---

1) 후지와라노 나카나리(764~810). 나라-헤이안시대 전기의 귀족으로 후지와라노 다네쓰구의 장남이다. 헤제천황의 총애를 받아 여동생인 구스코와 함께 권세를 휘두르다가 사가천황 측에 의해 사살되었다.

2) 이요친왕(?~807). 나라-헤이안시대 전기 간무천황의 황자이다. 다이도(大同) 2년 음모의 의심을 받아 어머니인 후지와라노 요시코(藤原吉子)와 함께 야마토가와라지(大和川原寺)로 유폐, 친왕위를 박탈당하였으며 11월 12일 어머니와 함께 음독 자살하였다. 이 사건은 후지와라노 나카나리가 꾸며낸 일로 고닌(弘仁) 10년에 무죄가 밝혀져 복귀되었다.

3) 이노에내친왕(717~775). 나라시대 고닌천황의 황후이며 쇼무(聖武)천황의 황녀이다. 황제를 저주한 죄로 폐 후, 아들인 오사베(他戶)친왕도 폐태자가 되었다. 호키(宝龜) 4년 난바(難波)내친왕을 저주하여 죽였다는 이유로 오사베친왕과 함께 유폐, 6년 4월 27일 모자가 동시에 죽었다.

4) 사와라친왕(750~785). 나라시대 고닌천황의 황자이며 어머니는 다카노 니가사(高野新

신사가 건립되었다고 한다. 이전에는 '고료의 숲'이라 불릴 정도의 넓은 지역을 차지하고 있었다고 한다.

그런데 우리들은 이미 단잔談山신사(도우노미네지 · 多武峯寺)와 다다多田신사 (다다노인 · 多田院)의 창건과 그 후의 경위를 알고 있다. 따라서 이 신사도 근대 초까지는 사원寺院이었을 것이라고 의심해 봄 직하다. 그러나 고료신사의 경우는 반대로 이즈모우지가 쇠퇴함에 따라 가미이즈모지도 쇠퇴하여 헤이안시대 말에는 "지금은 옛날, 가미이즈모지라는 절이 있었다. 건립 후 얼마 되지 않아 당堂은 쓰러져 기울고 특별히 수리하는 사람도 없었다."(『곤자쿠 모노가타리(今昔物語)』권 제20)라고 읊어지고 있는 상황이었다. 그 절의 하나의 종교시설(진슈지 · 鎭守寺)에 지나지 않았던 '고료샤'(불교적으로 말하면 '고료도 · 御靈堂')는 고료신앙의 융성을 배경으로 신앙을 모아 가미이즈모지를 해체 · 흡수하고, 더 나아가 신사화神社化하는 형태로 발전해온 것 같다. 즉 이른 시기에 가미고료신사는 절에서 독립한 신사가 되어 있었던 셈이다.

단잔신사나 다다신사도 전승에서는 제신祭神이 된 인물이 매장된 '묘'를 중심으로 제신의 자손과 친척이 그 '영혼'(조령)을 불교의 힘으로 공양하는 형태로 발전한 것이었다. 가미고료신사는 사와라친왕과 이노에내친왕의 묘가 따로 있기 때문에 '묘'가 발전한 신사는 아니다. 그것은 '고료샤'라는 신사 명에 분명히 명시되어 있는 것처럼 '영혼'을 권청해서 모시는 '사社'에서부터 발전한 것이었다.

'고료샤'란 이 세상에 원한을 남기고 죽은 자의 영靈, 즉 그 원한 때문에 이 세상에 저주를 내리는 원령을 달래기 위해서 건립된 것이었다. 원령을 가두어두기 위한 종교시설이 '고료샤'이며, 모셔짐으로서 진정되어진 원령이 '고료'였다. 따라서 원령신앙이 융성했던 시대에는 크고 작은

쏜)이다. 형인 간무천황의 즉위로 황태자가 되었지만 후지와라노 다카쓰구(藤原種継) 암살사건에 연루되어 폐하게 되고 아와지로 유배되어 가는 도중에 36세의 나이로 죽게 된다. 후에 원령을 두려워 한 천황은 엔랴쿠 19년 스도천황의 호를 하사하였다.

많은 고료사(고료도)가 만들어졌다. 그 중에서도 고료신사는 교토에서 가장 오래되고 또한 가장 중요한 고료—즉 이것은 가장 위험하다는 것이기도 하다—를 모신 신사였다. 이는 헤이안쿄平安京를 조영한 간무천황이 일족을 영원히 번영시키기 위해서는 절대로 가둬두지 않으면 안 된다고 생각한 원령을 모셨던 신사였기 때문이다. 거기에는 혹여 제사지내는 정성이 부족하여 그 원령이 발현했더라면 간무 일족에게 타격적인 재앙을 가져왔을 원령이 모셔져 있었다.

그럼 이노에내친왕과 사와라친왕은 어떤 인물이며 그 원령은 어떤 활동을 했을까?

2. 이노에내친왕의 원령

교토는 저주받은 도시로 탄생하였다. 그것은 간무桓武천황이 저주받은 천황이었기 때문이다. 간무천황은 헤이조쿄平城京에서 나가오카쿄長岡京, 그리고 헤이안쿄平安京로의 천도와 동북지방의 에미시蝦夷 반란 진압에 힘을 쏟은 전제적인 천황으로 알려져 있다. 그러나 그 한편으로는 계속 원령에 벌벌 떨던 천황이기도 했다.

원령은 신변에 생기는 재앙에 대하여 '원령의 재앙이다'라고 여기는 사람이 없으면 발생하지 않는다. 즉 원령은 분명 사람의 '불운한 경우', '운수가 나쁠 때' 발생한다. 따라서 정권의 최고 권력자인 간무천황 자신이 황위 계승에 관련되는 항쟁 속에서 쫓아내 버린 많은 정적들의 '원령'이 품고 있는 '원한'의 눈빛을 뒤에서 민감하게 느끼고 있었다는 것이 된다. 분명 그 '부담감'이 원령을 불러모으게 되는 것이다. 간무가 원령이 되지 않을까 가장 두려워했던 대표적 인물이 가미고료신사上御靈神社의 시초가 되었던 '이노에내친왕'과 '사와라친왕'의 혼령이었다. 이노에내친왕은 유

명한 쇼무聖武천황5)의 딸이며, 어머니는 아가타이누카이노 히로토지縣犬養
廣刀自였다. 20년 정도 이세사이구伊勢齊宮6)를 지낸후 시라카베白壁왕7)(후에
고닌천황)의 왕비가 되었다. 쇼무천황은 덴무天武천황의 손자이며 시라카베
왕은 덴지天智천황의 손자이다. 이렇게 나라조정奈良朝 내부는 황통의 엇갈
림으로 인해 일어나는 정쟁이 끊이질 않았다. 덴무천황의 손자인 나가야
長屋왕8)은 쇼무천황을 저주한 이유로, 덴무의 손자인 시오야키塩燒왕9)은
후지와라노 나카마로藤原仲麻呂10)의 난에 연루된 이유로, 또한 시오야키왕
후인 후와不破내친왕11)은 천황을 저주한 이유로 고켄孝謙여왕12)에게 죽임
을 당했던 것도 그러한 황통을 배경으로 한 정쟁의 결과였다. 정쟁에 저
주신앙이 이용되고 저주신앙이 정치를 움직이는 그러한 시대였던 것이다.

이윽고 고켄(쇼토쿠·称德)여왕이 죽자 그 대신 시라카베왕이 즉위하여 고
닌천황이 되었다. 이노에내친왕은 황후가 되었다. 이 이노에황후의 친언
니가 후와내친왕이었기 때문에 후와내친왕 저주사건의 재조사를 명하게
되었고 그 결과 저주사건은 거짓 고발이었던 것으로 판명되어 후와내친왕
과 그의 왕자는 누명을 벗게 되었다.

---

5) 쇼무천황(701~756). 나라시대 제45대 천황으로 재위는 724~749까지 하였다. 불교에
   귀의하여 모든 지역(國)에 고쿠분지(國分寺)를 세웠으며 도다이지(東大寺)의 대불 설립
   을 진척시켰다.
6) 고다이진구(皇大神宮)에 봉사한 미혼의 여자황족.
7) 시라카베왕(709~782). 고닌천황으로 나라시대 제 49대 천황이다. 재위는 770~781까
   지 하였으며 덴지(天智)천황의 손자이다.
8) 나가야왕(684~729). 아스카-나라시대의 사람으로 덴무천황의 손자이다. 진키(神龜) 6
   년 누리베노 기미타리(漆部君足)등에게 음모를 꾸몄다고 밀고를 당하여 그해 2월 12
   일 자살하였다.
9) 시오야키왕(?~764). 나라시대 니타베(新田部)친왕의 왕자이며 후와내친왕의 아버지이
   다. 다치바나노 나라마로(橘奈良麻呂)변에 관계하지만 면죄되었다.
10) 후지와라노 나카마로(706~764). 나라시대 귀족이며 다치바나노 나라마로 쪽 대항세력
    을 제거하고 덴표호지(天平宝字) 2년 주닌(淳仁)천황을 옹립하였다.
11) 후와내친왕(生沒年不詳). 나라시대 쇼무천황의 황녀이며 시오야키왕의 비이다.
12) 고켄여왕(718~770). 나라시대 제 46대 천황으로 재위는 749~758까지 하였다. 쇼무천
    황의 황녀이다.

그러나 기쁨도 잠시 뿐 이 황후가 남편인 고닌천황을 저주했다는 이유로 황후의 지위를 박탈당하고 왕자인 오사베他戶친왕[13]도 황태자의 지위를 빼앗겨 버린다. 그것만이 아니었다. 이노에내친왕은 천황의 언니인 난바難波내친왕을 저주하여 죽였다는 죄로 고발되었으며 게다가 황족의 명부를 박탈당하여 모자가 함께 야마토지방 우지군大和國宇智郡으로 유폐되었다. 그리고 1년 반정도의 유폐생활 후인 호키宝龜 6년(775)에 모자는 같은 날에 죽었다. 독살 당했을 것이라고 여겨지고 있는데 이는 덴지천황의 황통을 황위로 하려는 후지와라노 모모카와藤原百川의 음모였다.

이노에황후와 오사베황태자의 실각으로 인해서 상황이 좋아진 사람은 고닌천황의 부인이었던 다카노노 니가사高野新笠[14]와 그의 왕자인 야마베山部황자[15], 즉 간무천황이었다. 따라서 간무가 즉위했을 때, 권력을 잡기 위해 음모를 꾸미며 죽음으로 몰았던 사람들의 혼령이 저주 할 지도 모른다는 두려움에 떨었다는 것은 어쩌면 당연할 것이다. 그 중에서 가장 신경이 쓰였던 혼령이 이노에내친왕의 혼령이었다. 『쇼쿠니혼기續日本紀』에 의하면 고닌천황시대인 호키宝龜 8년(777) 12월에 이노에내친왕의 매장지를 이장하여 '고료'라 칭한다는 칙어를, 그리고 다음해 정월에는 박탈한 황족의 명부(황적)를 회복시킨다는 칙어를 발표하였다. 또한 간무천황시대가 된 엔랴쿠延暦 19년(800)에는 황후의 호칭도 회복하였다. 이러한 움직임은 이노에내친왕의 원령화와 대응했던 원령의 위무 즉 원령을 위로하기 위한 것이었다고 하겠다.

---

13) 오사베친왕(761~775). 나라시대 고닌천황의 넷째 아들이며 어머니는 이노에내친왕이다. 15세의 나이로 대역죄에 연루되어 후지와라노 모모카와(藤原百川)에게 독살당했다.

14) 다카노노 니가사(?~790). 나라시대 고닌천황의 비이다. 간무천황, 사와라친왕, 노토(能登)여왕을 낳았다.

15) 야마베황자(?~672). 아스카시대의 호족으로 임신란 때 오아마노황자(후에 덴무천황) 측에 귀순하려 하였으나 기회를 잃어버리고 오미(近江)조정 측에 머무르게 된다. 후에 정략 전에 가담한다.

3. 사와라친왕의 원령

이노에내친왕의 원령은 간무桓武천황이 황위를 손에 넣기 위한 음모에 의해 제거된 대표적인 정적이었다. 그런가 하면 간무가 천황이 되고 난 후에 음모를 꾸며 제거시킨 자들의 대표적인 원령이 사와라친왕이었다.

사와라친왕은 간무의 친동생으로 간무가 황위에 올랐을 때 그 후계자인 황태자가 되었다. 수도 나가오카長岡 조영 중이었던 엔랴쿠延曆 4년(785) 그 조영장관을 맡고 있던 후지와라노 다네쓰구藤原種継16)가 누군가에게 암살 당하는 사건이 발생하였다. 다네쓰구는 후히토不比等17)의 손자로 시라가와百川의 조카가 되는데, 심복을 잃어버린 간무의 노여움은 대단하여 오토모노 쓰구히토大伴継人,18) 다케라竹良등 용의자를 체포하여 참수형에 처했다. 사와라친왕도 이 사건에 연루되었다는 이유로 폐 태자가 되어 오토쿠니지乙訓寺로 유폐되었으며 또한 아와지淡路로 귀양가는 도중에 절명했다. 죽음의 이유는 무죄를 호소하며 단식했기 때문이었다. 유해는 그대로 아와지로 보내져 매장되었다. 그 후 몇 년이 지나 원령이 간무의 주변에 나타나기 시작하게 된다.

엔랴쿠 7년(788), 부인인 후지와라노 다비코藤原旅子가 30세의 젊은 나이로 죽는다. 엔랴쿠 8년에는 친어머니인 다카노노 니가사高野新笠가, 다음해 9년에는 황후인 후지와라노 오토무레藤原乙牟漏19)와 부인인 사카우에노 마

---

16) 후지와라노 다네쓰구(737~785). 나라시대 귀족 간무천황에게 신임을 얻어 주나곤(中納言)에서 정삼위(正三位)에 오른다. 나가오카(長岡)수도 천도를 주도, 나가오카궁궐의 감독자로서 공사를 추진하였다. 그러나 반대파인 오토모노 즈구히토(大伴継人) 등에 의해 암살되었다.

17) 후히토(659~720). 아스카-나라시대의 귀족이며 후지와라노 가마타리의 차남이다. 딸인 미야코(宮子)와 아키코(光明子)를 몬무(文武)·쇼무천황의 후궁으로 들여보내 황권과 연결되는 후지와라씨(氏)의 특권적 지위를 구축하였다.

18) 오토모노 쓰구히토(?~785). 나라시대 때 견당사로 당나라에 건너갔다. 나가오카쿄에서 후지와라 다네츠구를 암살한 주모자로서 처형되었다.

19) 후지와라노 오토무레(760~790). 나라-헤이안시대 전기 간무천황의 황후로 헤제천황,

타고坂上又子[20]가 죽는다. 간무를 덮친 것은 집안의 불행만이 아니었다. 치세에 깊게 관련되는 가뭄과 홍수, 전염병이 잇따라 발생하였다. 그리고 엔랴쿠 11년, 음양사의 점술에 의하면 황태자인 아테安殿친왕의 병의 원인은 사와라친왕의 저주라는 것이었다. 이 때부터 간무는 나가오카쿄長岡京로부터의 천도를 생각하기 시작한 듯하며, 다음 해에 야마시로지방山城國의 가도노葛野를 신도 조영을 위해 조사하고 서둘러 엔랴쿠 13년에는 헤이안쿄平安京 천도를 실현시켰던 것이다. 이 천도에 앞서 이루어진 것이, 언제쯤이고 어떠한 경위인지는 모르지만, 이미 이노에내친왕의 '혼백'이 모셔져 있었던 가미이즈모지上出雲寺의 수호신에 사와라친왕의 '혼령'을 모셔와 합사하였다는 것이다.

그러나 천도 후에도 재앙은 계속된다. 엔랴쿠 13년(794) 아테친왕비인 후지와라노 오비코藤原帶子의 급사, 엔랴쿠 16년에는 궁중에 괴이한 일이 있어 아와지에 있는 사와라친왕의 묘에 승려 2명을 급파하였고, 엔랴쿠 18년 아와지에 봉폐사를 파견하였으며, 19년에는 사와라친왕에게 '스도崇道천황'이라는 존호를 내렸다. 이노에내친왕의 황후 호칭이 회복된 것은 이때였다. 또한 이 두 사람의 묘를 산릉(제왕이나 왕후 무덤)으로 정하였으며 아와지에는 음양사와 승려가 파견되었다. 엔랴쿠 24년(805)에는 아와지에 스도천황을 위해 조류지常隆寺를 건립하였다. 또한 그 직후에 가이소텐노즈카사改葬天皇司를 임명하여 스도천황의 묘를 야마토지방 소에가미군添上郡으로 옮겼다. 그리고 엔랴쿠 25년에는 다네쓰구種継 암살사건의 관계자 모두를 용서하여 본래의 지위로 회복시켰으며, 모든 지방의 고쿠분지國分寺에 봄 가을 두 번 금강반야경의 독경을 명하였다. 그리고 스도천황의 명복을 계속 기원하라는 유언을 남기고 간무천황은 70세의 생애를 마치게 된다.

사가천황 등을 낳았다.
20) 사카우에노 마타고(?~790). 나라시대의 궁녀로 간무천황이 황태자였을 때 그 궁으로 들어와 다카쓰(高津)내친왕을 낳았다.

4. 원령怨靈에서 어령御靈으로

가미고료신사上御靈神社는 사전社伝에 따르면, 이 두 사람의 어령제사에서 시작되었다고 한다. 그러나 이것이 사실史實인지는 의심해 볼 필요가 있다. 사전이라는 것은 보통 신사 유래의 정확성과 오랜 전통을 강조하기 위해 만들어진 부분을 많이 내포하고 있기 때문이다. 현재의 가미고료신사는 사와라친왕(스도(崇道)천황)과 이노에황후(이노에내친왕)와 더불어 오사베他戶친왕·후지와라대부인大夫人·다치바나대부橘大夫·문대부文大夫·호노이카즈치노 가미火雷神·기비吉備대신의 8좌 어령을 모시고 있다.

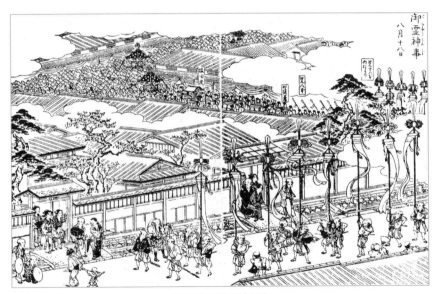

고료사의 제례 행렬 그림

그런데 에도시대의 『미야코메쇼즈에·都名所図會』에서는 사와라친왕(스도천황)·이요伊予친왕(스도천황의 황자)·후지와라부인(스도천황후)·文大夫(훈야노 미야타마루·文屋宮田丸)[21]·다치바나노 하야나리橘逸勢[22]·후지와라노 히로쓰구藤原廣嗣23)·기비대신(기비노 마키비·吉備眞備)24)·호노이카즈치노 가미(스가와라노 미치자네·菅原道眞)의 8좌로 그 수는 동일하지만 매우 중요한 '이노에 내친왕'의 어령 이름이 보이지 않고 그 대신 후지와라노 히로쓰구로 되어 있다. 이와 같이 가미고료신사의 제신에 대해서는 여러 설이 있어 확실치 않다.

여기서 상기해야 할 것은 '어령'의 문헌 초출初出이 되는 조간貞觀 5년(863) 5월 20일에 조정 주최로 열렸던 신센엔神泉苑에서의 어령회이다. 이 때의 제신은 사와라친왕(스도천황)·이요친왕·후지와라부인·훈야노 미야타마로文室宮田麻呂·다치바나 하야나리, 그 외 1명까지 6좌의 어령이었다. 그 중 이요친왕은 간무천황의 제3 황자이며 그의 어머니가 후지와라노 요시코藤原吉子로, 다이도大同 2년(807)에 모반으로 체포되어 야마토지방에 있는 가와라지川原寺로 유폐, 모자가 자살했다는 경력의 소유자이다. 그 말로가 이노에황후와 오사베친왕의 상황과 비슷했다. 때문에 후세에 『미즈카가미水鏡』와 『구칸쇼愚菅抄』 『다이헤키太平記』 등을 통해서 이노에내친왕이 어령이라 부르기에 어울리는 원령으로서 '발견'되었을 때 제신의 변경과 혼란이 발생했던 것은 아닐까? 훈야노 미야타마로도 다치바나노 하야나리도, 간무천황 이후의 정쟁에 패하여 실각된 사람들로서 그러한 사람

---

21) 훈야노 미야타마루(生沒年不詳). 헤이안시대 전기의 관리로 지쿠젠(筑前)의 수장이 되어 신라 상인 장보고와 교역을 하였다. 후에 수장에서 해임되어 조와(承和) 10년에 반란을 꾀했다하여 이즈로 귀향을 간다. 조간(貞觀) 5년 어령회에서는 어령제신으로서 모셔졌다.
22) 다치바나노 하야나리(?~842). 헤이안시대 전기의 관리이며 다치바나노 나라마로의 손자이다. 견당사를 따라 당나라에 다녀왔다. 조와 변의 주모자라 하여 이즈로 귀향 도중 죽는다.
23) 후지와라노 히로쓰구(?~740). 나라시대 관리 덴표 12년에 겐보(玄昉)와 기비노 마키비(吉備眞備)의 제거를 요구하며 다자이부(大宰府) 관내의 병사들을 모아 기병을 하였다. 오노노 아즈마히토(大野東人)의 끈질긴 토벌에 의해 같은 해 11월 1일 처형되었다.
24) 기비노 마키비(695~775). 나라시대의 귀족이며 학자이다. 견당 유학생으로서 17년간 유학과 병학을 연구하였다. 귀국 후 '나카마로의 난' 진정에 공을 세워 다이나곤(大納言)을 거쳐 정2위(正二位), 우대신(右大臣)이 된다.

들의 원령의 저주가 조칙에 "근대 이후 전염병이 빈발하여 사망하는 자 대단히 많다. 천하에 생각해 보건데 이 재앙은 어령이 만든 것이다."(『산다 이즈쓰로쿠(三代實)』조간 5년 5월 20일)라고 적혀 있는 것처럼 조정을 괴롭히고 있던 재앙의 원인으로 여겨졌던 것이었다.

가미고료신사의 제사가 이 어령회를 재현한 것이라고 여기는 것을 보면 가미고료신사의 실제의 창건 시기는 9세기 후반에서 10세기 전반 사이로 보는 것이 타당할 지도 모른다. 그 때 이미 존재하고 있던 이즈모지出雲寺 경내의 '진주사鎭守社'('고료도(御靈堂)」)에 사당을 빌리는 형태로, 6좌의 '원령'이 '어령'으로서 받들어 모셔져 진좌된 것은 아닐까?

'어령'이란 원령이 사람들에게 받들어 모셔져 진좌된 상태에 있는 혼령을 의미한다. 그러나 유의해야 할 것은 이노우에노 마로井上滿郎가 정확히 지적하고 있는 것과 같이, 그 원령의 재앙이 원령화의 원인을 만들어낸 당사자뿐만 아니라 천재지변을 일으켜서 아무런 관련도 없는 수도의 많은 사람들까지도 휘말리게 한다고 여겨지고 있었다는 것이다. 이것은 간무천황을 괴롭혔던 원령신앙과 계속적으로 연속성을 가지면서도 원령관에 새로운 전개가 있었다는 것을 의미한다. 이리하여 가미고료신사는 귀족이 모셔 제사지내는 어령신앙으로부터 주민들도 제사지내는 어령신앙의 대상이 되어 있었다.

그러나 가미고료신사뿐만 아니라 시모고료신사下御靈神社도 포함해서 그런 것이지만, 이러한 황족, 귀족 계의 어령은 민중 속에 형성되어 있던 또 하나의 어령신앙, 즉 조금 더 추상적이고 보편성을 가진 제신인 '어령'에게 권리를 빼앗겨 가게 되는 것이다.

그것은 말할 필요도 없이 야사카八坂의 기온칸진인祇園感神院(현 야사카사)를 중심으로 유포되어 있던 '고즈牛頭천왕'[25] 신앙이다. 기온샤는, 역병은 역

___

25) 교토 야사카(八坂)신사 제신으로, 인도에서는 기온쇼자(祇園精舍) 수호신이며 일본에서는 역병막이 신이다. 기원제는 고즈천왕을 모시고 역병을 진정시키는 연중행사이다.

병신='고즈천황'에 의해 일어나는데 그 역병 신을 모셔 봉해 놓고 있는 기온샤의 신자들은 역병으로부터 벗어날 수가 있다고 해석했던 것이다. 즉 일반적인 역병 신이 '어령'이 된 것이다. 이 특정인간의 원령으로부터의 이탈이라는 것에서 마치슈町衆의 어령신앙과 기온 어령회=기온 제가 발전해 가게 된 셈이다.

간무천황은 헤이안쿄를 조영하고 동북지방의 에미시蝦夷의 반란 진압을 위해 대군을 보냈다. 그리고 원령과도 싸워 많은 정적을 신으로 모셨다. 그러나 자기자신이 신으로 받들어 모셔지는 일은 없었다. 그 자신이 신으로 모셔지는 것은 '현창형顯彰型'의 신사가 많이 창건되는 근대가 되고 나서의 일이다.

메이지 28년(1895)에 헤이안 천도 천 백년 제가 거행되었다. 이 제전이 사람들에게 간무천황의 기억을 떠오르게 했다. 그리고 헤이안신궁이 건립되었을 때 간무천황의 위업을 오래도록 현창한다고 하는 의미로 그 제신이 되었다. 현대인의 입장에서 보면 간무천황을 모시는 신사가 근대가 될 때까지 하나도 없었다는 것이 이상하다. 그러나 고대에 있어서는 신이 될 자격을 갖고 있던 사람은 대개 원령이 되었던 자들이었던 것이다.

스가와라노 미치자네菅原道眞

기타노 덴만구北野天満宮 ─ 쿄토京都

1. 서민생활 속의 '덴진天神'

매화꽃 피는 2월 말에 기타노 덴만구北野天満宮[1])를 방문하였다. 아직 추위는 심했지만 매화꽃 축제梅花祭의 참배객들로 몹시 붐볐다. 이곳은 '기타노北野에 있는 덴진사마天神様'[2])라고 하여 교토 사람들에게 친숙한 신사이며, 전국에 많은 분사分社를 가진 덴진샤天神社의 총본사이다. 이곳에 있

---

1) 교토시(京都市) 가미쿄구(上京區)에 있는 신사로 스가와라노 미치자네(菅原道眞)를 모신다. 10세기 중엽에 창건되었다고 하며, 독특한 신사 건축 양식을 보여주는 곤겐즈쿠리(權現造り) 사전(社殿)은 1607년 도요토미 히데요시(豊臣秀吉)가 재건하였으며 국보로 지정되어있다. 기타노 덴진(北野天神), 기타노신사(北野神社), 덴만구(天満宮) 등으로 불린다.
2) 기타노 덴만구의 제신인 스가와라노 미치자네를 말한다. 또는 덴만구를 높여서 하는 말.

는 매화나무 숲을 산책한 후에, 매화를 바라보며 찻집에서 잠시 쉬는 것은 꽤 운치가 있다. 유감스럽게도 경내는 스가와라노 미치자네菅原道眞[3] 사후 1100년 제祭를 맞이하여 큰 보수공사를 하고 있어서 야쓰무네 즈쿠리八棟造り[4]라는 독특한 사전(社殿)에는 참배할 수는 없었다.

내가 '덴진사마天神樣'라고 하는 신의 존재를 알게 된 것은, '도랸세通りゃんせ[5]'라는 옛날부터 어린이들 사이에서 불려져 내려온 노래를 통해서였다. 왜 일곱 살이 되면 그 무언가를 축하를 하기 위해 무섭고도 좁은 길을 지나, 덴진사마가 있는 곳에 가지 않으면 안 되는가에 대해 어린 마음에도 이상하게 생각했던 기억이 있다. 나는 시치고산七五三[6]의 축하를 받은 기억이 없지만, 얼마 지나지 않아 일곱 살 때 하는 축하가 '시치고산 축하'라는 것을 알게 되었다. 또한 서적을 통해서 덴진이라는 것이 미치자네라는 헤이안시대의 학자를 신으로 모신 것이라는 것도 알게 되었다. 그러나 미치자네를 왜 하늘을 의미하는 '덴진天神'이라고 하는지, 왜 덴진이 어린이와 인연이 깊은 신이라고 하는지를 알게 된 것은 민속학을 배우고 나서부터 이다.

---

3) 스가와라노 미치자네(845~903)는 헤이안(平安)시대에 저명한 정치가였지만 유학의 거두였기에 '학문의 신'으로 추앙 받고 있다. 일본의 3대 마쓰리의 하나인 오사카의 덴진마쓰리(天神祭)에서 모시는 신이 바로 학문의 신인 스가와라노 미치자네이다.
한편 스가와라노 미치자네는 억울하게 죽은 자의 원령(怨靈)이 내리는 재앙을 피하기 위해 제사로서 진정시킨다는 어령신앙(御靈信仰)이라는 것과 관련하여, 사람을 신으로 모시는 인신신앙(人神信仰)의 시작이라고도 전해진다. 오늘날 스가와라노 미치자네는 거의 일본전역에 덴진(天神)으로서 신사에 모셔져 있고 그 신사 수는 일만이 넘으며, 덴진은 일본인에게 있어 가장 친숙한 신의 하나라고 할 수 있다.
4) 모양이 복잡하며 용마루가 여러 개이고, 지붕 끝에 있는 합장형(合掌形)의 장식판(破)이 많은 지붕을 가진 건물. 근세의 민가에서 나타나며 신사에서는 곤겐즈쿠리(權現造り)라고 부른다.
5) 옛날부터 어린이들 사이에서 불려져 내려온 노래의 하나. 또는 어린이에게 불러주는 노래.
6) 남자아이 세 살과 다섯 살, 여자아이 세 살과 일곱 살 때에 어린이의 성장을 축하하는 행사. 11월 15일에 그 해에 해당하는 어린이에게 특별한 날에만 입는 하레기(晴れ着)를 입혀서 신사(神社)·우지가미(氏神) 등에게 참배하러 간다.

일찍이 각지의 촌락사회에서는 주로 정월 25일에 '덴진코天神講'[7]라고 하여, 이때 제사를 담당하는 사람 집에 떡이나 음식을 가지고 가서 놀거나 공부하는 어린이들의 모임이 있었다. 그것은 덴진이 된 미치자네가 죽은 날이 25일이었다고 하는 것에 기인하고 있다. 어린이들이 머리가 좋아지길

기타노 덴만구 정면 입구

바라는 기대를 담아 덴진코라고 칭했던 것이다.

기타노 덴만구北野天滿宮는 학문이 대단히 뛰어났던 미치자네를 모셨다는 이유로 창건된 지 얼마 되지 않아 10세기 후반에는 이미 귀족들 사이에서 학문의 신으로 섬겨지기 시작하였다. 그러나 그것이 어린이들과 관련을 맺게 되는 것은 근세에 들어서부터이다. 그때부터 서민의 교육기관 특히 어린이를 위한 교육기관의 성격이 강했던 데라코야寺子屋[8]의 보급이 활발하였기 때문이다. 데라코야에서는 학문의 신인 미치자네의 기일인 25일에는 공부를 하지 않고, 선생님이 아이들을 데리고 근처의 덴진샤天神社에 참배하러 가거나, 교실에 덴진의 화상을 걸어놓고 참배하였다. 또한 정성 들여 쓴 습자習字나 음식을 바치기도 하였다. 그리고 바친 음식이나 집에서 각각 가지고 온 음식을 먹으며, 산과 들에서 노는 즐거움도 있었던 것 같다. 이러한 데라코야의 휴일이 각지에서 덴진코라고 하는 형태로 남

---

7) 미치자네의 기일인 2월 25일 또는 매월 25일에 행하는 덴만덴진(天滿天神)에게 올리는 제사. 옛날에는 데라코야(寺子屋) 등에서 행하였다. 덴진사이(天神祭).

8) 에도(江戶)시대에 서민을 위해서 세운 초등 교육기관. 무사·승려·의사·신직(神職) 등이 선생이 되어 습자(習字)·읽기·산술(주판) 등을 가르쳤다.

은 것이다. 특히 아이들의 수험受驗에 영험하다고 알려져 있는 현재의 덴진신앙天神信仰이 실은 이러한 데라코야나 덴진코에서 볼 수 있었던 덴진 신앙의 연장선상에서 자리잡게 되었는지도 모른다. 아마도 어린이에게만 국한되지 않고 근세이후의 서민생활 속에 자리잡은 덴진신앙이라는 것은 대강 이러한 성격을 띄고 있었을 것이다.

그렇지만 덴진이 처음부터 학문의 신이었던 것은 아니다. 원래는 무서운 신이었다. 더 확실히 말하면 미치자네의 혼령은 '덴만 다이지자이덴진 天滿大自在天神'[9]으로 모셔지기 전까지는 교토 사람들에게 재앙을 가져오는 무서운 「원령怨靈」[10]이었던 것이다. 아무것도 모르는 어린이였던 나조차 도 '도랸세' 노래 속에 나오는 '덴진사마에게 가는 좁은 길'이라고 하는 말에서 왠지 모를 두려움을 느꼈던 것도 덴진이 가지고 있는 무서운 측면 때문이었는지도 모른다.

2. 미치자네의 생애와 업적

기타노 덴만구北野天滿宮의 주제신主祭神인 미치자네는 헤이안 중기의 비운의 문인정치가이다. 덴만구와 매화는 매우 관계가 깊은데, 이것은 미치자네가 다자이후太宰府[11]로 유배당하기 전에, 마당에 있는 매화를 읊은 "바람이 불면 향기를 내 뿜어 다오/ 주인이 없어도/ 봄을 잊지 말고"[12] 라는 노래에서 찾을 수 있다. 그 일화는 이미 헤이안시대에 이야기 형태로

---

9) 스가와라노 미치자네의 신호(神號). 덴만 다이지자이덴진(天滿大自在天神)의 약칭으로 덴진(天神)이라고 한다. 또한 스가와라노 미치자네를 모신 덴만구를 말하기도 한다.
10) 원한을 품고 있어 다타리(祟り)라는 재앙을 내리는 혼령
11) 통례적으로 관청은 「大宰府」, 지명은 「太宰府」라고 쓴다. 율령제에서 치쿠젠(筑前)에 두었던 지방관청. 규슈(九州) 모든 지방의 행정에 대한 통할(統轄), 외국사절의 접대, 해안 방비 등의 일을 보았다. 후쿠오카현(福岡) 다자이후시(太宰府市)에 그 유적이 있다.
12) 원문은 「こち吹かば匂ひおこせよ梅の花あるじなしとて春な忘れそ」.

전해졌고, 중세에는 그 매화가 다자이후에 있는 미치자네 곁으로 날아갔다고 하여 '도비우메飛び梅'[13]라는 전설까지 만들어졌다.

스가와라노 미치나제의 초상화

매화와의 신비로운 애정을 그린 이 전설 속에 등장하는 미치자네는 실로 호감이 가는 학자이자 귀족이었다. 그러나 실제의 미치자네는 전설과는 매우 다르게 나조차도 좋아하기 힘든 융통성이 결여된 타입의 학자였던 것 같다.

미치자네는 쇼와承和[14] 12년(845)에 태어났다. 스가와라 집안菅原家은 고대 호족인 하지씨土師氏의 자손이었다. 이들은 나라奈良시대에 헤조쿄平城京[15]에 있는 스가와라菅原라는 지역[16]에 본거지를 두고 있었으므로 그에 연유해서 스가와라菅原로 성을 고쳤다. 원래는 상장喪葬에 관련되는 일을 하는, 특히 하니와埴輪[17] 등을 만드는 직능집단이었던 듯하며 교토京都로 옮겨와 살게 되면서 학문과 관련된 가문으로 변해 갔다. 아버지 고레요시是善도 미치자네 자신도 뛰어난 학문적 재능을 지닌 사람으로 모두 다이가쿠노 가미大學頭[18]나 몬조하카세文章博士[19]를 역임했다. 미치자네는 특히 우다宇多천황[20]의 신임을 얻어 우대

---

13) '날아가는 매화'라는 의미.
14) 닌묘(仁明)천황대의 연호의 하나. 834~848년에 해당.
15) 8세기 초, 현재의 나라시(奈良市)에 당나라의 도읍지인 장안(長安)을 본 따 조영된 도성(都城)을 말한다. 710년 겐메이(元明)천황이 후지와라쿄(藤京)로부터 천도하고 784년 간무(桓武)천황이 나가오카쿄(長岡京)로 천도할 때까지, 덴표문화(天平文化)의 중심지로서 번영하였다.
16) 현재의 나라시(奈良市) 스가와라정(菅原町) 부근.
17) 고분의 외부에 늘어 놓여진 유약을 바르지 않고 저온에 구워낸 토제품. 성역(聖域)을 나타내기 위해서 늘어놓은 것이라고도 하며 분구토(墳丘土)가 붕괴되는 것을 막기 위한 것이라고도 한다.
18) 율령제에서 다이가쿠료(大學寮)의 장관(長官). 종오위(從五位)이상에 상당.
19) 율령제에서 대학(大學) 학과의 하나인 문장과(文章科) 교관의 장(長).

신右大臣[21]에 임명되었다. 그것은 큰 정치세력이 되었던 후지와라씨藤原氏에게 대항시키기 위한 파격적인 임용이었다. 하지만 미치자네는 성격이 너무 꼼꼼하고 도량이 좁은 인물이었던지 주위 사람들과 자주 충돌하여 반감과 불쾌감을 사는 일이 많았다. 재능이 풍부한 학자에게 흔히 볼 수 있는 타입이다. 우다천황의 뒤를 이은 다이고醍醐천황[22]도 미치자네를 가까이 하기가 쉽지 않았던 모양이다. 그러한 점 등도 원인이 되어 그를 제거하려는 좌대신左大臣 후지와라노 도키히라藤原時平[23]같은 사람들의 중상모략으로 다자이후太宰府로 유배당하게 된다. 그렇지만 당시의 율령제도[24]는 귀족에게 형벌을 가할 수 없도록 되어 있었다. 그래서 '다자이노 곤노소치太宰權帥'[25]로 강등되는 조치가 취해진다. 이렇게 하여 미치자네는 다자이후太宰府로 유배당하게 되었고, 2년 정도 후에 그곳에서 사망하게 된다. 그때가 그의 나이 59세였다.

그의 유명한 업적으로는 『간케분소菅家文草』[26]나 『간케코슈菅家後集』[27]

20) 우다천황(867~931). 제59대 천황(재위 887~897). 친정(親政)을 행하려고 하였지만, 관백(關白)이었던 후지와라노 모토쓰네(藤原基經)에 의해 뜻을 이루지 못하였다. 모토쓰네의 사후는 스가와라노 미치자네를 기용하여 정치의 폐해를 시정하기 위해 노력하였다.

21) 율령제에서 태정관(太政官) 관명의 하나. 태정대신(太政大臣)·좌대신(左大) 다음 서열에 해당. 좌대신(左大臣)과 마찬가지로 태정관(太政官)의 정무를 통괄한다.

22) 다이고천황(885~930). 제60대 천황(재위897~930). 우다(宇多)천황의 첫 번째 황자. 스가와라노 미치자네를 우대신(右大臣)으로 등용하여 '엔기노치(延喜の治)'라고 불리는 천황친정을 행하였다.

23) 후지와라노 도키히라(871~909). 헤이안 전기의 조정대신. 모토쓰네(基經)의 아들. 좌대신(左大臣). 스가와라노 미치자네를 다자이노 곤노소쓰(大權帥)로 좌천시켜 후지와라 가문(藤原氏)의 지위를 확보.

24) 대보율령(大寶律令)·양로율령(養老律令)에 규정된 제도. 또 율령격식(律令格式)에 의해 운영되고 규정된 정치체계.

25) '다자이노 곤노소쓰'라고도 한다. 영외(令外)의 벼슬의 하나. 율령제에서 다자이후(大宰府) 장관의 권관(權官)을 말함. 중앙의 고관이 좌천되어 부임한 경우에는 그 본인은 실무를 접할 수 없었다.

26) 한시문집(漢詩文集). 12권으로 되어 있다. 스가와라노 미치자네의 작품으로 900년에 성립되었다. 전반부 6권은 시로 되어 있고, 후반 부 6권은 부(賦)·명(明)·찬(贊)·주상(奏狀)·원문(願文) 등으로 되어 있다. 정식 명칭은 「道眞集」.

등의 시문집을 들 수 있다. 또한 그의 성격을 단적으로 알 수 있는 것으로
는 견당사遣唐使28) 폐지를 건의한 점을 들 수 있다. 결국 견당사는 폐지되
었고 그것은 결과적으로 국풍문화國風文化29)를 낳게 되었다. 그렇지만 이
는 시간이 지난 후의 평가이며 견당사에 임명된 미치자네가 겁에 질려 이
런저런 이유를 늘어놓으며 폐지 쪽으로 몰고 간 것이 그 진상인 것 같다.
그에게는 바다 저편의 새로운 학문을 흡수하자고 하는 모험이나 지적호기
심이 결여되어 있었던 것이다.

3. 원령怨靈으로 창출된 미치자네의 혼령

　미치자네는 확실히 정적政敵의 중상모략으로 실각되었고, 유배당한 다
자이후太宰府에서 자신이 결백함을 주장하며 그 불운함을 한탄하고 있다.
그러나 '호겐노 난保元の亂'(1156~1177)30)에서 패하고 사누키讚岐31)로 유배되
어 그 지역에서 죽게 된 스토쿠상황崇德上皇32)처럼 자신을 그런 처지로 떨

---

27) 한시집(漢詩集). 1권으로 되어 있으며 903년 이전에 성립되었다.
28) 나라시대부터 헤이안시대 초기에 걸쳐 일본이 당나라에 파견한 사절.
29) 헤이안 중기에서 후기에 걸쳐 발달한 일본풍의 귀족문화. 견당사(遣唐使) 중지에 의해
　　당풍(唐風)은 옅어지고, 가나(仮名)로 쓰여진 문학(仮名文學), 귀족 주택 양식인 신덴즈
　　쿠리(寢殿造り), 전통적인 중국 회화 양식(唐繪)이 아닌 일본의 풍경·풍속을 그린 야
　　마토에(大和繪), 정토교 예술 등이 발달하였다.
30) 호겐(保元) 1년, 1156년 교토에서 발발한 내란. 황위 계승에 관한 스토쿠상황(崇德皇)과
　　고시라카와천황(後白河天皇)과의 대립에 섭관가(攝關家)의 후지와라노 요리나가(藤原長)
　　와 다다미치(忠通)의 가독권(家督權)이 관련되어 무사단을 불려들여 싸우게 되었고, 상
　　황쪽이 패배하였다. 상황은 사누키(讚岐)로 유배당하고 요리나가(賴長)는 전쟁에서 다
　　쳐 사망하였다. 이 난은 다음의 무가(武家)정권 성립의 발단이 되었다.
31) 옛 지방명의 하나. 가가와현(香川縣) 전역에 해당된다.
32) 스토쿠상황(1119~1164). 제 75대 천황(재위 1123~1141). 이름은 아키히토(顯仁). 도바
　　(鳥羽)천황의 제일 첫 번째 황자. 도바(鳥羽)상황의 힘에 의해 이복인 고노에(近衛)천황
　　에게 양위. 나중에 '호겐(保元)의 난'을 일으켜 사누키(讚岐)로 유배되어 그 곳에서 죽
　　음을 맞는다.

다자이후로 향하는 미치자네가 탄 배(기타노 덴만구 소장)

어뜨린 정적을 원망하고 저주하면서 이 세상을 떠나갔던 것이 아니다. 즉 미치자네는 사후에 원령이 되어 정적에게 복수하리라는 생각 따위는 하지 않고 죽은 것이다. 그가 살아 있었을 때의 행적을 보더라도 나의 견해로 는 그다지 위력적이었다고는 생각되지 않는다.

그럼에도 불구하고 미치자네의 혼령은 사후 40년 정도 지나 '덴만 다이 지자이텐진天滿大自在天神'으로 모셔지게 된다. 미치자네 생전의 의사와는 별도로 미치자네를 특별한 신으로 모시게 되는 메카니즘이 그의 사후에 생겨나게 된 것이다.

즉 미치자네의 혼령이 덴교天慶33) 5년(942) 7월 12일, 교토京都 우경右京 7 조條 2방坊 13정町에 사는 다지히노 아야코多治比文子라는 가난한 여자에게 탁선託宣을 내려, 자신이 생전에 놀던 우콘바바右近馬場에서 제사지내도록 하였다. 이것이 '덴만 다이지자이텐진'의 출현, 즉 기타노 덴만구北野天滿宮 가 창건되는 발단이 되었다. 그러나 아야코文子의 탁선託宣은 돌연한 사건 이 아니었다. 그것은 선학의 연구에 의하면 40년에 걸친 역사를 지니고 있었다. 미치자네가 죽은 후 교토에는 연달아 이변이 생겼다. 그것이 미치 자네의 원령에 의한 것이라는 소문이 퍼져, 이윽고 '덴만 다이지자이텐진'

---

33) 스자쿠(朱雀)천황대의 연호의 하나. 938~947년에 해당.

의 창출이라고 하는 형태로 낙착되는 것이다.

그 과정을 간단히 더듬어 보자. 미치자네가 사망한 해로부터 삼 년에 걸쳐서 천재天災가 계속되고 또한 역병의 유행으로 인해 많은 사망자가 생겼다. 더 나아가 월식月食과 동시에 대혜성大彗星의 출현 등 천체의 이변이 계속되는 가운데 미치자네의 원령에 대한 소문이 귀족들의 입에 오르내리고 갖가지 불행한 사건은 미치자네의 원령과 관련 있다는 말로 번져 나갔다. 엔기延喜[34] 8년(908) 5월, 발해국渤海國의 사신을 접대하려고 하였는데, 대낮에 심한 뇌우가 내려 식장이 침수해 버렸기 때문에 이 예정은 연기되었다. 그리고 분주하게 이 준비를 하고 있던 후지와라노 스가네藤原菅根[35]가 8월에 사망한다. 그는 미치자네의 추방에 크게 가담한 사람이었다. 다음해 4월에는 유배사건의 중심 인물이었던 좌대신 도키히라時平가 39세로 병사한다. 그는 병중에 미치자네의 원령이 괴롭히자 고승들에게 부처의 힘을 빌어 재앙을 물리치는 기도를 하게 하였다. 『기타노 덴진엔기北野天神緣起』[36] 등에 보이는 전승에 따르면 영적 능력이 뛰어난 것으로 유명한 기요쿠라淨藏에게 기도를 하게 하였더니, 미치자네의 혼령이 나타나서 좌우 귀에서 청룡靑龍을 꺼내어 들고는, 동행하여 왔던 기요쿠라의 아버지 미요시 기요유키三善淸行[37]에게 "천제天帝의 허락을 얻어 원적怨敵에게 복수하려고 하는데 너의 아들 기요쿠라가 방해하고 있다. 즉각 그만 두게 하여라."라고 말하였다. 기요유키가 기요쿠라에게 기도를 그만두고 나가

---

34) 다이고(醍醐)천황대의 연호의 하나. 901~923년에 해당.
35) 후지와라노 스가네(856~908). 헤이안 전기 중기의 공경(公卿), 학자. 쇼타이(昌泰) 2년(899)에는 몬죠 하카세(文章博士), 동(同) 3년에는 구로도노 토(藏人頭)를 지냄. 엔기(延喜) 원년 스가와라노 미치자네(菅原道眞)의 좌천이 있을 때 우다상황(宇多上皇)의 의향을 거슬렀다 하여 한때 다자이노 다이니(大宰大貳)로 강등되었다.
36) 그림으로 이야기가 설명되어 있는 두루마리 형식의 그림책(繪卷). 작자미상. 가마쿠라(鎌倉)시대의 작품. 스가와라노 미치자네의 일대기로 스가와라 원령담(菅公怨靈譚), 기타노덴진(北野天神)의 유래·영험을 그리고 있다.
37) 미요시 기요유키(847~918). 헤이안시대 전기의 학자. 이름을 기요쓰라(きょつら)라고 부르기도 함. 몬조하카세(文章博士)·다이가쿠노토(大學頭)등을 역임하였다.

게 하였더니 도키히라는 즉시 죽어버렸다고 한다. 기요유키는 미치자네와 라이벌 관계에 있던 학자였다.

불행은 그 뒤로도 멈추지 않았다. 엔기延喜 13년(912), 미나모토노 히카루 源光38)가 죽었는데 그도 유배사건의 관계자였다. 다음해에는 교토京都의 좌경左京에서 큰불이 났고, 그 다음해인 15년에는 천연두가 크게 유행하였 다. 또한 엔기 23년(923) 3월에는 다이고醍醐천황의 황태자 야스아키라 친 왕保明親王39)이 23세로 급사한다. 그의 부인은 도키히라의 딸이었다.

여기에 이르자 궁중에서는 원령에 대한 공포가 극에 달했다. 가모사이 賀茂祭40)는 정지되었고 궁중에서는 요괴출현이 끊임없이 보고되었으며, 항 간에서는 미치자네의 원령과 그 밖의 요괴에 관한 소문으로 가득하였다. 그래서 다이고醍醐천황은 미치자네의 원령을 달래기 위해 좌천을 명한 선 명宣命41)을 소각한 뒤 우대신(右大臣)으로 복귀시키고 직위를 올려 정이위正 二位의 벼슬을 내렸다. 주지한 바와 같이 이러한 원령을 위로하는 방법은 간무桓武천황이 사와라친왕早良親王42)의 원령을 위로하려 한 방법과 같은 것이었다.

그러나 원령의 재앙은 계속되어 엔초延長 3년(925)에는 다음 황태자인 요

---

38) 미나모토노 히카루(845～913). 닌묘(仁明)천황의 세 번째 황자.

39) 스가와라노 미치자네를 다자이후(大帝府)로 좌천시킨 후지와라 도키히라(藤原時平)의 여동생의 아들. (※친왕(親王)이란 황족남자의 신위(身位)의 하나이다. 현 제도에서는 적출(嫡出)인 황실의 남자(皇男子) 및 적출 남자계(嫡系)의 적출 황손(嫡出皇孫)의 남자 를 말한다. ⇔ 內親王

40) 아오이마쓰리(葵祭)를 말한다. 아오이 마쓰리는 교토시(京都市)의 가미가모신사(上賀茂 神社)와 시모가모신사(下鴨神社) 양사에서 지내는 제례이다. 제일은 원래 4월중의 호 랑이날(寅日)이나 현재는 5월 15일에 행한다. 헤이안시대에 「마쓰리」라고 하면 이 마 쓰리를 의미 할 정도로 성대하였다.

41) 한문체로 쓴 조칙.

42) 사와라친왕(750?～785). 781년 형이었던 간무(桓武)천황이 즉위에 오르면서 황태자가 된다. 후지와라노 다네쓰구(藤原種繼) 암살사건에 연루된 일로, 아와지(淡路 : 지금의 효고현[兵庫縣] 아와지시마[淡路島]에 해당)로 유배당하는 도중에 단식하여 목숨을 끊는다. 원령(怨靈)을 두려워하여 스도천황(崇道天皇)이라는 추호가 내려졌다.

시노리慶賴王[43])도 다섯 살로 죽게 되고, 엔초 8년 6월에는 다이리內裏[44])의 세료덴淸涼殿[45])을 직격한 낙우落雨로 인해 다이나곤大納言[46])이었던 후지와라노 기요타카藤原淸貴를 비롯하여 구교公卿[47]) 여러 사람이 사망하는 대 참사가 발생한다. 이 충격으로 천황도 병으로 드러눕게 되어 9월에는 히로아키라寬明(후에 스자쿠[朱雀天皇]이 됨)에게 양위하지만, 그 보람도 없이 며칠 후에 죽어버린다. 자신을 유배시킨 주모자인 도키히라時平를 비롯하여 주요 관계자의 목숨을 차례로 빼앗고, 결국에는 천황의 목숨까지도 앗아가 버렸기 때문에 미치자네의 원령은 압도적인 승리를 거둔 셈이다.

4. '신'으로 모셔지는 미치자네의 혼령

기타노 덴만구北野天滿宮는 메이지明治시대의 신불분리神仏分離[48])까지는 천태종天台宗의 만슈인曼殊院[49])이 사무를 맡아보는 '진구지神宮寺'[50])였다.

---

43) 야스아키라(保明)의 아들.
44) 천황이 사는 대궐.
45) 헤이안쿄(平安京) 천황이 사는 대궐인 다이리(內裏)의 전사(殿舍)의 하나. 천황이 일상 거주하는 곳. 근세 초기의 다이리(內裏)를 조영한 후에는 세료덴(淸涼殿)은 의식전용이 되었다.
46) 율령제에서 좌·우대신 다음으로 태정관(太政官)의 차관(次官)에 해당되었던 직명. 대신(大臣)과 함께 정무를 심의하고, 천황에게 주상(奏上)이나 선하(宣下)를 담당하였다.
47) 중국의 삼공구경(三公九卿)에서 나온말로 공(公)과 경(卿)의 총칭. 공은 태정대신(太政大臣), 좌(左)·우대신(右大臣), 경은 대납언(大納言)·중납언(中納), 삼위(三位)이상의 조관(朝官)및 참의(參議)를 말한다.
48) 1868년 3월, 메이지 정부에 의해 행하여진 고대 이래의 신불습합(神佛)을 금한 명령. 이것에 의해 전국에 폐불훼석(廢佛毀釋)운동이 일어났다.
49) 만주인이라고도 부른다. 교토시(京都市) 좌경구(左京區)에 있는 천태종에 속하는 절. 기타노신사(北野神社) 별당사(別當寺). 엔랴쿠(延曆)년 간(782~806)에 사이초(最澄)가 히에잔(比叡山)에 세웠다. 1656년에 지금 있는 곳으로 옮겨졌다. 일본의 독특한 정원양식인 쇼인(書院)정원과 함께 경내 전체가 명승으로 지정되어 있다.
50) 신사에 부속하여 세워진 사원(寺院). 신불습합사상(神佛習合思想)이 나타나게 되면서 사승(社僧)[別当]이 신사의 제사를 불교식으로 거행하였다. 1868년 신불분리(神佛分

그러나 그 '신사'의 발단은 이제까지 보아온 도우노미네데라多武峯寺[51]나 다다인多田院[52] 등의 경우와는 크게 다르다. 그것들은 '영묘靈墓'가 발전해서 사원이 되었고, 그러다가 메이지시대가 되어 묘지에 잠들어 있는 인물을 제신으로 모시는 신사가 된 것이었다. 그러나 흥미롭게도 기타노 덴만구의 경우는 민간의 무녀와 같은 아야코文子가 탁선에 따라 모신 작은 사당이 발전한 것이었다. 아야코는 사전社殿을 만들 재력이 없었기 때문에 자기 집 한쪽에 모양만 갖춘 작은 사당을 지어 조용히 모셨던 것이다. 그리고 나서 5년 후 덴랴쿠天曆[53] 원년(947), 이번에는 오미지방近江國[54]의 히라구比良宮신사 신직神職인 미와노 요시타네神良種의 일곱 살 먹은 아들인 다로마루太郎丸에게 "소나무가 하루 밤사이에 돋아나는 땅에 나를 모셔라"라는 탁선을 내렸다. 그곳이 기타노北野의 사콘바바左近馬場였다. 그래서 요시타네良種와 아야코文子, 그리고 아사히데라朝日寺의 승려 사이친最鎭이 협력하여 이 지역에 사전社殿을 조성하여 미치자네의 혼령을 모시게 되었다. 즉 미치자네의 혼령은 민간 종교인의 손에 의해 '신'으로 모셔지기 시작한 것이다. 그것은 당초부터 신직神職과 무녀, 그리고 승려가 공동으로 모신 신불습합神佛習合[55]적인 '신'으로, 다시 말해 일본에서 처음으로 '덴만

離)에 의해 폐절 또는 분리되었다.
51) 도노미네(多武峯)의 깊은 산 속에 있다. 후지와라노 가마타리(藤原鎌足)의 장남이 아버지의 묘를 셋쓰(攝津)에서 이 지역으로 옮겨 13층탑을 세운 것이 기원. 여락사(妙樂寺). 나중에 도노미네데라(多武峯寺)로 고쳐졌다. 메이지시대의 신불분리령(神佛分離令)에 의해 신사로 다시 태어나게 되었으며 사원 건축을 그대로 간직한 신사로서 독특한 분위기를 자아내고 있다.
52) 효고현(兵庫縣) 가와니시시(川西市)에 있었던 절. 970년 다다 미쓰나카(多[=미나모토(源)]滿仲)가 창설하고, 미나모토 집안(源氏)의 선조 대대로 위패를 안치한 절(菩所)이 되었다. 현재는 다다신사(多田神社)라고 부른다.
53) 무라카미(村上)천황대의 연호의 하나. 947~957년에 해당.
54) 지금의 시가현(滋賀縣).
55) 일본고래의 신과 외래종교인 불교가 혼합된 신앙을 말한다. 일찍이 나라(奈良)시대 부터 사원(寺院)에 신이 모셔지기도 하고, 신사에 신궁사(神宮寺)가 세워지기도 하였다. 헤이안시대 무렵부터 본격적인 본지수적(本地垂迹)이 유행하여 료부신도(兩部神道)등이 성립하였다.

다이지자이텐진天滿大自在天神·덴만 다이이도쿠텐天滿大威德天'이라고 하는 독자적인 '신'의 이름을 획득한 '인신人神'이었던 것이다.

여기에서 유의할 점이 있는데, 미치자네의 원령이 '신사社'를 만들어 자신을 모시라고 명했다고 하는 것은 그 시점에서 원령 스스로가 원령임을 그만두겠다고 선언했다는 것과 같은 의미라는 점이다. 비록 작은 사당일지라도 신으로 모셔짐으로써 더 이상 원령이 아니게 되는 것이다. 일찍이 기타노 덴만구北野天滿宮를 방문했을때 나를 응대해 주었던 신직중의 한사람은 신으로 모신 후 100년이라는 세월이 지나서야 미치자네의 원한은 완전히 정화되었다고 말한다. 그만큼 강력하고 무서운 원령이었던 것이다.

이와 같이 기타노 덴만구는 절이나 묘를 모태로 하여 발전한 '영묘'가 아니며 거기서 독립한 형태로 발생한 '신사'였다. 그러나 완전히 아무것도 없는 벌판에 '신사'가 새로 만들어진 것은 아니었다. 기타노에 이미 뇌신雷神을 모신 '덴진샤天神社'나 '히노미코샤火之御子社'56)가 존재하고 있었고 그 일부를 빌리는 형태로 신사 지을 땅을 얻었던 것 같다. 왜 거기에 미치자네의 '신사'가 모셔진 것일까. 물론 탁선에 이끌려서겠지만 그 배경에는 미치자네의 원령이 뇌신의 형태를 띄었다는 점이 작용한 듯하다. 그 후의 역사를 보면 확실히 알 수 있는 것처럼 덴만구는 귀족과 같은 지배자 층의 두터운 신앙을 배경으로 개축이나 재건을 반복해가면서 큰 신사로 발전해갔다. 옛날부터 내려온 덴진샤 쪽에서 보자면 실로 처마 밑을 빌려주고 안채까지 빼앗긴 듯 한 사태가 벌어졌다고 할 수 있다.

이런 유형의 신사발생이라는 과정을 살펴보면서 내가 항상 흥미 깊게 생각하는 점은 그 '이야기物語'를 만들어 내고 전달하는 많은 사람들이 존재한다는 점이다. 이 이야기의 경우는 눈앞에서 일어나는 이변의 원인을 미치자네의 '원령'이라고 상상하고, 그 원령과 눈앞의 이변과의 사이에서

---

56) 현재도 본사(本社)의 제신(祭神)과 인연이 깊은 신을 모신 섭사(攝社)로서 존재한다.

인과 관계를 찾아내고 있다. 그 이야기를 말하는 사람의 대표가 아야코文子이고 다로마루太郎丸였다. 그리고 많은 사람들의 손을 거쳐 『기타노 덴진 엔기北野天神緣起』라고 하는 이야기로 정착되어 간 것이다. 미치자네의 원령을 창출해 냄으로서 그 시대의 사건들이 하나의 이야기로서 정리되고 만들어져서 시대를 넘어 우리들에게 생생하게 전해주고 있는 것이다.

그렇다 하더라도 왜 미치자네가 원령이 될 수 있었던 것일까? 그것은 필시 소년 시절부터 재능을 발휘하고 이상하리만큼 빠른 출세를 하였으며, 그러다 갑자기 패배하여 도성을 떠난 후 결국에는 교토라는 도성으로 돌아오지 못한 채 몰락해 버리고 마는 누가 보더라도 깊은 인상을 줄 만한 인생을 보냈기 때문일 것이다. 그러한 비극적인 인생에 대해 후세 사람들이 원령이야기를 만들어 냈던 것이다. 그 만들어낸 이야기 속에서 미치자네가 신이 되어 모습을 나타낸 것이다. 그것을 후세 사람들은 '인신人神'으로 부르거나 '영신靈神'으로 부르기도 하였다. 이렇게 하여 사람을 신으로 모시는 전형으로써 이 미치자네의 원령 전승은 자리 잡게 된 것이다.

<h1>사쿠라 소고로佐倉惣五郎</h1>

도쇼지 소고영당東勝寺宗吾霊堂 – 지바千葉

<h2>1. 사쿠라 소고로의 이야기</h2>

오늘날 널리 사람 입에 오르내리고 있는 사쿠라 소고로의 이야기는 나리타成田와 사쿠라佐倉[1]지방에 전해져 오던『지조도 쓰야 모노가타리地藏堂通夜物語』라는 책에 근거를 두고 있다고 한다. 이 이야기는 사쿠라시佐倉市 쇼인지勝胤寺에 있던 지조도地藏堂[2]에서 공양을 올리는 날 밤, 여러 지방을 순례하며 하룻밤 머물고자 하는 순례자에게 소고로 부부의 망령이 소고로의 이야기를 들려주는 형식을 띠고 있다.

<hr>

1) 지바현(千葉縣) 북부의 도시. 나리타(成田) 가도를 지나가며 에도 시대에는 조카마치(城下町)였다.
2) 지장보살을 모신 당.

시모우사지방下總國3) 인바군印旛郡 사쿠라佐倉의 성주城主는 홋타 마사모리堀田正盛였는데, 마사모리가 죽은 후 아들인 마사노부正信가 가업을 계승했다. 마사노부는 백성에게 막중한 세금을 부과했기 때문에 백성들은 세금을 감당하기 위해 논밭과 산림을 팔거나 노역을 나가 연공年貢을 지불했지만, 그렇지 못한 백성들은 일가가 뿔뿔이 흩어지게 되었다. 나누시名主4)들은 연공의 경감을 요구하며 군다이郡代5) · 간조가시라勘定頭6) · 가로家老7)에게 호소를 했으나 전혀 받아들여지지가 않았다.

곤경에 처한 영지領地 내의 나누시名主들은 서로 상의한 결과 에도江戶에 있는 홋타 저택에 가서 연공을 경감해 줄 것을 탄원했지만 응대조차 해주지 않았다. 그래서 영주의 한사람이었던 소고로의 제안으로 로주老中8)인 구제야마토久世大和 수령守令에게 가고소駕籠訴9)를 하게 되었다. 다행히 직소는 일단 받아들여졌다. 그러나 며칠 후 로주의 저택에서 내려진 명령은 가고소를 한 것은 괘씸한 일이지만, 각별히 자비를 베풀어 소송을 되돌린다는 것이었다. 자신들의 염원이 성취되리라 생각하고 있었던 나누시들의 실망과 낙담은 헤아릴 수 없을 정도로 컸고, 마침내 그들은 쇼군將軍에게 직소할 것을 결의한다. 직소는 소고로 혼자서 하는 것으로 하고, 쇼군 이에쓰나家綱10)가 우에노上野에 있는 간에지寬永寺11)를 참배할 때 결행하기로

3) 옛 지명으로 지금의 지바현의 북부와 이바라키현(茨城縣)의 일부이다.
4) 에도시대의 막부직할지의 정(町)과 촌(村)의 장을 말하며 신분은 상인과 농민이었다. 서일본에서는 쇼야(庄屋)라고 하고 동북지방에서는 기모이리(肝煎)라고 불렀다.
5) 가마쿠라(鎌倉) · 무로마치(室町)시대에는 각 지방의 경비 및 치안 유지를 담당했으나 뒤에 강대해져서 영주화(領主化)되었다. 에도시대에는 막부의 직할지를 다스리던 직명이었다.
6) 에도막부의 직명으로 재정 · 소송을 관장하던 관청.
7) 에도시대의 다이묘(大名)의 중신(重臣)으로 무사를 통솔하고 가무(家務)를 총괄하는 직책을 말하며 하나의 번(藩)에 여러 명 이상 있고 보통은 세습을 했다.
8) 에도막부의 쇼군에 직속하여 정무를 총괄하고 다이묘를 감독하던 직책으로 정원이 4~5 명이었다.
9) 에도시대의 월소(越訴 - 차례를 밟지 않고 직접 영주나 막부에 소청하던)의 하나로 다이묘의 가마를 기다려 직소하는 것.

했다. 소고로는 시타야下谷의 히로코지廣小路[12])에 있는 구로몬黑門 앞에 놓
여진 다리에 숨어 있었다. 그리고 쇼군과 그 일행이 그 곳을 지나가자 다
리에서 튀어나와 장대 끝에 소장을 끼워 내밀었다. 쇼군의 측근들이 소장
을 받고 소고로를 내쫓았다. 소고로는 소장을 받아준 기쁨에 행렬의 뒷모
습을 향해 세 번 절을 하고는 그 곳을 떠나 숙소에 머물러 있던 나누시들
과 축배를 올렸다.

직소장直訴狀은 쇼군에게서 다음 교대자인 이노우에 가와우치井上河內 수
령에게 건네졌으며 그 평결 결과가 홋타 마사노부에게 내려졌다. 마사노
부는 체면을 잃고 저택으로 돌아갔고 곧장 가로家老들을 불러 그 책임을
캐물어 연공의 경감을 명하고 영지의 관리책임자들을 에도로 불러들였다.
그러나 관리들은 자신들의 잘못을 감추고 이러한 사건을 일으킨 소고로야
말로 극악무도한 인간이므로 극형에 처해야한다고 주장했다. 마사노부도
이들의 주장을 받아들여 소고로 부부는 책형磔刑[13])에, 아이들 또한 사형에
처하며 논밭은 몰수한다는 처분을 내렸다. 가로들은 형을 가볍게 해야 한
다고 진언했지만, 격노한 마사노부는 전혀 들으려 하지 않았다.

소고로는 죄수들을 태우는 수레에 실려 사쿠라로 보내져 형장으로 끌
려갔다. 소고로는 "나는 사리사욕을 위해 직소를 한 것이 아니라 만민을
구하기 위해 한 것이다. 그런데도 어린아이까지 죽이는 것은 도리에 어긋
난 짓이 아닌가. 나는 이렇게 죽지만 뜻은 이승에 머물러 3년 내에 마사
노부를 지옥으로 불러들여 그 자손들에게 오래도록 울분을 맛보게 할 것
이다"라는 말을 남기고 숨을 거두었다. 백성들의 바램은 이루어졌지만, 그

10) 도쿠가와 이에쓰나(1641~1680). 도쿠가와 제 4대 장군으로 이에미쓰(家光)의 장자.
11) 도쿄 우에노공원에 있는 천태종의 절로 1625년에 개산했다. 역대 주지는 법친왕(法親
    王)이며 도쿠가와 가문의 개인사찰.
12) 도쿠가와 장군의 간에지(寬永寺)로의 참배길에 해당되며 에도시대를 통해 니혼바시(日
    本橋)와 함께 번화가로서 활기찼다.
13) 옛날 죄인을 나무기둥에 묶어놓고 찔러 죽이던 형벌.

주모자인 소고로 일가는 극형에 처해지는 서글픈 결말이었다.

그 후 소고로 부부의 저주가 나타났다. 마사노부의 처가 임신 중에 남녀의 울음소리가 들린다든가 도깨비불이 보인다는 등의 이상한 일이 생겼고 그녀는 기도한 보람도 없이 죽어버린다. 마사노부도 산킨参勤[14]중에 말을 타고 사쿠라로 되돌아가 버리기도 하고 시녀를 망령으로 잘못 알고 죽이는 등의 광기 때문에 가록家祿[15]과 저택을 몰수당해 버린다.

2. 소고영당宗吾靈堂을 방문하다.

도쇼지 본당과 소고영당

늦은 벚꽃이 피기 시작 할 무렵, 나리타시成田市 소고宗吾에 있는 사쿠라 소고로를 모신 '소고영당宗吾靈堂'을 방문했다. 나로서는 첫 참배였다. 게세센京成線 전철로 우에노上野에서 약 한 시간 거리의 소고참도宗吾参道역에서 내려, 새로 정비된 참도参道[16]를 천천히 걷다가 막다른 골목에서 오른쪽으로 돌아가다 보면 소고영당의 대문이 보인다. 문의 안팎에는 참배객을 노린 가게가 즐비하게 늘어서 있다. 그러나 벚꽃 철이 지난 평일이라서 인지 참배객은 뜸했다.

본서에서 지금까지 다뤄온 사람을 신으로 모시고 있는 종교시설이란 성격이 상당히 다르긴 해도 모두 신사였다. 그런데 소고영당은 신사가 아

---

14) 에도시대에 다이묘들을 일정기간 에도에 머물도록 하여 다이묘를 통제한 제도.
15) 한 집안이 세습적으로 물려받는 녹봉, 즉 집안에 주는 봉급.
16) 신사나 절에 참배하러 가기 위해 만들어진 길.

니고, 진언종眞言宗의 풍산파豊山派 별격대본산명종산동승사別格大本山鳴鐘山 東勝寺라는 절이다.

그렇다고 해서 절이 사람의 혼령을 신으로 모시고 있다는 것 자체는 그 다지 이상한 일은 아니다. 예를 들면 진언종 총본산인 고야산高野山[17]의 오쿠노인奧の院[18]은 고보 다이시弘法大師 구카이空海[19]의 묘지인 동시에 구 카이의 혼령을 모신 '당堂'에 해당한다고도 볼 수 있다. 그러한 예는 본서 에서 다룬 단잔談山신사[20]나 다다多田신사도 메이지 초기의 폐불회석廢仏毀 釋[21]·신불분리神仏分離 때 신사가 된 것으로, 이전에는 도우노미네데라多 武峰寺, 다다인多田院이라는 절이었으며 경내의 구조는 후지와라노 가마타 리藤原鎌足[22]나 미나모토노 미치나카源滿仲[23]의 묘, 즉 공양을 드리는 영묘 靈廟와 본당 그 밖의 불교적 시설로 나뉘어져 있었기 때문이다. 따라서 만 약 도우노미네데라로 하든 다다인으로 하든 신불분리 때에 절이 되는 것 을 택했다면 고야산의 경우처럼 사원으로서도 존속하는 것이 가능했을지 도 모른다.

나는 당초 소고영당도 그런 절일 것이라고 예상하고 있었다. 그런데 그 런 내 생각이 완전히 빗나가버린 것이다. 참도에 들어서서 조금 걷다보면 오른편에 원령이 되어 영주에게 재앙을 내렸다는 전승이 담긴 사쿠라 소고

---

17) 와카야마현(和歌山縣)에 있는 산으로 진언종의 영지로 816년 구카이(空海)가 진언종의 총본산인 금강봉사를 창설했다.
18) 주로 사원의 본당보다 안쪽의 가장 좋은 곳에 위치하며 영불 또는 개산(開山)한 창시 자등의 영(靈)을 안치하는 곳으로 고야산(高野山)의 것이 유명하다.
19) 헤이안 초기의 승려로 진언종의 개조(開祖)이다.
20) 나라현(奈良縣) 사쿠라이시(櫻井市)에 있는 별격관폐사로 주제신은 후지와라노 가마타 리(藤原鎌足)이다. 경내에는 무로마치시대의 건축에 해당되는 일본 유일의 목조 13층 탑이 있다.
21) 불교를 배척하고 절·불상을 부수는 등, 명치초기에 신불분리로 일어났던 불교배척 운동을 말함.
22) 후지와라씨의 선조로 나카노오에(中大兄)황자를 도와 소가씨(蘇我氏)를 멸하고 다이카 가이신(大化改新)에 큰 공을 세웠다. 단잔(談山)신사에 모셔져 있다.
23) 헤이안 중기의 무사로 미나모토노 쓰네모토(源経基)의 장자로 태어났다.

로의 '묘'가 있다. 분명 훌륭한 묘이다. 하지만 이 정도의 묘는 어느 공동묘지에도 있는 것으로 '소고레하카宗吾靈御墓'라는 푯말만 없으면 이 절의 고승 중의 어느 한 분의 묘일 것이라고 생각하고 지나쳐 버릴 지도 모른다.

인왕문을 빠져나가자 정면에 훌륭한 본당이 세워져있고 '소고영당'이라는 편액이 걸려있다. 본당에 들어가 보았다. 내가 상상했던 것은 중앙에 대일여래大日如來라든가 관음보살, 비사문천毘沙門天[24]이라는 불상이 안치되어 있고 그리고 그 옆쪽과 안쪽에 소고의 혼령이 모셔져있는 것은 아닐까라는 것이었다. 그런데 놀랍게도 본존 그 자체가 '소고손레宗吾尊靈' 혹은 '소고사마宗吾樣'라 불리는 소고로의 혼령이었다. 본존은 보통 때는 볼 수가 없고 9월 2일부터 3일까지 소고의 기일忌日에만 개방된다고 한다. 닫힌 '본존의 단'의 앞에 커다란 거울이 설치되어있다. 신불혼효神仏混淆[25]의 시대에는 이러한 광경이 보통이었는지 모르지만 내게는 왠지 묘한 느낌이 들었다.

3. 소고로를 모시는 두개의 종교시설

사쿠라 소고로의 묘지

이 약간 평범하지 않은 절은 어떠한 경위로 이렇게 된 것일까? 가부라키 유키히로鏑木行廣의 연구에 의하면 도쇼지東勝寺의 경우, 에도 시대에는 에도의 미륵사弥勒寺의 말사末社로 본존은 대일여래大日如來였다. 사전寺伝에 의하면 창건된 유래는 정이대장군征夷大將軍[26]인

24) 사천왕의 하나이다.
25) 일본 고유의 신과 불교가 결합된 신앙. 신불습합(神佛習合)을 의미한다.

사카노우에노 다무라마로坂上田村麻呂[27]가 보소房總[28]를 정복했을 때 전사자를 추모하기 위해 건립했다고 되어있다.

도쇼지는 다이쇼大正 10년(1921)에 현재의 위치로 이전한 것으로 그전까지는 지금 자리에서 서쪽으로 1km 정도 떨어진 가네우치鐘打라는 곳에 있었다. 현재 위치한 곳은 도쇼지를 창립한 창시자라고도 불리는 조유澄祐가 사형을 당한 소고로의 유해를 형장터에 매장한 장소이다. 거기에 도쇼지가 관리하는 작은 법당이 세워졌고 그것이 재건을 거듭한 끝에 커다란 공양당으로 발전했으며, 메이지明治 43년(1910)의 화재로 소실되었던 영당이 재건되었을 때 도쇼지도 이곳으로 옮겨졌던 것이다. 아마 이때 본존이 대일여래에서 소고영신宗吾靈神으로 바뀐 것일 것이다. 이후 사쿠라 소고로를 모시는 영당으로 현재에 이르고 있다. 도쇼지 입구에 있는 상점사람들 말로는 불경기가 되면 소고로를 찾는 참배객이 늘어난다는 것이다. 즉 불경기를 호경기로 바꾸어주는 '신'으로 전국각지에서 신자가 참배하러 온다고 한다.

그런데 우리들의 관심상 간과할 수 없는 것은 소고로의 묘인 공양당에서 발전한 소고영당과는 별도로 소고로의 혼령을 모시는 종교시설이 한군데 더 존재하고 있다는 것이다.

그것은 에도시대의 '구치노묘진口の明神'에서 발전하여 메이지시대부터는 소고로를 '사쿠라소고로 다이묘진佐倉宗五郎大明神', '기노우치 소고로다이진木內宗吾郎大神'으로서 모시고 있었던 '구치노진자口の神社' 또는 '구치노미야진자口の宮神社'라 부르는 신사이다. 메이지시대에는 이 신사를 근거로 해 사쿠라 소고로를 현창하는 신직神職이 있었다고 한다. 그렇지만, 다이

---

26) 가마쿠라(鎌倉)시대 이후 무력과 정권을 쥔 막부의 주권자의 직명으로 쇼군(將軍)이라 한다.
27) 사카노우에노 다무라마로(758~811). 헤이안 초기의 무사로 정이대장군이 되어 에조 (蝦夷)정벌에 큰 공을 세웠다. 교토(京都)의 기요미즈데라(淸水寺)를 건립했다.
28) 아와(安房)지방과 가즈사(上總)·시모우사(下總)의 총칭.

쇼 8년(1919)에 본전과 배전의 소실에 의해 종교시설로서의 기능을 잃어버린다. 그 결과 소고 신앙은 소고영당에 통합되게 된 것이다.

게세다이사쿠라京成大佐倉역에서 남쪽으로 올라가는 언덕 주변은 예전에 마사카도산將門山이라 불렸으며, 속설에 의하면 여기에 다이라노 마사카도平將門29)의 집이 있었고 마사카도의 아버지 요시마사良將의 본거지가 있었다고 한다. 산 안에는 막말幕末에 다이라노 마사카도를 모신 '다이라노신노샤平親王社'와 '묘켄샤妙見社' 그리고 앞에서 언급한 '구치노묘진자口の明神社'가 모셔져 있고 그것을 보살피는 별당사는 가까이에 있는 진언종의 호주인宝珠院이었다.

엔쿄延享 3년(1746) 데와出羽지방의 야마가타山形 번주였던 홋타 마사스케堀田正亮가 로주로 취임함에 따라 사쿠라로 영지를 옮겼다. 마사카도산의 구치노묘진은 이 홋타 마사스케가 건립한 것으로 되어있다. 영지에 부임한 마사스케는 소고로의 원령전승을 들었는지 소고로가 사형을 당한 조오承応 2년(1653)으로부터 100년이 되는 호레키宝暦 2년(1752)에 번藩 주최로 소고로 100주기 제사를 올리고 계명을 받아 구치노묘진에서 년 2회의 제례를 행하도록 지시를 내렸다. 이후 이 구치노묘진이 소고로의 영을 '묘진明神30)으로 모시는 신사가 된 것이었다.

이 지역에 소고로의 영을 모시게 된 이유의 하나로서, 이미 거기에 소고로의 영을 모시는 신사 혹은 사당이 있었기 때문이라고도 볼 수 있다. 아마도 원령화한 마사카도의 신사가 원령화했다는 소고로의 영을 불러들인 것은 아닐까?

아무튼 에도시대의 '구치노묘진'이 메이지시대의 '구치노미야진자口の宮神社'였다. 필자가 자의적으로 판단컨데, 구치노묘진과 그의 별당사였던 호주인이 신불분리 때 잘만 대처했다면 이쪽이 '소고신사'로서 소고로 신

---

29) 헤이안(平安) 중기의 무장.
30) 위엄과 덕이 있는 영험스러운 신, 혹은 신의 존칭.

앙의 거점이 될 수 있었을지도 모른다. 그러한 조건은 충분히 갖추어져 있었던 것이다. 그러나 다이쇼 8년 화재로 사전社殿을 소실한 후 재건은 이루어지지 않았고 지금은 작은 사당만이 남아 있을 뿐이다.

4. 역사적 사실史実에 등장하는 소고로惣五郎와 그의 원령화

그렇다면 도쇼지가 관리하는 공양당이나 구치노묘진口の明神을 신앙의 거점으로 하여 널리 알려진 사쿠라 소고로란 어떠한 인물이었을까? 과연 그는 실제인물이었을까?

소고로는 고다마 유키오兒玉幸多의 연구에 의하면 실제인물이었다. 역사적 사실에 따른 사쿠라 소고로는 사쿠라번내의 고즈촌公津村에 있었던 기노우치 소고로木內惣五郎 라는 농민으로 마을 안에서도 최고에 해당하는 전답이나 택지를 갖고 있었는데, 어떤 사정으로 인해 조오承応 2년(1653)에 아이들 4명과 함께 형벌을 받아 죽었다. 그 후 재앙이 있다는 소문이 퍼져 마을 사람들이 작은 사당을 지어주었고, 마침내는 사쿠라번도 그 제사에 깊게 관여하게 되었다는 정도밖에는 밝혀지지 않았다. 그 외의 것은 거의 전설이나 이야기 거리에 지나지 않는다.

쇼토쿠正徳 5년(1715)의 『총엽개록總葉槪錄』에 의하면 형벌로 죽은 후 얼마 안 있어 농민들 사이에서 당시의 영주였던 훗타 마사노부堀田正信와 그의 일족에게 재앙을 일으키는 소고로 원령의 소문이 나돌아 농민들에 의해 원령을 애도하고 진정시키기 위한 '소고구惣五宮'라고 불리는 사당도 만들어지게 된 것 같다. 그 원령전설이 부풀려지고, 약간의 내용 차이를 보이는 '사쿠라 소고로 모노가타리佐倉惣五郎物語'가 만들어졌던 것이다.

소고로 전승을 부풀린 계기가 된 것이 훗타 마사스케의 법요法要였다. 법요는 그 때까지의 소문을 추인하는 형태를 취했기 때문이다. 그 소문의 내용은 본래는 상호연관이 있을 리가 없는 소고로의 죽음과 그 당시의 사쿠라번의 영주인 홋타 마사노부의 불행을 결부시키는 것이었다. 즉, 소고로 원령의 재앙으로 홋타 집안에 불행이 끊이질 않다가 마침내는 영지와 가록을 몰수당하게 되어버렸다는 것이다.

구치노묘진口の明神을 건립했다는 홋타 마사스케는 소고로가 재앙을 내렸다는 홋타 마사모리의 직계 자손은 아니다. 사쿠라의 번주 홋타 마사노부는 쇼군인 이에미쓰家光의 죽음과 함께 순사한 아버지 마사모리의 뒤를 이어 번주가 되었다. 그러나 그는 막부의 정치를 비판했다는 이유로 가록과 저택을 몰수당했으며 신슈信州의 이다번飯田藩, 와카사若狭의 오바마번小浜藩, 그리고 마지막에는 도쿠시마번德島藩으로 좌천되었다가 세상을 마쳤다. 야마가타山形에 부임한 마사스케는 홋타 마사모리의 3남인 마사스케의 자손에 해당된다. 예전 본가 혈통에 해당되는 선조 마사노부의 거성이었던 사쿠라성에 들어간 마사스케의 심중은 복잡했을 것이다. 그 마사스케가 마사노부가 가록과 저택을 몰수당한 원인이 사형당한 소고로의 재앙 때문이었다는 소문을 듣게 되었던 것이다. 그래서 구치노묘진의 건립(재건이라는 설도 있지만)과 100주기 법요에 이르게 되었던 것이다.

역사가는 거기에서 추선追善공양 뿐 만 아니라 사쿠라번 백성의 마음을 위무慰撫한다는 성격도 읽어내고 있다. 왜냐하면 이러한 일을 함으로써 흉작 때에 영주에게 품게 될 불만을 조금이라도 누그러뜨릴 수 있기 때문이라는 것이다.

첫 부분에 소개한 『지조도 쓰야 모노가타리地藏堂通夜物語』는 세부적으로 차이를 갖는 전본伝本이 많고 어느 계통의 전설이 오래된 것인지는 쉽게 판단할 수 없지만 필사 연대를 확인할 수 있는 가장 오래된 사본이 메와明和 8년(1771)이다. 따라서 호레키宝曆 2년(1751) 새 영주인 홋타 마사스케가 소고로의 100주기 법요를 성대하게 개최한 것을 계기로 소고로에 대한 관심이 다시 환기되어 그것을 배경으로 이야기적인 윤색이 한층 가해져 만들어진 것으로 보여진다. 이른바 이 시기에 구전 차원의 전설만이 아니라 책을 매개로 한 문헌상의 전설도 생겨난 것이다.

5. 사쿠라 소고로佐倉惣五郎의 의민義民 전승의 전개

이러한 전승이 지역적인 차원에서 전국적인 차원으로 확대되어 가는 실마리가 된 것은 소고로 전설에서 소재를 얻어 가에嘉永 4년(1851) 첫 공연을 한 가부키歌舞伎 '히가시야마 사쿠라소시東山櫻莊子'의 대히트였다. 막말에서 메이지에 이르는 시대는 정치적으로나 경제적으로 불안정한 시기로 각지에서 농민의 잇키一揆[31]라든가 소동이 빈발했다. 그러한 세태 속에서 막부의 탄압을 각오하고 감히 목숨을 걸고 잇키를 성공시킨 소고로의 이야기를 연극으로 올린 것이다. 그것이 대성공한다.

사쿠라 소고로 역할을 맡은
가부키 배우의 그림

'히가시야마 사쿠라소시'는 이치가와 자단지市川左団次[32]가 시모우사지방下總國에 있는 나리타의 신쇼지新勝寺를 참배할 때, 오쿠라 조자에몬小倉長左衛門이라는 사람의 집에 전해지는 『지조도 쓰야 모노가타리地藏堂通夜物語』를 근거로 해서 만들어졌다고 되어있다.

개작을 거듭하면서 메이지에서 쇼와 초기까지 빈번하게 상연되었고 이것에 자극을 받아 고단講談[33]이나 료쿄쿠浪曲[34]에도 받아들여졌으며, 그렇

---

31) 영주들의 횡포에 대한 토착민들의 무장봉기를 말한다.
32) 에도시대의 가부키(歌舞伎) 배우.

게 해서 많은 사람들에게 알려지게 되었다는 것이다.

소고로의 이야기가 히트한 배경에는 소고로를 농민의 잇키를 성공으로 이끈 선구자로 보려는 생각이 작용하고 있었다. 더욱이 메이지시대의 우에노 에다모리植野枝盛와 같은 자유민권가도 민권의식의 뿌리를 소고로의 행동에서 찾아내 그것을 적극적으로 추켜세우려 했다. 그것은 이야기 속에 그려진 소고로를 독자들이 사정에 따라 새롭게 해석한 것으로 보다 구체적으로 말하면 새로운 '신격화神格化'였다. 사실 메이지 이후 각지에 건립된 소고로를 제신祭神으로 하는 신사의 대부분은 농민들이 관청이나 이웃마을과의 분쟁을 자신들의 승리로 끝나기를 바라는 염원을 담아 건립한 것이 대부분이다.

즉, 원령형 의민義民전승으로 떠오른 소고로의 이야기는 농민봉기나 소요騷擾의 영웅·수호신형 의민義民전승 또는 민권의 선구자로서 떠받들어야만 할 의민義民의 이야기로서 정착되었던 것이다. 우리들 대부분이 알고 있는 사쿠라 소고로의 이야기는 허와 실이 뒤섞여 버렸지만, 이러한 과정을 거친 전승인 것이다.

---

33) 사람을 모아 돈을 받고 하는 만담이나 야담.
34) 샤미센(三味線)을 반주로 하여 주로 의리나 인정을 노래한 대중적인 창으로 나니와부시(なにわ節)라고도 함.

다이라노 마사카도平将門

간다 신사神田神社 – 도쿄東京

1. 오테마치大手町의 마사카도무덤과 마사카도

오테마치라고 하면 일류기업이나 언론사 등의 빌딩이 즐비하게 늘어서 있는 오피스거리이다. 그곳은 일본 비즈니스의 '중심'이며, 또한 세계 비즈니스의 중심 중의 하나라고 해도 과언은 아닐 것이다. 그런데 그 오테마치에 더구나 '중심'에 주소표기로 말하자면 '도쿄도 치요다구 오테마치 1-1東京都千代田區大手町1-1'에 세워져 있는 것이 마사카도무덤將門の塚이라고 하면 의아하게 여기는 사람들이 많을 것이다. 이곳은 사적 마사카도 보존 회史蹟將門保存會라고 하는 근처 대기업 등이 중심이 되어 조직된 단체에서 맡고 있다.

그런데 '무덤'이라고 하지만, 그곳에 세워진 것은 묘석墓石1)만 있다. 그

표면 중앙에는 크게 '나무아미타불南無阿彌陀佛', 그 오른쪽과 왼쪽에는 조그맣게 '다이라노 마사카도 렌아미타부쓰平將門 蓮阿彌陀佛' '도쿠지 2년德治二年'이라고 새겨져 있다. 무덤에 대한 신앙이 두터워서, 언제 방문을 해도 새로운 꽃이 놓여져 있고 향이 피어나고 있다.

다이라노 마사카도는 헤이안平安시대 중기의 간토關東지방의 호족으로 덴교天慶의 난(935~940)[2]을 일으킨 중심인물이다. 간무桓武[3] 천황의 자손에 해당하는 다이라노 요시마사平良將의 3남으로 태어났다. 그는 아버지를 일찍 여읜 후, 쓰쿠바 산록筑波山麓 지대에서 세력을 확장하고 있던 도고쿠의 다이라 씨東國平氏의 족장과 같은 존재였던 백부, 다이라노 구니카平國香[4]나 다이라노 요시카네平良兼[5] 등과 영지所領와 여성관계로 심하게 대립하여 서로 무기를 들고 싸우게 되었다. 전쟁을 계속 반복하는 가운데 점차 세력을 넓혀갔고, 숙적宿敵인 요시카네가 병사한 뒤에는 히타치常陸[6] 일대를 지배하게 되었다. 나아가서 조정 측에서 보자면 공공연한 반국가적인 행동까지 하게 되었다. 그리고 마침내 덴교天慶 2년(939) 마사카도는 히타치의 고쿠가國衙[7]를 공격하여 불태우고, 또한 그 여세를 몰아 시모즈케下野[8]・고즈케上野[9]를 비롯한 간토지역[10] 여덟 주의 고쿠가를 제압했다. 그

---

1) 탑바. 탑.
2) 조베(承平)・덴케(天慶)년간에 일어났던 다이라노 마사카도와 후지와라 스미토모(藤原純友)의 반란.
3) 간무 천황(781~806). 나라 시대 후기~헤이안 초기의 천황.
4) 다이라노 구니카(?~935). 헤이안 시대 중기의 무인. 다이라노 다카모치(平高望)의 아들. 일족간의 내분에 말려들어 조카인 마사카도에게 히타치 마카베군(眞壁郡)의 이시다관(石田館)을 공격당하고, 조베(承平)5년 2월에 불타 죽었다. 다이라노 마사카도의 난의 계기가 되었다.
5) 다이라노 요시카네(?~939). 헤이안시대 중기의 무인. 다이라노 다카모치(平高望)의 아들. 영지 문제 등으로 형 구니카와 함께 조카 마사카도와 대립하였다. 조베 5년 형 구니카가 마사카도에게 죽음을 당한 뒤, 동생 요시마사(良正)와 구니카의 아들(貞盛)과 함께 계속해서 마사카도와 싸웠다.
6) 지금의 이바라키현(茨城縣).
7) 고쿠시(國司 : 지방관)가 있는 관아 또는 고쿠시가 다스리는 지역.
8) 지금의 도치기현(栃木縣).

래서 '신노新皇'라 자칭하며, 간토지역 여덟 주 고쿠시國司를 임명해서 조정의 지배에서 벗어난 간토지역의 분권화를 목표로 하였다. 그러나 마사카도의 칸토지배는 수 개월만에 조정측의 후지와라노 히데사토藤原秀鄕[11]・다이라노 사다모리平貞盛[12]들에 의해 토벌되었다. 그 수급首級[13]은 교토京都까지 옮겨져 옥문獄門에 걸리게 되었다고 한다.

2. 공포의 대상 = 역적으로서 마사카도

마사카도에게는 후세 사람들 사이에서 전해지는 서로 다른 관점에서 형성된 두 개의 이미지가 있다. 그 하나는 교토 쪽의 이미지이다. 왕조문화가 꽃 피우려던 시대, 교토에서 멀리 떨어진 반도坂東[14]의 땅에서 일어난 반란은 교토의 천황, 귀족들을 공포의 도가니로 몰아넣었다. 그것은 마사카도가 교토까지 침공해 오지 않을까 하는 물리적 공포가 동반된 정말로 심각한 문제였다. 덴교天慶 3년(940) 정월, 조정에서는 마사카도를 극악무도한 무법자로 단정짓고 마사카도를 잡기 위한 군사를 보냈으며, 또한 궁성宮城 14문에 병사를 배치하고 방어하도록 했다. 또한 모든 절이나 신

---

9) 지금의 군마현(群馬縣).

10) 간토핫슈(關東八州)의 약어(略語)

11) 후지와라노 히데사토(?). 헤이안 시대 중기의 무인. 시모쓰케의 호족. 다이라노 마사카도의 란때 시모즈케 오료시(押領使)로 임명되어, 덴교 3년 다이라노 사다모리와 함께 마사카도를 토벌하였다.

12) 다이라노 사다모리(?). 헤이안시대 중기의 무인. 구니카의 아들. 아버지가 마사카도에 의해 죽었을 때, 바로 관직을 버리고 교토에서 고향으로 돌아와 히다치다이조가 되어, 940년 시모즈케의 오료시 후지와라노 히데사토와 힘을 모아 시모우사(下總)의 사시마(猿島)를 토벌했다. 그 후, 진슈후(鎭守府)의 장군으로 임명되어 흔히 다이라장군이라 한다.

13) 중국(中國), 전국(戰國)시대의 진나라 법에서 적의 머리를 하나씩 칠 때마다 계급이 하나씩 올라 갔다는 데서 유래. 적의 벤 목을 의미함.

14) 간토지방(關東地方)의 옛이름.

다이라노 마사카도 초상화

사, 고승高僧·궁정의 음양사陰陽師들에게 마사카도를 저주하여 죽게 하는 기도祈禱를 의뢰하였다. 무력과 주력呪力의 모든 방법을 동원해서 원적怨敵을 물리치고자 했던 것이다.

예를 들어, 『마사카도기將門記』에 나오는 조복調伏 기도에 대한 기록을 보면, 천황·귀족은 정진결재精進潔齋하고 신불 앞에 엎드려 "마사카도라는 사람이 악신의 힘을 빌어, 나라를 뺏으려 하고 있다. 반드시 교토까지 올라올 것이다. 신께서 부디 우리들의 기도를 들어주시고 부처는 힘을 발휘해서 이 적난賊難을 물리치시길 바란다."고 기도했다. 또 승려들은 '사멸악멸邪滅惡滅의 수행修法'을 행하고, 음양사들은 '돈사돈멸頓死頓滅의 식법式法'(식신파견(式神派遺)) 을 행했다. 그 조복 주술의 방법은 악귀(마사카도)의 이름을 쓴 것을 고마단護摩檀15)에 던져 넣고, 역적 마사카도를 본뜬 인형을 가시 달린 나무 아래에 묶어놓고 저주하였던 것이다. 즉, 이러한 주술적 문맥에서는 마사카도의 죽음이란 신불이 내린 벌, 즉 조복·저주가 성공한 것으로 이해되었다.

덴교天慶시대 무렵이라면 저 스가와라노 미치자네菅原道眞16)가 맹위를 떨치고 있을 때이다. 마사카도 수급이 옥문獄門에 걸린 후, 그의 혼령이 원

---

15) 호마(護麻). 밀교(密敎)에서 유목(乳木)을 태워서 부처에게 비는 일. 호마단(護摩壇)은 유목을 태우는 화로를 마련한 단.

16) 스가와라노 미치자네(845~903). 헤이안 시대 초기의 공경(公卿). 학자 조와(承和) 12년 6월 25일 태어남. 스가와라노 고레요시(菅原是善)의 3남. 문장(文章)박사. 우다 천황(宇多天皇)에게 중용되었음. 간페(寬平) 6년(894), 견당사의 중지를 건의함. 쇼다이(昌泰) 2년(899)에 우대신(右大臣)으로 되었지만, 좌대신(左大臣) 후지와라노 도키히라(藤原時平)의 중상으로 다자이노곤노소치(太宰權師)로 좌천이 되었고, 엔기(延喜) 3년 2월 25일 다자이부에서 사망. 59세.

령怨靈이 되어 출현 한다해도 이상한 일은 아니었다. 그런데 의외로 마사카도의 혼령은 죽은 후, 원령이 되어 조정이나 귀족을 습격한 일은 없었다. 왜냐면, 교토에는 마사카도의 원령을 '어령御靈'으로 제사를 모신 신사가 없기 때문이다. 무슨 이유일까? 물론 마사카도를 원령으로 모실 생각을 하지 않았던 건 아닌 듯하다. 조정은 덴교의 난으로 전사자를 적이나 자기 편 구별 없이 공양하도록 명령을 내림과 동시에, 간토 지역의 관리를 대상으로 일대쇄신을 단행하였다. 이로 인해 원령화의 싹이 뽑혀버린 것일까?

나는 다른 이유가 있다고 추측하고 있다. 당시의 궁정사회에서 원령 후보자는 그 사회내부에 속한 자, 자신들과 긴밀한 인간관계에 놓인 사람들이었다. 그러한 인간관계에서 벗어난 마사카도에게 귀족들은 원령으로 모실만한 '꺼림칙함'이나 '동정하는 마음'을 지니지 않았던 것이다.

원령으로 모시지는 않았지만, 마사카도는 교토 사람들 사이에서 역적賊徒으로, 악귀로, 초인으로, 지옥에 떨어진 죄인으로 전해졌다. 그리고 그같은 전설 속에서 마사카도는 점점 신비화되어 갔다. 예를 들면, 마사카도를 죽여 유명해진 후지와라노 히데사토를 주인공으로 한 무로마치室町시대의 오토기조시お伽草子17)인 『다와라노도다 모노가타리俵藤太物語』가 있다. 여기서 마사카도는 '키는 일곱척 남짓 되고, 몸은 모두 철로 되어있다. 왼쪽 눈에 눈동자가 둘이고, 마사카도와 똑같은 사람이 여섯 명이나 있었다. 때문에 그 누구도 마사카도를 구분하는 사람이 없었다.'라고 초인적인 모습이 전해지고 있다. '마사카도와 똑같은 사람이 여섯명'이란 후세에서 말하는 '칠인의 그림자 무사'를 말한다. 이 정도로 초인이었던 마사카도도 한 군데, 관자노리만이 철이 아니고, 그림자 무사는 등불을 비쳐보면 그림자가 없다는 약점이 있었다. 애첩인 깃쿄桔梗가 배반해서 이 약점을 히데

---

17) 무로마치 시대를 중심으로 유행한 그림을 곁들인 단편소설의 총칭. 작자는 대부분 미상. 공상적, 교훈적, 동화적인 작품.

사토에게 알려서 히데사토가 마사카도를 물리친 것이다.

이렇듯 전설 속에서도 교토 사람들에게 있어 마사카도는 '적'이었다. 게다가 마사카도는 시대를 초월하여 계속 '역적'으로 남았다. 그 낙인은 에도시대가 되어 고미즈오後水尾 천황이 사면할 때까지 계속되었다.

3. 비극의 영웅 = 원령으로서의 마사카도

교토의 궁정사회에서 마사카도는 역적이었다. 그러나 교토의 조정에 대해 약간의 저항감을 가지고 있던 사람들은 조정에 반항하다 파멸해 간 마사카도에게 친근감을 가지고 있었다. 그 필두로 들 수 있는 사람들은 간토지역에서 오래 전부터 살고 있던 자들이다. 그들은 간토에 인연도 연고도 없는 하급귀족이 중앙에서 파견되어 온 고쿠가의 관리로서 권력을 휘두르고, 사리사욕을 채울 것이라고는 결코 생각하지 못했다. 그렇기 때문에 그들은 간토의 '독립'을 도모했던 마사카도를 지지했던 것이었다. 교토정권에 무너졌다고는 하나, 그 뜻은 높이 평가되었고 비극의 영웅으로서 그 곳 사람들에게 전해져 왔다.

가지와라 마사아키梶原正昭·야시로 가즈오矢代和夫의 연구에 의하면, 마사카도 전설은 특히 간토지방에 깊숙이 분포되어 있는 것을 알 수 있다. 예를 들면, '사쿠라 소고로佐倉惣五郎'에서 언급했던 사쿠라의 마사카도산의 마사카도 다이묘진將門大明神은 마사카도 멸망 후인 덴로쿠天祿(970~973) 시기에 후지와라노 히데사토의 3남과 4남이 잇달아 마사카도의 재앙으로 죽었기 때문에 히데사토의 명령으로 마사카도의 혼령을 모셨다고 한다. 이바라키현茨城縣 사시마군猿島郡 이와이시岩井市 고쿠오신사國王神社는 마사카도의 전몰지로 그의 혼령을 기리는 신사이다. 비록 교토의 조정에서는 역적으로서 극악무도한 사람으로 취급 되었다 해도 현지 사람들이나 그 밖의 지역 민중에게는 자신들의 생각을 구현해 준 비극의 영웅으로 기억되고 있고, 그것이 현지인들과 민간인들 사이에서 마사카도 전설을 계속 지탱해 준 것이다.

앞에서 소개한 오테마치의 '마사카도무덤'도 이러한 마사카도의 연고지 중 하나였다. 이 무덤을 관리하는 사적 마사카도무덤보존회가 설치한 '마사카도무덤의 유래'라는 안내문에는 다음과 같이 설명되어 있다.

마사카도는 시모사지방下總國[18]에서 군사를 일으켜 반도의 8개 지방을 평정하여 신노新皇라 칭하고, 정치 쇄신을 도모하려고 했다. 그러나 다이라노 사다모리平貞盛·후지와라노 히데사토藤原秀鄉의 기습으로 죽임을 당하여, 그 수급首級은 교토로 보내져 옥문에 걸려졌다. 그런데 3일 후, 그 머리는 하얀 빛을 발하며 동쪽으로 날아가 무사시지방武藏國 도요시마군豊島郡 시바자키芝崎에 떨어졌다. 대지가 진동하고 태양도 빛을 잃어 어두운 밤과 같이 되었다. 마을 사람들은 공포에 떨었으며, 무덤을 만들어 매장했다. 이곳이 바로 그 장소였다. 그 후에도 자주 마사카도의 원령이 재앙을 내렸기 때문에 도쿠지德治 2년(1307) 지슈時宗[19] 니소二祖 신쿄쇼닌眞教上人[20]이 '렌아미蓮阿弥'라는 법호를 내리고, 무덤 앞에 석판탑을 세워서 니치린지日輪寺에 공양하였으며, 또한 옆에 있던 신사에 그 혼령을 합사했다. 그래서 겨우 마사카도의 혼령도 진좌되었고, 그 이후에는 이 지역의 수호신이 되었다고 한다.

여기서 말하는 마사카도의 재앙은 복수를 위한 재앙이 아니다. 그것은 진혼을 구하는 의도인 것이다. 좀더 확실히 말하면 제사를 모시는 쪽의 '배려', 즉 마사카도의 혼령은 원한을 남기고 죽었으므로, 그 원념怨念을 진정시키지 않으면 안 된다는 '배려'가 잘린 목이나 기이한 사건, 병 등의

---

18) 지금의 치바 현(千葉縣)의 북부 및 이바라키 현(茨城縣)의 일부.
19) 일본정토교의 한 일파. 교조는 가마쿠라(鎌倉) 시대의 잇펜소닌(一遍上人)
20) 지력을 갖춘 고승

재앙으로 이야기되어져 온 것이다. 마사카도의 영웅적 행동을 기억하면서 계속해서 전해지는 일, 바꿔 말하면 계속 제사를 모시는 것이 마사카도에 대한 최대의 공양이었다. 그리고 마사카도의 혼령을 합사했다고 하는 이 '옆에 있던 신사'가 나중의 '간다묘진샤神田明神社'(현, 간다신사＜神田神社＞)의 전신이었다.

그런데 이 마사카도무덤을 둘러싼 전설은 내용에서 상당히 차이는 보이지만, 아주 오래전부터 여러 가지로 전해지고 있었던 것 같다. 예를 들면, 『에쿄기永享記』에 '다이라노 신노마사카도平新王將門의 혼령을 간다묘진神田明神으로 모신다.'고 하고, 요쿄쿠謠曲 『마사카도』에도 '간다묘진'이 마사카도를 모신 신사였다고 전해지고 있기 때문에, 이것은 이미 무로마치시대에는 아주 널리 알려졌다.

여기서 좀 더 자세히 말하자면, '아보슈기묘진安房洲崎明神'의 신관神官이 남긴 옛 기록에 의하면, 덴교의 난부터 10년 후인 덴레키天曆 4년(950) 마사카도무덤이 자주 진동하고 어두운 밤에 빛을 발하며, 괴상한 모습의 무사가 나타나 재앙을 내렸기 때문에 사람들은 공포에 떨고 그 혼령을 모셔 달래주었다(『마사카도 전설(將門傳說)』). 『고부나이히고御府內備考』에도 원래 간다묘진에 모셔 있는 작은 신사 근처에 천태종 말사天台宗末寺인 니치린지日輪寺가 있었으며, 덴교의 난 후, 다이라노집안平家과 연고가 있는 자가 여기에 마사카도의 분묘를 만들었다. 그런데, 천변 기인한 사건이 계속되어서 가겐嘉元 3년(1305) 신쿄쇼닌이 도고쿠지방을 순회할 때 들려서 공양하고, 내려준 법호를 비석에 새겨 세웠더니 재앙이 멈췄다. 이후 니치린지는 지슈時宗의 도장으로 번영하였으므로, 간다묘진은 그 수호신으로서 숭배되었다고 한다.

또, 『간다진쟈 시코神田神社思考』는 덴교의 난 후, 옥문에 걸려진 머리를 교토에서 가지고 와 현재 마사카도즈카 근처에 있었던 연못(머리를 씻는 연못)에서 씻어서 가미히라카와촌上平川村의 이와야 관음당岩屋觀音堂에서 공양하고, 무덤을 만들어 그 머리를 매장하여 사당을 세우고 그 혼령을 모셨다. 그 사당이 현재는 구단九段에 있는 쓰쿠도신사筑土神社(에도 시대는 쓰쿠도묘진샤 筑土明神社였고, 제신은 마사카도의 혼령)의 전신이라고 쓰쿠도 신사의 유래를 소개하고 있다. 그러나 이 쓰쿠도묘진筑土明神의 사당은 이미 신쿄쇼닌이 오기 이전에 옮겨졌으며 무덤 옆에는 황폐된 사당만이 있었던 것 같다.

4. 간다묘진과 마사카도의 혼령

어쨌든, 중세에는 마사카도무덤 옆에 '간다묘진'이라는 마사카도의 혼령을 기리는 신사가 있었다. 이 간다신사의 제신은 마사카도의 혼령 뿐이었는지 아니면 '간다'라는 이름이 말하듯이 그에 관련된 다른 제신도 합사되었는지는 지금은 확실하지 않다.

다이라노 마사카도의 묘지

이 사당을 관리하고 있던 곳은 마사카도즈카 근처에 있었던 니치린지日輪寺였다. 신불습합시대였기 때문에 이미 소개한 단잔신사談山神社나 다다신사多田神社의 신불분리까지의 상황을 상기해보면 알 수 있듯이, 이러한 분묘제사墳墓祭祀의 형식은 오히려 일반적이었다. 이 지역에서 특별한 일이 생기지 않았다면 아마 마사카도의 무덤은 에도시대가 끝날 무렵까지는 니치린지日輪寺가 관리하는 무덤이었으며, 간다묘진샤도 이 절이 관리하는 작은 신사로 머물러 있었을 것이다.

그런데 그 '특별한 일'이 일어난 것이다. 말할 것도 없이 도쿠가와 이에야스德川家康의 에도 입경入府이었다. 에도막부는 곧바로 에도성의 건축공사와 죠카마치城下町의 건설에 착수했고 이때 마사카도무덤 옆에 있었던 간다묘진샤도 니치린지日輪寺도 이전시켰던 것이다. 간다묘진은 일단 산노 곤겐山王權現21)과 함께 스루가다이駿河台로 옮기고 또한 겐나元和 2년(1616)에 현재의 유시마湯島로 옮겼다. 니치린지日輪寺는 아사쿠사淺草로 옮겨졌다. 어떤 의미에서는 이때 이미 신불분리가 행하여 졌었다고 볼 수 있다.

이전할 때, 간토의 영주였던 이에야스는 먼 옛날 조정에 맞서 간토의 '독립'을 꾀했던 마사카도에게 크게 감동한 바가 있었다. 간다묘진을 산노곤겐과 함께 에도 수호신으로 했다. 간다묘진은 꿈에도 생각지 못한 파격적인 출세를 한 셈이다. 신주로는 마사카도의 후예라고 하는 시바사키 씨芝崎氏가 임명되었고, 대대로 세습하여 신사神事를 행했다. 흥미롭게도 간다묘진은 에도 성의 귀문22), 산노곤겐은 안쪽귀문裏鬼門23)에 배치되었다.

이후 약 백년간 간다묘진의 제신은 마사카도의 혼령 뿐 이었다. 게다가 앞에서 언급한 바와 같이 간에寬永시대(1624~44)에는 역적이라는 각인도 없애고 또한 레겐靈元 천황24)의 칙명으로 '간다다이묘진神田大明神'이라는 천황 친필의 액자도 사전社殿에 걸려졌다. 이 시기는 간다묘진의 황금시대였다고 해도 좋을 것이다.

그런데 언제부터인지 또 이유도 알 수 없지만, 간다묘진에 '오나무치가미大己貴神25)'도 합사되었다. 그러나 에도시대를 통해, 예를 들면 『에도메쇼키江戶名所記』에 '간다묘진, 이 신사는 마사카도의 혼령이다.'라고 쓰여져 있듯이, 간다묘진은 에도 사람에게는 '마사카도님의 신사'로서 이해되고

---

21) 히에(日枝)신사의 제신.
22) 귀문(鬼門). 음양도에서 귀신이 출입한다고 해서 꺼리고 피해야 하는 방향을 말한다.
23) 귀문과 함께 불길한 방위로 침. 남서의 방위.
24) 레겐 천황(1654~1732). 재위기간 1663~1687. 에도초기의 천황.
  고미즈오(後水尾) 천황의 19번째 황태자.
25) 오쿠니누시노미고토(大國主命)의 별명(別名).
  『고지키(古事記)』와 『니혼쇼키(日本書紀)』에서 나오는 신. 이즈모대사(出雲大社)에 모셔져 있음.

있었다. 제례도 산노곤겐과 교대로 2년에 한번씩 성대하게 치러지고, 많은 다시山車26)가 에도성을 가득 메우는 것을 절정으로 하는 에도 토박이의 기상을 나타내는 축제가 되었다.

5. 간다신사를 방문하다

5월 어느 날, 나는 오랜만에 간다신사에 참배하러 가기로 했다. 간다신사는 오차노미즈お茶の水역 바로 옆에 있다. 역의 동쪽 출구로 나가면 히지리교聖橋가 나온다. 간다강神田川과 주오센中央線위에 놓여져 있는 다리이다. 이 다리를 건너면 바로 유시마湯島성당의 숲이 있다. 간

간다신사의 본전

다신사는 이 성당 숲의 도로를 끼고 반대쪽에 위치하고 있다. 동쪽은 언덕이고, 노무라 고도野村胡堂27)의 소설 속에서 이야기이지만, 예전에 이 언덕 아래에 있는 연립주택에는 제니가타 헤지錢形平次가 살고 있었다. 지금은 아키하바라秋葉原의 전자상가가 되어 있지만, 그 주위를 걸어 보면 지금까지도 그런 정취를 풍기는 연립주택 형태의 주택이 아직 남아있다.

간다신사의 도리이鳥居를 통과하면, 호화롭고 장엄한 즈이신몬隨神門이 있고, 그 문을 들어가 본전을 바라보면 철근 콘크리트로 되어 있다. 지붕에

---

26) 축제 때 끌고 다니는 장식한 수레.
27) 노무라 고도(1882~1963). 다이쇼(大正)~쇼와(昭和)시대의 소설가. 인물평론 발표. 「아라에비스(あらえびす)」의 이름으로 음악평론에도 활약.

동판 기와가 두 장씩 이어져 있다. 그리고 본체는 모두 옻칠로 되어있고, 곤겐즈쿠리權現作り[28]라는 양식의 호화스러운 사전社殿이 자리하고 있다.

당연한 일이지만, 제신도 마사카도의 혼령이 제1신이라고 여기는 독자가 많음에 틀림없다. 그러나 잘못된 것이다. 현재 주제신主祭神인 제1신은 오나무치가미大己貴命, 제2신이 스쿠나히코나미고토少彦名命[29]이고, 다이라노 마사카도는 제3신으로 되어 있는 것이다. 게다가 잘 알려지지 않았지만, 제3신이 된 것도 1984년(昭和59)의 일로, 그때까지는 섭사攝社[30]에 불과했던 것이다.

이것은 도대체 어찌된 일인가. 여기에는 다시 천황 친정의 시대가 되었을 때의 복잡한 경위, 즉 문명개화기의 정치적·종교적 상황이 깊게 그림자를 드리우고 있었던 것이다. 당시 종교행정을 담당하고 있었던 교무성敎務省은 간다신사의 제신에서 역적이었던 마사카도의 혼령을 제외할 것을 주장하였으며, 마사카도의 혼령이야말로 간다신사의 제일신이라고 믿는 우지코氏子[31]의 저항에도 불구하고 제신의 지위, 즉 본전에서 추방하여 섭사로 보내 버렸던 것이다. 더욱이 당시 상황에서 판단하면 완전히 추방되지 않고 섭사로 남을 수 있었다는 것은 행운이었을지 모른다.

신사를 안내해 준 사람에게 그 주변에 대한 일들을 솔직하게 물어 보았지만, 매우 곤란해 하며 애매한 대답 밖에 들을 수가 없었다. 또 신사에서 현재 특히 강조하고 있는 영험靈驗이 무엇인지도 물어 보았지만, 이것도 특별히 없다고 한다. 하지만, 마사카도의 '파워'를 닮기를 바라며 스포츠

---

28) 곤겐즈쿠리. 신사의 건축양식의 하나. 용마루 밑에서 본전(本殿)과 배전(拜殿)이 중전(中殿)으로 연결된 형식.
29) 『니혼소키(日本書紀)』에서는 다카미쿠스비노키고토(高皇産靈尊)의 자손.
『고지키(古事記)』에서는 가미무스비노카미(神産巣日神)의 자손. 옛날 사람들이 상상한 불로불사의 이상향에서 방문한 신. 『후토키(風土記)』나 『만요슈(萬葉集)』에서도 볼 수 있음. 곡령(穀靈), 주조(酒造)의 신, 의약의 신, 온천의 신으로 신앙이 되었다.
30) 본사의 제신과 인연이 깊은 신을 모신 신사
31) 같은 씨족신을 모시는 고장에 태어난 사람들.

등의 승부를 기원하러 오는 사람들이 많다고 한다. 이는 사람들 사이에서 간다신사는 오나무치가미大己貴命를 주제신으로 하는 신사가 아니라, 아직도 마사카도의 혼령을 모시는 신사로 알려져 있다는 것을 뜻한다.

그런데 간다 신사와 니치린지日輪寺가 이전된 뒤에, '마사카도무덤'을 없애는 것은 꺼려하였던 것 같고, 그래서 그대로 다이묘大名저택 안에 남겨 두었다. 메이지시대가 되어 오쿠라쇼大藏省의 부지로 되었지만, 전후戰後에 민간인에게 넘어갔다. 또한 간토대지진 후에 무덤을 허물 때까지는 흙을 쌓아 올린 분묘형태의 무덤과 그 옆에 머리를 씻었다고 하는 연못이 있었다.

에도시대부터 현재까지 간다신사의 미코시御輿32) 행렬은 이 마사카도무덤에 들르는 것이 관행처럼 되었다.

---

32) 제례(祭禮) 때 신위(神位)를 모시고 메는 가마.

안베 세베에山家淸兵衛
와레신사和靈神社 — 에히메愛媛

1. 시코쿠四国는 재앙신의 나라이다

시코쿠四國[1])는 '시코쿠死國'이다. 시코쿠 출신의 작가 반도 마사코板東眞砂子[2])가 때마침 『시코쿠死國』(1999)라는 제목으로 소설을 써서 화제가 된 것이 기억에 새롭다. 시코쿠 사람들도 당연히 다른 지역 사람들과 크게 다르지 않은 일상생활을 해 왔다. 그렇기 때문에 시코쿠가 '죽음의 지방'이라는 어두운 이미지로 불려지는 것은 이 지역사람들에게 한편으로는 좋은 일만은 아닐 것이다. 그러나 분명히 시코쿠에는 독특한 분위기가 있는 것

---

1) 현재 도쿠시마(德島), 가가와(香川), 에히메(愛媛), 고치(高知)의 네 현(縣).
2) 반도 마사코(1958~). 헤이세이(平成)시대의 소설가로서 쇼와(昭和) 33년 3월 30일 출생. 헤이세이 5년(1993) 「死國」를 발표.

처럼 느껴진다. 하지만 지역사람들은 그것에 그다지 신경을 쓰지 않는다. 왜냐하면 그것을 공기처럼 숨쉬며 살아왔기 때문이다.

　그 독특한 분위기를 한마디로 말하면 '다타리祟り3)라는 재앙에 관한 사상인 것 같다. 즉 시코쿠 사람들은 여러 가지 '불길한' 또는 '불행한' 일들의 원인을 '재앙'에서 찾으려고 하는 경향이 대단히 강하다. 예를 들면 감기가 잘 낫지 않으면 의사를 찾아가 약을 받는다. 그래도 낫지 않으면 누구나 할 것 없이 '재앙이 아니냐'라는 말이 나오게 된다. 그러한 사고의 경향은 시코쿠 그 중에서도 특히 고치현高知縣이나 에히메현愛媛縣에서 농후하게 나타나고 있는 것 같다. 그리고 그런 전통신앙의 상징이라고 말할 수 있는 것 중의 하나가 에히메현 우와지마시宇和島市에 있는 와레이신사和靈神社4)이다. 와레이신사는 우와지마번宇和島藩의 가로家老5)였던 안베 세베에山家清兵衛의 원령怨靈을 위로하기 위해 제사지내는 신사이다.

　와레이신사는 마쓰야마松山에서 JR 시코쿠의 우와지마센宇和島線으로 1시간 남짓 걸리며, 우와지마역의 북쪽 바로 근처에 있다. 우와지마에서 가장 유서 깊은 신사는 고대로부터 내려온 우와즈히코신사宇和津彦神社6)이다. 이것에 비해 와레이신사는 근세가 되어 건립된 새로운 신사이다. 그러나 시코쿠에서도 손꼽을 만한 신사로 이 지역에서는 '와레이님和靈さん'으로 널리 친숙해져 있으며, 현縣 내에는 많은 분령사分靈社가 분포해 있다. '우시오니牛鬼'7)라고 하는 것이 핵심이 되는 여름 대제大祭때는 많은 참배・관광객이 몰려오지만 보통 때는 조용한 신사이다.

---

3) 일반적으로 다타리(祟り)는 인간에게 있어서 금기된 것을 하거나, 공양(供養)・제사(祭祀) 등의 결여・부족 등에 대한 영적 존재의 재앙으로 해석되고 있다.
4) 우와지마시(宇和島市) 와레초 니시2구(和靈町 西2區)에 소재.
5) 다이묘(大名)・쇼묘(小名) 등의 중신으로 가무(家務)를 총괄한 가신(家臣) 중의 우두머리.
6) 우와지마 초카(宇和島城下)의 총진수(總鎭守)로, 제신(祭神)은 우와즈히코가미(宇和津神). 경내에는 마쓰오 바쇼(松尾芭蕉)의 구비(句碑)가 있다. 제례(祭禮)에는 얏쓰시카오도리(八ツ鹿踊り), 우시오니(牛鬼) 등이 있다.
7) 우와지마 지방의 풍토에 융화된 대표적인 축제의 모조품이다.

그렇다 하더라도 '와레이和靈'라는 말은 익숙하지 않은 말이다. 글자 그대로 해석하면 '온화한 영靈'이라는 뜻이기 때문에 '복스럽고' '온순한' 신으로 이해하기 쉽다. 그러나 이 신사의 창건을 둘러싼 이야기를 알고 나면 그것은 오히려 '거칠고 난폭한' '재앙이 되는' 신을 위로하려는 뜻에서 붙여진 것이 분명하다.

2. 안베 세베에山家淸兵衛의 횡사橫死

에도막부江戶幕府가 성립되고 얼마 되지 않은 겐나元和 6년1620의 여름밤, 우와지마번 다테 집안伊達家의 가로家老인 안베 세베에 긴요리山家淸兵衛公賴의 집을 검은 두건으로 얼굴을 가린 사람들이 습격했다. 번주藩主의 목숨을 노린 암살단이었다. 그들은 툇마루를 통해 집안으로 침입해서 세베에淸兵衛가 잠자는 방으로 들어가 즉시 모기장의 네 모서리를 칼로 잘랐다. 그리고 "번주의 명에 따라 너의 목숨을 가져가겠다."라고 외쳤다. 세베에淸兵衛는 곧 옆에 놓여있는 칼을 들고 방을 빠져나가려고 했다. 그렇지만 몸이 모기장에 휘감겨있었기 때문에 몸을 움직일 수 없어 발버둥쳤다. 약한 세베에의 힘으로는 그곳을 빠져나가기는 어려웠고, 참을 수 없는 분노로 세베에는 침입자를 향해 이렇게 외쳤다.

"너 이놈들, 간악한 네놈들이 짜고 나를 죽이려 하느냐. 하지만 결코 잊지 말아라. 죽어서도 이 원한을 꼭 갚아 주겠다."

암살자들은 세베에를 찔러 죽이고, 세베에의 차남, 삼남, 사위와 그의 아들들을 차례로 죽이고 사라졌다. 당시 세베에 나이는 42세였다.

역사소설에나 있을 법한 암살장면이다. 실은 이것은 스즈무라 유즈루鈴村讓가 편집한 『와레이 신사사속和靈神社事續』에서 말하고 있는 암살장면을 현대풍으로 고쳐 쓴 것이다. 이것은 출신지역의 자료이기는 하지만 후세 사람들이 세베에를 생각하며 횡사한 당시의 상황을 상상해서 기록한 것이다. 출신지역 사람들이 얀베 세베에의 사건을 이 정도까지 생생하게 상상해서 전해 왔다는 것을 의미한다. 실로 흥미진진한 자료라고 말할 수 있을 것이다.

우와지마번은 센다이번仙台藩 다테 마사무네伊達政宗의 장남인 다테 히데무네伊達秀宗를 번주의 조상으로 하고 있다. 그리고 이 사건은 번주藩主의 조상 히데무네에 의해서 일어난 것이고, 현재는 본가本家 센다이번에 남은 사료史料에서 번주의 밀명에 따라 암살된 것이 거의 분명하다. 우와지마번 측에서는 이 사건에 관한 기록을 일절 남기지 않았다. 암살된 사실을 없애려고 했던 것 같다. 이 때문에 오래 동안 이 지역 사람들 사이에서는 암살당한 것 같다는 소문과 그것을 말해줄 만한 간접적인 증거에 의해 지금까지 '할복' '자살' '암살'의 3가지 설 중에서도 '암살'이 가장 유력시되었던 것이다.

얀베 세베에는 원래 센다이仙台 지역의 번사藩士였다. 게초慶長 19년(1614) 다테 마사무네의 아들인 히데무네가 이요伊予8) 우와지마의 영주領主가 되었을 때 소부교總奉行9)로 임명되어 우와지마에 와서 젊은 번주를 도왔다. 그러나 얀베 세베에는 초창기에 아직 통제가 어려운 가신단家臣団이나 불안정한 지역민들의 생활, 더욱이 오사카大阪의 후유노진冬の陣이나 오사카 성의 개수공사에 따른 거액의 지출 등 어려운 문제를 안고있는 번을 이끌도록 여러 가지의 안案을 냈던 것이다. 다테 본가本家로부터 빌린 돈을 갚기 위해 봉록知行10) 10만석 중에서 3만석을 빚을 갚는 데에 쓰도록 하는 안案을 내서 채용되었다는 점을 보면, 검소 검약을 취지로 그것을 번주와

---

8) 지금의 에히메현(愛媛縣).
9) 무가(武家)시대에 행정사무를 담당한 각 부처[조부교(町奉行), 간조부교(勘定奉行), 지샤부교(寺社奉行)]장관의 우두머리.
10) 봉건시대에 무사들에게 지급되었던 봉토.

번사에게도 적용하게 하는 완고하고 정직, 성실한 가신이었을 것이다. 그런 세베에를 젊은 번주는 거북하게 생각하고 있었을 것이다. 번의 운영에 있어서 세베에와 의견이 다른 세력도 존재했다. 약자나 패자를 동정하는 일본인은 결국 패자 쪽에 마음이 기울지만, 많은 가신들이 징계하기를 원할 정도로 귀찮은 가로였을지도 모른다. 아마 여러 가지 사정이 복잡하게 얽히어 번주의 노여움을 사서 '암살'된 것 같다.

세베에 '암살'의 진상은 아직까지 밝혀지지 않았지만, 얀베 세베에가 번주의 명령으로 비밀리에 암살되고 나서 바로 그 명령을 내린 번주 자신이 세베에 '암살'이 잘못된 것임을 인정할 만한 행동을 하게 된다. 그것은 '와레 신사'의 전신이 되는 신사의 건립이었다.

3. 와레 신사和靈神社의 창건

얀베 세베에가 암살되고 33년이 지난 조오承応 2년(1653)의 일이다. 얀베 세베에를 제신祭神으로 하는 야마요리와레이신사山賴和靈神社[11]의 건립을 축하하는 제전이 번주藩主 히데무네를 제주祭主로 성대하게 행해졌다. 33년이라고 하면, 사자死者로부터 신령祖靈이 되어 '도무라이 아게弔い上げ'[12]라는 기일에 해당한다. 다시 말해 이때 세베에의 영은 '신'으로서 신사에 모셔지는 것이다. 다른 설에 의하면, 세베에를 모시는 사당은 간에寬永 4년(1627) 조호쿠城北의 하치멘다이코신사八面大荒神社의 한 구석에 '고다마 묘

---

11) 이 날을 레사이(例祭)로 정하고 메이지 42년에 신력(新曆)으로 변경하고 신사 명을 『야마요리 와레신사(山賴和靈神社)』로 했다.

12) 마지막 해의 기일을 말한다. 사자(死者)의 공양은 1주기 이후, 3년 · 7년 · 13년 · 17년 · 23년 · 35년 · 49년으로 계속되지만, 그 이후는 기일을 지내지 않는다. 일본 조령신앙에서는 마지막 해의 기일을 마친 조령(祖靈)은 다시 한번 자손들에게 돌아온다고 생각했기 때문에, 불교의 공양을 하지 않는 기회와 의례를 마련한 것이다.

진兒玉明神'으로 건립되었다고 한다. 그렇다고 한다면, 암살사건에서 7년이 지날 즈음 번주가 세베에의 영을 모셔야 겠다고 생각한 것이다. '도무라이 아게'라는 것은 사자의 친척·연고자들이 사자의 영에 대해서 행해온 의례, 즉 사자의 생전의 업적을 상기해서 그 기억을 새롭게 하기 위한 장으로서 사자의례死者儀礼의 최종단계에 위치하는 것이다. 달리 말하면, 사자의례를 반복하는 가운데 사자의 기억이 점점 희미해져 '도무라이 아게' 의례로써 이미 친척과 연고자는 그 죽은 자를 잊어버린다 라는 것이었다. 이후에는 '조상 대대로의 령'이라는 집합적인 '혼령'의 안에 포함시켜 버리는 것이다.

그런데 번주 히데무네는 얀베 세베에의 33주년 기일을 성대하게 행하고, 또한 세베에를 제신祭神으로 하는 신사를 건립했다는 것이다. 이러한 33주년 기일은 개인적으로 세베에를 잊고자 하는 의례가 아니고, 세베에를 영원히 잊지 않기 위해 주위에 선언한 의례였다는 것이 된다. 이 신사가 계속 존재하는 한 세베에의 '혼'은 살아 있으며 세베에의 업적 또한 영원히 기억되는 셈이 된다.

그럼 번주 히데무네는 왜 자신이 암살한 가로를 '신'으로 모시려고 한 것일까? 바꿔 말하면, 세베에를 계속 기억하려고 한 것일까. 아마 히데무네의 마음에 세베에를 죽여버린 것에 대한 '떳떳하지 못함'이 있었을 것이다. 아니 그 이상의 '생각' 즉 '세베에의 혼령'의 재앙을 두려워했던 것이다.

세베에 '암살'이 우리들의 관점에서 이치에 맞는지 어떤지는 여기에서는 당장 문제가 되지 않는다. 세베에에게 잘못이 있어서 그 처벌이 정당한 것이었다고 할지라도, 제주祭主와 그 주변 사람들 자신이 '떳떳하지 못함'을 느꼈다면 '세베에 혼령의 재앙'이 발생할 가능성이 있는 것이다. 다시 말해, 남겨진 관계자들이 세베에 '재앙'을 만들어 낸 것이다. 그리고 그러한 재앙이 발생하는 것을 방지하기 위해 신사를 건립해서 세베에 혼령을 위로하고 진혼鎭魂하려고 한 것이다.

와레신사의 '와레和靈'라는 것은 이른바 '고료御靈'와 같은 의미로 원래는 글자 그대로의 의미인 '온화한 령'이라는 의미는 아니었다. 그것은 세베에의 원령怨靈에 대해서 온화했으면 하는 기대를 가지고 이름을 붙인 것이다. 거기에 작용하고 있는 '마쓰리 아게祀り上げ'의 메커니즘은 스가와라노 미치자네菅原道眞[13]의 '원령'이 '덴만다이지자이 텐진天滿大自在天神'으로 모셔지는 메커니즘과 똑 같았다.

4. '세베에 재앙'의 출현

세베에가 죽은 후, 세베에 '재앙'이라고 생각되는 사건이 잇달아 발생했다. 우선 간에寬永 9년(1632) 안베 세베에의 정치적 숙적으로 주목되었던 사쿠라이 겐반櫻井玄蕃[14]이 제사에 참례하고 있을 때 절 본당의 대들보가 떨어져, 그 밑에 깔려 압사하는 사건이 일어났다. 이윽고 이 사건의 원인을 세베에 재앙이라고 여기는 소문이 퍼져 이때부터 세베에 암살의 장본인이 사쿠라이 겐반으로 되어버렸다. 이러한 사실을 근거로 해서 안베 세베에는 비운의 충신이고, 사쿠라이 겐반은 악신이라고 하는 구도하에서 와레이신사 유래담의 엔기모노가타리緣起物語[15]가 만들어지게 되었을 것이다.

이 사건 후 간에寬永 11년(1634)에는 기쿠타 이치키菊田壹岐의 할복, 쇼호正

---

13) 스가와라노 미치자네(845~903). 미치자네는 학자의 집안에서 태어나, 33세의 나이로 문장박사(文章博士)가 되어 우다천황(宇多天皇)의 신임을 얻고, 다이고천황(醍醐天皇) 때에는 우대신(右大臣)이 되었지만, 좌대신(左大臣)이던 후지와라노 도키히라(藤原時平)의 중상모략으로 다자이노 겐노소쓰(太宰權師)로 좌천되어 다자이후(太宰府)에서 죽었다.

14) 겐나(元和) 6년(1620) 6월 29일 사무라이(侍) 대장.

15) 신사·절의 기원이나 유래를 적은 이야기.

保2년(1645)에는 오다치메 사타로大立目左太郎의 낙뢰사落雷死, 게이안慶安 2년(1649)에는 구사노스케 사에몬草野助左ㅗ門의 할복, 게이안 3년에는 미우라 진다유三浦甚太夫·핫토리 쇼다유服部庄太夫 두 사람의 낙뢰사 등 이상한 사건이 일어나고, 게다가 와레신사 건립 전년에 해당하는 쇼오承応 원년(1652)에는 우와지마宇和島가 폭풍에 휩쓸려 많은 피해가 났다.

이러한 사건은 아마 얀베 세베에 사건과 관련지어져(실제로 관계있는 사건도 있었음에 틀림없다) 소문나게 되었으며, 그 소문이 소문을 불러 얀베 세베에 재앙과 관련된 이야기가 점점 부풀려져 백성들 사이에까지 퍼져갔던 것이다.

이러한 일련의 이상한 사건을 배경으로 해서 와레이신사가 건립된 것이지만, '원령'은 여전히 계속 만연하고 있었다. 번의 정치 혼란은 여전히 계속되었고 에쿠치 미우에몬江口三右ㅗ門, 고가네 주로子金十郎의 할복, 야쿠시신 간타유藥師神勘太夫의 할복, 도미타 주자에몬富田十左ㅗ門의 할복 사건이 연속적으로 일어났다. 그 한편으로는 거의 매년에 걸쳐 폭풍우나 홍수, 그리고 기근이 생겨 백성들을 힘들게 하였다. 정말로 "와카미야 묘진若宮明神의 혼령이 아직 진정되지 않고 억울한 원한이 큰 재앙을 내린다."라는 식의 사태가 계속되고 있었다. 여기서 '와카미야 묘진'이라고 표현되는 것은 '혼령'으로서 모셔진 '와레신和靈神'을 말하는 것으로, 원령을 신으로 모셨다고 해서 곧 바로 사람들이 기대할 만한 신이 되는 것은 아니었다. "과오를 저지른 것에 대해 반성하고 이렇게 제사를 지내, 당신의 위업을 널리 알리는 것이니 아무쪼록 원한을 갖지 마시고 재앙을 내리지 않기를 바란다."라고 계속 기도하는 것으로, 점차 '원령若宮'이 '온화한 령和靈'으로 다가간다고 생각했었다. 얀베 세베에 '원령'의 '재앙'이 사람들의 입에 오르내릴 때 참배·봉납이 이루어졌고, 그 덕택으로 다양한 종교자가 활동하고 있었을 것이다.

사람들이 '원령'의 활동이 끝났다고 생각하게 된 것은 교호享保 13년(1728) 신호神号의 인허가 권한을 독점하고 있던 교토京都의 요시다집안吉田家에 출

원한 '다이묘진大明神'이라는 신호神号를 겨우 인정받은 때부터였다.

이에 대응이라도 하듯이 그때까지는 재앙이 생겼을 때에 많이 행하였던 번이나 백성의 참배가 나중에는 풍어豊漁・오곡풍양五穀豊穰의 기원을 위한 참배로 변화해 갔다. 즉 신자信者의 수호신, 다시 말해 복신화(福神化: 완전한 온화한 영)가 이루어 진 것이다. 안베 세베에의 '원한'이 진정되었다고 판단한 것이다. 이것은 바꿔 말하면, 겐나元和 6년(1620) 안베 세베에의 죽음에서 약100년 정도 지나, 마침내 사람들은 세베에 대해 오랫동안 품어 온 '떳떳하지 못함'이나 '정신적 부담'에서 해방된 것이다.

5. 안베 세베에의 '영웅화'

이미 말한 것처럼 쇼오承応 2년(1653) 안베 세베에를 제신祭神으로 하는 야마요리山賴와레이신사가 건립되었다. 이때에 축원했을 것으로 생각되는 '축사'나 '제문'은 남아있지 않지만, 안베 세베에의 원령을 진혼하기 위한 내용, 다시 말해 세베에 암살을 반성함과 동시에 세베에 생전의 충성・위업을 기렸으리란 것을 상상할 수 있다.

이윽고 이러한 안베 세베에에 대한 평가의 변화를 바탕으로 하여, 후세가 되어 '온화한 혼령'으로 칭송하는 여러 가지 허실로 만들어낸 이야기, 즉 비극의 영웅으로서의 세베에의 이야기가 사람들의 상상력으로 생겨나게 된 것이었다.

애초에 그 이야기는 사람들의 입에서 입으로 전승되었을 것으로 생각된다. 번이 이 사건을 비밀로 하고 게다가 와레의 영위靈威가 아직 잠잠해지지 않아 그 영위를 두려워해 책에 기록하는 것을 꺼려했다. 하지만 시간이 흘러 차츰 그 영위가 가라앉음에 따라 책을 매개로 해서 흔히 '우와지마宇和島 소동'이라 불리는 '안베 세베에와 그 원령의 이야기'가 유포되고, 한 때는 전국적으로 널리 알려지게 된 것이다.

이 계통에서 현존하는 가장 오래된 서적은 야마요리와레신사山賴和靈神社 창건에서 거의 100년 정도 지난 호레키宝曆 8년(1758)에 쓰여진 '와레이 묘진 유서和靈明神遺書'이다. 그리고 이른바 실록풍實錄風의 본격적인 소설로서의 '이야기'가 등장하는 것은 덴포년간(天保年間, 1830~44)까지 완성되었던 「와레미야 영험기和靈宮御靈驗記」 이후이다. 이 무렵부터 현재까지의 책이름은 약간의 차이는 있지만, 「와레미야 영험기」와 거의 내용이 같은 이야기가 많이 만들어졌다. 소장하고 있는 「와레미야 영험기」의 내용을 요약해서 소개하겠다.

먼저 "여기 와레 다이묘진 고엔기和靈大明神御緣起를 방문해 신덕神德을 받들어 모시다."라는 말로 시작하여, 얀베 세베에를 우와지마번宇和藩 다테 집안伊達家에서도 "현인賢人의 길을 지키는 귀한 인품이다."라고 소개한다. 그리고 적이었던 번주인 다테 히데무네의 이복동생 다테 노부교伊達信行라는 인물을 등장시켜, 이 다테 노부교가 집을 탈취하려는 계획을 꾸미고 있다고 서술하고 있다. 이러한 기본적인 인간관계를 바탕으로 이야기는 전개된다.

다테 노부교는 세베에가 총을 히데무네에게 바치려고 한 것을 구실로, 늘 뭔가 눈에 거슬렸던 세베에를 제거하려고 히데무네에게 중상 모략하지만, 세베에의 기백에 눌려 뜻을 이루지 못한다. '윗사람의 뜻'이라고 말하고 거짓 죄를 세베에에게 돌리지만 이것도 실패한다. 다테 노부교의 음모를 히데무네에게 알리는 자도 있었지만, 히데무네는 동생의 일이기 때문에 받아들이지 않았다. 또한 다테 노부교는 세베에의 독살을 계획하지만, 세베에는 이것을 알아차리고 병을 핑계로 집에 틀어박혀 있었다. 다테 노부교는 병문안으로 위장하여 부하인 의사를 세베에에게 보내 독살하려 하지만, 오히려 세베에의 성실함에 동요된 의사는 악당일당惡党一味이라고 쓴 글을 세베에의 하인 간자에몬勘左衛門에게 남기고 자살한다. 6월 30일

밤, 세베에가 모기장 안에서 병법서兵法書를 읽고 있을 때 다테 노부교가 파견한 일당이 침입해서 모기장 귀퉁이를 자르고 움직일 수 없게 된 세베에를 베어 죽인다. 세베에의 어머니에게는 독주를 권한다. 어머니는 지옥에 가서라도 이 억울함을 풀겠다고 말하고 그 술을 마신다. 간자에몬이 목숨을 건진 부인을 간호하고 세베에를 매장하려고 하자 검은 구름이 나타나 부인을 숨겨버렸다.

그 후, 악당들은 병이나 광기로 차츰 죽어간다. 세베에의 망령이 히데무네 앞에 생전의 모습으로 나타나서 "앞으로도 주군을 위해 망령이 되어서라도 추종하겠다."라는 말을 하여 히데무네 등을 놀라게 한다. 히데무네가 에도江戸로 출부出府[16]하게 되자 세베에 망령도 이를 따라가 에도에 큰 화재를 예언한다. 히데무네의 귀국 도중에는 악당들의 배가 낙뢰로 인해 불타고 침몰한다. 귀국 후 히데무네의 부인인 덴쇼인天詳院의 3주년 기일 공양이 세간인正眼院[17)]에서 거행되지만, 이때 대지진이 일어나 절의 대들보가 떨어져서 악당일행은 밑에 깔려 죽는다. 이렇게 해서 다테 노부교의 부하인 악당들은 모조리 망하고, 다테 노부교는 근신을 당하고 머지않아 광기가 있어 죽게된다. 히데무네는 그 후에도 흉사凶事가 계속되었기 때문에 야마노리미야山賴宮를 건립하고, '마음 편하게 혼령을 신사에 모시고'나자 세베에 망령은 사라졌다.

이상이 「와레미야실전기和靈宮御實伝記」의 개요이지만 이 이야기가 야담이나 대중적인 노래, 연극, 소설 작가들의 상상력을 크게 자극해서 이것을 골격으로 한 작품이 에도막부의 말기부터 메이지에 걸쳐 많이 만들어지게 된 것이었다.

안베 세베에의 무덤和靈廟은 우와지마 시내에 위치한 다테 집안伊達家 조상의 위패를 안치한 다이류지大隆寺 경내境內에 있다. 신사로 바꾸려고 생

---

16) 지방에서 도시로 나오는 것. 특히 에도시대(江戸時代)에 무가(武家)가 에도로 나오는 것.
17) 전국시대에 창건된 조동종(曹洞宗)의 절.

각한다면 당장이라도 가능할 것 같은 훌륭한 무덤이다. 세베에에 관한
'사실史實'은 단편적인 것이다. 진실은 실로 깊은 역사의 어둠 속에 가려져
영원히 밝혀지지 않을 것이다. 얀베 세베에의 이미지는 후세의 사람들이
만들어 낸 것이다. 무덤 밑에 잠든 세베에는 영웅으로 모셔진 자신에 대
한 이야기의 변천을 어떻게 생각하고 있는 것일까?

3장 권력

구스노키 마사시게楠木正成
도요토미 히데요시豊臣秀吉
도쿠가와 이에야스德川家康

구스노키 마사시게楠木正成

미나토가와신사湊川神社 - 효고兵庫

1. 나의 구스노키 마사시게에 대한 체험

하늘에서 바라다보면 건물이 빽빽이 늘어서 있는 고베시神戶市 한복판에 녹음이 울창한 곳이 있다. 그 곳이 미나토가와신사湊川神社가 있는 신사의 대지이다. 주제신主祭神은 구스노키 마사시게楠木正成(다이난코 大楠公)이다. 그는 14세기 전반 남북조 동란기에 '겐무노신세建武の新政'(추코(中興))라 불리는 구 왕조 세력 부활에 온 힘을 기울이며 미나토가와에서 아시카가 다카우지足利尊氏[1] 군사와 싸워 패배하여 전사하게 되는 호족이며 전략가이다.

---

1) 아시카가 다카우지(1305~58). 무로마치막부 초대장군. 고다이고천황에 의한 가마쿠라막부 타도인 겐코의 난에서 처음 막부군에 붙지만 도막(倒幕)으로 전환하여 겐무노신세 제일의 공신이 된다. 쇼헤(正平) 13년(1359) 4월 30일 서거.

미나토가와 신사의 본전

마사시게의 이름은 전전(戰
前·태평양전쟁)에 교육을 받은
사람이라면 누구나 가 알고
있을 것이다. 황국사관에 따
라 만들어진 당시의 교과서에
는 죽음을 각오한 마사시게가
아들 마사쓰라正行[2]에게 "효
행하라"며 유언하고 고향으로
돌려보내는 사쿠라이櫻井에서
의 이별과, 미나토가와 전투
에서 패하고 자결하기 전에 동생인 마사스에正季[3]와 '칠생멸적七生滅敵'을
맹세했다고 하는 고사가 남아있어, 대군에 충의를 다하고 나라에 보답한다
는 '진충보국盡忠報國'[4]의 전형적인 예가 되고 있다.

필자는 전쟁 후 곧 만들어진 '단카이세대団塊世代'[5] 태생이다. 그러나 어
렸을 때 집에 있던 구스노키 마사시게의 그림책을 보거나 어머니가 가르
쳐주신 "신록이 무성한 사쿠라이 마을 주변의 저녁 어스름…" 으로 시작
되는 창가(노래)를 부르면서 자랐다. 특히 초등학교 시절에는 당시는 민주
주의가 되기는 했어도 아직 외관 뿐으로 황국사관을 굳게 믿고 있던 교사
들이 많았기 때문에 사회과 수업 중에 몰래 전전戰前에 가르쳤던 국사 이
야기를 하는 교사도 그 중에는 있었다.

아이들에게 인기가 많았던 어느 교사는 『고코쿠비단皇國美談』이라는 이

---

2) 구스노키 마사쓰라(?~1348). 남북조시대 무장 구스노키 마사시게의 장남이다.
3) 구스노키 마사스에(?~1336). 가마쿠라 남북조시대 무장이며 마사시게의 동생이다. 형 마
   사시게와 항상 행동을 함께 했으며 겐무 3년 다카우지의 대군과 셋쓰 미나토가와에서
   싸워 패하고 5월 25일 형으로 잘못 오인되어 죽게 된다.
4) 나라를 위하여 충성과 충의를 다하는 것.
5) 1948년을 전후해서 태어난 사람이 많아 연령별 인구 구성상 두드러지게 팽대한 세대.

름의 그림책을 이용해서 정열적으로 겐무노추코建武の中興의 일화를 들려주었다. 덕분에 지금도 그 때의 마사시게 등과 같은 충신들의 이미지가 나의 뇌리에 선명하게 새겨져있다. 대학생이 되면서 새로운 역사책을 통해 알게 된 구스노키 마사시게 모습과 어릴 적 이미지와의 차이에서 나는 큰 충격을 받았던 것이다.

2. 사실史実로서의 구스노키 마사시게

먼저 현대 역사가가 파악하는 마사시게의 실상을 그려보자. 구스노키 마사시게는 곤고산金剛山 기슭 아카사카赤坂를 본거지로 하는 호족이었다. 겐코元弘 원년(1331)의 겐코의 변6)에서 고다이고後醍醐천황을 따라 거병을 일으킨다. 그러나 본거지인 아카사카성에서 가마쿠라鎌倉막부군과 싸워 패한다. 그리고는 요시노吉野의 오토노미야 모리요시친왕大塔宮護良親王7)과 계속 연락하면서 숨어 있었으나 다음 해 고다이고천황이 오키隱岐8)를 탈출한 후에 다시 모습을 나타낸다. 그 후 기이紀伊9) 북부에서부터 이즈미和泉10), 가와치河内11), 그리고 셋쓰攝津12)로 진출하여 막부군을 게릴라 전법으로 괴롭히면서 닛타 요시타다新田義貞13)가 이끄는 도막군倒幕軍을 측면에

---

6) 요시노조(朝)시대에 고다이고천황이 호조씨를 토멸하고서 정권을 회복하려다 1331년 그 계획이 사전에 누설되어 천황이 가사기산(笠置山)으로 물러났다가 다시 호조씨의 대군에 패하여 천황이 오키섬으로 피신한 사변.
7) 오토노미야 모리요시친왕 (1308~35). 가마쿠라-남북조시대. 고다이고천황의 아들.
8) 지금의 시마네(島根)현의 오키섬.
9) 와카야마(和歌山)현의 옛 지방이름.
10) 지금의 오사카부의 남쪽. 남쪽은 이즈미산맥이 달리고 서쪽은 오사카만을 바라보고 있다.
11) 지금의 오사카부의 일부로 예로부터 문화가 발달되어 사적이 많다.
12) 기나이(畿内) 5개 지방중의 하나로 지금의 오사카부와 효고현 사이에 있던 옛 지방이름.
13) 닛타 요시타다(1301~38). 가마쿠라시대의 무장. 1333년 가마쿠라를 습격하여 호조씨(氏)를 멸망시켰다. 겐무의 중흥에 공적이 있어 조정에 등용되었다. 그러나 아시카가

구스노키 마사시게의 초상화

서 도왔다. 이 공적으로 고다이고천황의 신정부 설립 후에는 신정부의 많은 기관에 이름을 올리고 가와치지방河內國 신카이소新開莊와 도사지방土佐國 안게소安芸莊 등의 영지를 얻게 된다.

그러나 마사시게는 고다이고천황의 직속 무장이 아니라 모리요시친왕護良親王를 따르는 무장의 성격이 강했기 때문에 겐무建武 원년(1334)에 모리요시친왕이 실각한 후에는 신정부 내에서의 움직임은 약해졌다. 겐무 3년 신정부에 반기를 들었던 아시카가 다카우지足利尊氏 군이 교토에 입성하자 이를 막아냈는데 이 때 마사시게는 다카우지와 힘을 합쳐서 큰 세력이 된 닛타 요시타다를 반드시 공격해야 한다고 진언했으나 받아들여지지 않았다. 그 사이에 규슈九州로 패주한 다카우지가 체제를 정돈하여 다시 상경하였다. 마사시게는 고다이고천황에게 히에잔比叡山[14]으로 피하고 적병을 교토에 들어오게 하여 입구를 막고 식량 보급로를 차단해 그 전투력을 약화시키는 공격법을 진언하였다. 그러나 그것도 받아들여지지 않았다. 이에 마사시게는 상경한 아시카가군을 맞아 싸우게 되는데 죽음을 각오하고 출전한 미나토가와전투에서 전사하였다.

그런데 구스노키 마사시게의 출생은 불투명하다. 다치바나씨橘氏의 계보로 이어진다고도 하지만 신뢰할 수 있는 것은 아니다. 그의 본거지인 가와치 부근에는 구스노키라는 지명이 없다. 때문에 고래古來의 토착세력이라

다카우지와 싸워 에치젠(越前)의 후지시마(藤島)에서 전사하였다.
14) 교토시 북동쪽과 시가(滋賀)현의 경계에 있는 산. 높이 848m. 동쪽은 비와(琵琶)호 서쪽은 단파(丹波)고원이 있다. 산 속에는 사이초가 있었다는 엔랴쿠지(延曆寺)가 있다.

기보다는 어디선가 이주해 온 특히 정보 수집 활동에 뛰어난 호족이었다고 여겨지고 있다. 현재 가장 유력시되고 있는 설은 전직 가마쿠라막부의 무사였다는 것이다. 겐코元亨 2년(1322) 마사시게가 호조 다카토키北條高時[15]의 명령을 거역한 야스다 쇼지保田庄司를 토멸하여 야스다소유의 영지를 부여받았다는 기록과, 가와치의 간신지觀心寺[16]와 덴카와天河 등의 활동 거점이 모두 호조 도쿠소의 영지北條得宗領라는 것 등에서 마사시게는 원래 호조 도쿠소의 히칸被官[17]으로서 가와치에 이주해온 호족이며, 도막倒幕에 참가한 이유도 도쿠소得宗쪽인 기이紀伊에 있는 유아사湯淺일족과의 세력 다툼이 계기가 되었다고 여겨진다. 즉 마사시게는 도쿠소세력의 내분에 의해서 옛 주인을 배신하고 고다이고천황 편이 되었다고 할 수 있겠다.

3. 악당 군단의 동량으로서의 구스노키 마사시게

마사시게는 권모술책이 뛰어난 현실적인 삶을 산 무장이었다. 그 전력은 가끔 '악당적'이라든지 '게릴라적'이라고 평가되는 것처럼 어떤 수단을 선택하든 '결과가 좋으면 모든 것이 좋다'라는 사고방식을 갖고 있었고 그것을 천황에게까지 제안하고 있다. 즉 확고한 신념을 갖고있는 게릴라 군단의 대장이었던 것이다.

마사시게의 전법이 어떠한 것이었는지를 구체적으로 이야기하고 있는 확실한 사료는 적다. 그러나 각색되었다고는 하지만『다이헤키太平記』[18]등

---

15) 호조 다카토키(1303~33). 가마쿠라막부의 14대 집권자. 1333년 닛타 요시타다(新田義貞)의 공격을 받아 가마쿠라에서 자살함으로써 최후를 마쳤다.
16) 오사카부 가와치 나가노시에 있는 고의진언종(古義眞言宗)의 절.
17) 중세의 슈고(守護), 고케닌(御家人) 따위에 직속한 하급 무사.
18) 14세기에 저술된 군기 이야기. 40권으로 되어있다. 작자는 알려지지 않았고 고다이고천황 때부터 고무라카미(後村上)천황 때까지의 남북조시대 50년간의 동란을 일본문체와 한문체를 혼합하여 재미있게 묘사하고 있다.

에 쓰여져 있는 내용과 큰 차이는 없는 것으로 보여진다. 마사시게의 전법戰法을 가장 상징적으로 표현한 것은 치하야성千早城의 방어전일 것이다.

겐코元弘 2년(1332) 겨울, 그 전 해에 거병擧兵하여 패주한 마사시게는 오토노미야 모리요시친왕大塔宮護良親王과 계속 연락을 취해 나가면서 다시 군사를 일으켰다. 가마쿠라막부군은 이를 토벌하기 위해 대군을 파견한다. 막부군은 오토노미야의 목을 가져오는 자에게는 오미近江지방 장원莊園을, 마사시게의 경우는 단고센이丹後船井지방의 장원을 준다는 현상을 걸어 철저하게 그 세력을 무너뜨리려 했다. 일대一隊 군사는 오토노미야의 거점인 요시노吉野로 향했다. 이곳은 요시노측의 내분 등으로 간단하게 함락되고 오토노미야는 패주하였다. 구스노키의 본거지인 아카사카성으로 향했던 일대一隊도 격전 끝에 그 성을 함락시켰다. 의기양양해 있던 막부군은 마사시게의 최후의 거점인 곤고산金剛山에 있는 치하야성千劍破城으로 공격을 시작하였다.

우선 계곡의 흐름을 막아 물을 끊으려 했으나 성안의 저수량이 충분했으며 오히려 둑을 지키던 막부 군사가 마사시게 쪽에게 급습 당하여 깃발까지 빼앗겨버린다. 이에 막부군은 분노하여 공격에 나서지만, 낭떠러지 위에서 대목大木이 떨어지고 망루에서 활을 쏴 대어 큰 피해를 입는다. 할 수 없이 막부군은 장기전으로 들어갔다. 그러나 마사시게는 인형을 많이 만들어 갑옷과 무기로 무장시켰다. 그리고는 어둠을 틈타 이 인형들을 산 기슭에 세우고 군사들로 하여금 새벽에 함성을 지르게 하였다. 마사시게군이 나타났다고 여긴 막부군이 진격해오자 이번에도 돌 등을 떨어뜨려 격퇴시켰다. 애를 태우고 있던 막부군은 커다란 사다리를 만들어 성벽에 걸쳐놓고 성내 침입을 꾀하였다. 그러나 이를 알아차린 마사시게군이 횃불을 던지고 기름을 부어 불을 붙였기 때문에 큰불로 인해 사다리도 병사도 모두 불타면서 계곡 밑으로 떨어져 갔다. 이와 같은 일이 계속 반복되는 동안에 가마쿠라막부가 쓰러졌으므로 치하야성을 둘러쌓던 포위가 풀렸다. 『다이헤키』에 묘사되어있는 마사시게의 전법은 거의 대부분이 이런 종류의 게릴라 전법인 것이다.

그런데 이와 같은 기발한 전법은 가끔 승병이나 수행자들과 같은, 무장을 한 종교자들의 전법과 아주 비슷하다고 한다. 분명 오토노미야의 거점은 요시노 수행자의 거점이고 그 병력의 중핵을 짊어지고 있던 것은 요시노의 승병과 수행자들이었다. 또한 마사시게가 성을 쌓았던 곤고산은 가와치河內에 있는 수행자의 거점으로서 덴포린지轉法輪寺19)를 중심으로 금강칠방을 비롯하여 서쪽 산기슭과 동쪽 산기슭에 가람승방20)이 많이 있었다. 즉 마사시게는 곤고金剛수행을 그 영향하에 놓았던 것이다. 구마노산산熊野三山에 있는 신구新宮의 수행자 중에 구스노키라는 일족이 있었다. 또한 고우다천황後宇多天皇21)이 구마노의 신의 영지神領를 늘렸을 때 그 영지 안에 나카가와치군中河內郡의 것이 있었는데 이를 마사시게의 아버지인 마사야스正康가 맡고 있었다고 한다. 따라서 구마노의 수행자인 구스노키 집안氏과 가와치의 구스노키 집안氏과의 사이에는 어떠한 형태로든 조금은 관계가 있었다고 하는 추측도 충분히 가능한 일이다. 마사시게는 수행자이기도 했던 오에노 도키치카大江時親에게 병법을 배웠다고 하는 전승도 있다.

구스노키 마사시게는 수행자라는 면모도 갖고 있었다. 구스노키 일족이 슈켄修驗과 깊은 관계를 가진 호족이라고 한다면 그 전법의 게릴라성 이라든지 뛰어난 정보 수집력도 당연히 납득이 가능하다. 말하자면 현실의 마사시게는 수행자의 네트워크를 사용하여 가능한 한 많은 정보를 모아 자신들에게 유리하다 생각되면 패주하는 적과도 화친을, 또한 형세가 불리하다고 판단되면 재빨리 도망가는 아주 합리적이고 권모술책에 뛰어난

---

19) 석가가 성도 후 불법을 펴던 일을 전법륜 이라고 한다.
20) 절의 건물로 중이 거처하는 집.
21) 고우다천황(1274~1287). 91대 천황.

게릴라 군단의 대장이었다.

미나토가와전투에서 패한 마사시게는 근처 민가로 후퇴하여 일족 모두가 자살한다. 그 인원은 28명, 또는 5, 60여명이라고도 하는데 유해는 미나토가와에 묻혔다고 한다. 적의 목은 다카우지에게 보내져 로쿠조(六條)강가에 방치해 두었다가 가와치의 유족에게 보내졌다. 남북조의 동란을 묘사한 군기 이야기인 『다이헤키』에서 '칠생멸적'을 동생과 서로 맹세한 마사시게였지만 이와 같은 사상은 당시의 원령 사상을 배경으로 생겨난 것이었다. 실제로 『다이헤키』에는 남조 측의 천황, 황족 그리고 무장들이 죽은 후에 지옥에 떨어져도 원한을 풀기 위해 인간계에 덴구天狗[22]가 되어 출현하는 모습을 그리고 있다.

그러나 흥미로운 것은 무로마치室町장군 집안의 사람들이 이러한 남조 측 사람들의 원령에 의해 저주를 받았다고 여겨질 만한 심각한 사태는 일어나지 않았다는 것이다. 좀더 확실히 말하면 스가와라노 미치자네菅原道眞와 같은 원령은 등장하지 않았다. 남조 측의 원령을 진정시키기 위해 창건된 신사가 없는 것에서도 그러한 것을 알 수가 있다.

그러나 아시카가 다카우지足利尊氏가 남조의 천황과 무장들의 영혼이 원령화된 것을 두려워하지 않았던 것은 아니다. 다카우지는 미나토가와 전투 후 곧 마사시게 측의 혼령들을 위해 승려들로 하여금 공양하도록 명하였으며 고다이고천황後醍醐天皇의 승하를 알게 되자 즉시 덴류지天龍寺를 건립하여 그 명복을 빌었기 때문이다. 분명 여러 가지 원령에 대한 소문은 떠돌았다. 그럼에도 불구하고 막부를 뒤흔들 만한 원령은 나타나지 않았다. 이것은 원령화되는 것을 막기 위한 무로마치막부 측의 예방적인 공양 작전이 효능을 나타냈다고 봐야 할지도 모른다.

---

22) 얼굴이 붉고 코가 높으며 신통력이 있어 하늘을 자유로 날면서 깊은 산에 산다는 상상 속의 괴물.

4. 구스노키 마사시게의 재발견과 난코샤楠公社 창건

근세 초 무렵 미나토가와湊川 북쪽 사카모토마을坂本村에 '우메즈카埋塚'라고 불려지는 것이 있었다. 칼로 자살한 구스노키일족의 매장 장소로 그 고장에 전해져온 무덤이었으나 구스노키 마사시게의 자손들 조차도 모르는 무덤이었다. 이 시대의 마사시게의 무덤은 이 정도의 것에 불과했다. 아마가사키尼崎23)번주인 아오야마노 요시토시青山幸利24)가 이것을 알고는

구스노키 마사시게의 묘비

공양을 위해 오륜탑을 세우고 소나무와 매화나무를 심어 표시를 하였다. 간분寬文 4년(1664) 가이바라 에키켄貝原益軒25)이 이 지역을 방문하였을 때는 초라한 무덤과 소나무, 매화나무 두 그루가 있었다고 하니 이는 간분寬文(1661~1673) 이전의 일이다.

그런데 에도시대 중기가 되어 마사시게의 무덤은 지식인들에게 발견되어져 그들의 제사 대상이 된다. 물론 그 배경이 된 것은 중세부터 넓게 유포해 있던 『다이헤키太平記』의 영향이지만 근세가 되면서 『다이헤키』에서 주로 두 개의 내용이 두드러지게 강조되고 과장되어 전해지게 된 것이다.

하나는 게릴라 전법이 중세 말기에서 근세 초의 병법가들의 주목을 받아 '구스노키 식 병법'이라 칭하는 병법가를 배출하게 되었고 전국시대가

---

23) 지금의 효고(兵庫)현.

24) 아오야마 요시토시(1616~84). 에도시대 전기 다이묘(大名).

25) 가이바라 에키켄(貝原益軒 · 1630~714). 에도시대의 유학자이며 교육가이다. 경험과 실증을 중시하고 주자학에 의문을 품어 비판서인 『대의록(大疑錄)』을 서술하였다.

되어 『다이헤키』는 병법서가 되었던 것이다.

또 다른 하나는 유학자와 국학자가 충효, 더 나아가서는 근왕勤王의 모범으로서 마사시게 일족을 발견한 것이다. 특히 국학자들은 마사시게를 충신의 선조로서 존숭尊崇하여 신격화하고 있었다. 그리고 유적으로서의 묘가 각광을 받게 되었던 것이다. 그러한 계기를 만든 사람은 미토水戸 번주인 도쿠가와 미쓰쿠니德川光圀26)였다. 미쓰쿠니는 남조를 정통으로 하는 대의명분론에 입각해서 『다이니혼시大日本史』를 편찬하였다. 또한 미나토가와에 있던 마사시게의 유해를 매장한 무덤을 보수하여 커다란 묘비를 세우고 "아! 충신 난코楠子의 묘"라고 자필로 문자를 새겼다. 이때부터 충신 마사시게의 이미지가 지식인들 사이에 형성되어 나오고 그 후부터 이런 이미지는 점점 더 커져갔다.

그 당시의 것을 정리한 무라카미 시게요시村上重良27)의 『이레이토친콘(慰靈과 鎭魂)』, 모리타 고노스케森田康之助의 『미나토가와진자시湊川神社史』에 의하면 라이 산요賴山陽28)의 『니혼가이시日本外史』 『니혼세키日本政記』가 막말의 근왕 양이파의 지사인 마사시게 숭배를 고무하였고 미토水戸학 무리들은 각지에서 난코사이楠公祭를 개최하여 난코 의 묘 앞에서 시가문장을 지었다고 한다. 말하자면 난코이야기와 그 묘소는 근왕양이勤王攘夷 무리들의 결속의 상징이 되었던 것이다. 이렇게 근왕파의 난코숭배는 전국으로 퍼졌고 막말이 되자 전국적 규모의 '난코샤楠公社' 창건의 움직임으로 발전해 갔다. 그리고 조정 측에, 분큐文久 2년(1862)에는 사쓰마薩摩번주인

---

26) 도쿠가와 미쓰쿠니(1628~1700). 미토(水戸) 제 2대 번주. 학문을 좋아하여 명나라의 유신 주순수를 초청함. 고베의 미나토가와에 구스노키 부자의 비를 세웠다.

27) 무라카미 시게요시(1928~91). 쇼와시대 후기의 종교학자. 일본 근대 종교사 특히 신 종교 연구에 업적을 남김. 도쿄 출신이며 도쿄대학을 졸업함.『일본 종교사전』『국가신도』 등을 저술하였다. 헤이세이(平成) 3년 2월 11일 사망.

28) 라이 산요(1781~1832). 에도시대 유자, 역사가. 오사카에서 출생하여 아키(安芸)에서 자랐으며 에도로 나와 유학을 배우고 후에 교토에서 숙(塾)·사설학교)을 열었다. 『日本外史』 『日本政記』등 저서가 많다. 존왕론에 크게 영향을 미쳤으며 서, 시문에 뛰어났다.

시마즈 히사미쓰島津久光29)가 미나토가와지역에, 게이오慶応 3년(1867)에는 오와리尾張번주인 도쿠가와 요시카쓰德川慶勝가 교토 내에 '난코샤'를 창건해야 한다는 취지를 청원한다. 그러나 얼마 후 왕정복고의 호령과 보신戊辰전쟁이 시작되면서 무산되고 말았다. 신 정부 발족 후 게이오慶応 4년(1868) 드디어 미나토가와에 '난코샤' 창건이 허가되고 메이지明治 5년(1872)에 사호를 '미나토가와신사'로 개칭했던 것이었다.

『다이헤키』에 의해 기억되고 근세가 되어 유학자들에 의해 재발견된 구스노키 마사시게는 근대에 들어와서 급속하게 별격 관폐사로서 국가가 모시는 커다란 신사가 되었다. 그것은 도요토미 히데요시豊臣秀吉 등과 함께 근대 특유의 충군현창忠君顯彰이라는 유형의 신사로서는 최초의 것이었다.

5. '난코楠公'의 근대

마사시게를 '난코'로서 발견하고 숭경해 가는 역사는 근왕勤王, 도막倒幕의 사상과 운동의 역사와 겹친다. 또한 근왕의 뜻을 가진 자들이 그 뜻을 위해 희생되었을 때 그 진혼 방법 창출의 역사와도 중복되어 있다. 천황을 위해 죽은 충신의 혼은 천황이 신으로 모셔 제사지내야 한다는 사고가 생겨났던 것이다. 구스노키 마사시게와 같은 사람들의 제사도 기본은 같은 사고에 근거하고 있었다.

그러나 근대천황제 국민국가의 성립 이후 그때까지는 도막, 근왕을 위한 결속의 상징, 다시 말하면 주체적 표상이었던 마사시게가 수동적 상징으

---

29) 시마즈 히사미쓰(1817~87). 막말-메이지시대 무사. 이복형인 나리 아키라(齊彬)의 죽음으로 아들 다다요시(忠義)가 가고시마번주가 되자 본가에 복귀하여 국부로 불리면서 번정의 실권을 장악함. 유신 후에는 내각 고문, 좌대신을 역임함. 메이지 20년 12월 6일 사망.

로, 즉 신정부를 만들기 위한 상징에서 신정부를 섬기게 하기 위한 상징으로 변질되어 버린 것이다. 그것이 아시아·태평양전쟁(1931~45) 때에는 최대한으로 팽창하게 되는 것이다. 충신은 전쟁에 패할 것이라 판단되어도 출전하여 용감하게 죽어간다, 그것이 바로 주군에 대한 충의라는 것이다. 이것이 내가 어렸을 때 다양한 매체를 통해서 각인된 '마사시게像'이다.

깊이 생각해 보면 가마쿠라막부의 타도와 신정부 수립을 향해 주체적으로 활동했던 마사시게가 고다이고천황後醍醐天皇의 신정부 발족 후에 시대 착오적인 어리석은 권력자들을 위해 할 수 없이 '멸사봉공'을 해 버리는 역사와, 후세 사람들에 의해서 충군의 상징으로서 '재발견'되어지고 또한 '진충보국'에 이용당하게 된다고 하는 '마사시게'의 역사가 완벽하게 중복되어 있다. '난코'로서의 마사시게의 근대는 실로 불행한 근대였다. 미나토가와신사도 그 일익을 담당해 왔던 것이다.

전후가 되어도 미나토가와신사는 아직도 창건기부터 종전까지의 '난코像'을 여전히 가지고 있는 듯하다. 그러한 이미지에서 벗어나야만 한다. 왜냐하면 혼란스러운 현대에 어울리는 '난코'의 이미지는 겐무신정建武新政이 되기 이전의, 새로운 질서를 찾고 상사에게도 자신의 생각한 바를 주저 없이 말 할 수 있는, 경쾌하게 살아가는 게릴라전의 지도자로 여겨지기 때문이다.

도요토미 히데요시豊臣秀吉

도요쿠니신사豊国神社 – 교토京都

1. 천하인天下人을 신으로 모시다

'도요쿠니신사豊國神社'는 시치조 거리七條通 동쪽 막다른 곳에 있고 교토
京都 국립 박물관 북쪽에 위치하고 있다. 그 히가시야마東山를 아미타가미
네阿弥陀ガ峰라고 한다. 이 신사의 제신祭神은 천하통일을 이룩한 아즈치모
모야마安土桃山시대[1]의 무장인 도요토미 히데요시豊臣秀吉[2]이다.

---

1) 오다 노부나가가 쇼군 아시카가 요시아키(足利義昭)를 받들고 입경한 1568년부터 1600
   년 세키가하라전투에서 도쿠가와 이에야스가 실권을 잡기까지 약 30년 동안을 말한
   다. 노부나가와 히데요시가 정권을 장악했던 시대를 총칭하는 명칭으로 쇼호쿠(織豊)
   시대라고도 한다. 에도시대와 합쳐 근세에 해당한다.
2) 도요토미 히데요시(1537~1598). 오다 노부나가(織田信長)시대의 무장. 오와리현태생
   (현재의 아이치현). 오다가 혼노지(本能寺)에서 죽은 후 주군의 복수를 명분으로 반대
   편(아케치 미Tm히데)을 토벌하고 정권을 장악하였으며 오사카성(大阪城)을 축조한다.

도요쿠니신사의 본전

히데요시는 역사상 가장 유명한 사람중의 하나로 새삼스럽게 설명할 것까지도 없을지 모른다. 그는 최하급 무사인 아시가루輕足의 아들로 시작해서 나중에는 오다 노부나가織田信長3)의 가신家臣이 되어 수많은 전공戰功을 쌓아 두각을 나타냈고, 오미近江지방의 아사이씨淺井氏 멸망 후 그 땅을 물려받아 다이묘大名가 된다. 주군인 노부나가가 아케치 미쓰히데明智光秀4)에게 살해당하자, 이를 토벌하고 숙적宿敵을 무력과 능란한 외교로 점차 자신의 편으로 끌어 들여 마침내 천하통일이라는 대업을 성취하였다. 게다가 두 번에 걸친 조선출병까지 감행했다는 기노시타 도키치로木下藤吉郎, 하시바 히데요시羽柴秀吉5)이다.

그러나 우리 마음속에 그려s지는 히데요시는 실은 『에혼타이코키繪本太閤記』6)에 대표적으로 나타난 니치린日輪의 아들이라든가, 야도野盜인 하치스카 고로쿠蜂須賀小六7)와의 만남 등, 사실 여부를 알 수 없는 일화逸話로

도쿠가와 이에야스와 함께 1590년 전국을 통일하고, 이후 관백·태정대신이 되어 도요토미성을 얻게된다. 2회(1592, 1597)에 걸쳐 조선출병을 감행하지만 실패했고, 토지조사(太閤檢地), 무기몰수(刀狩)등의 병농분리를 촉진하는 신 정책을 펴나가면서 근세 봉건 사회의 기초를 확립했다.

3) 오다 노부나가(1534~1582). 오와리태생. 1559년에 오와리를 통일하고 1560년에는 오케하자마(桶狹間)의 전투에서 이마가와 요시모토(今川義元)를 격파한다. 1573년 무로마치(室町)막부를 멸망시켰고 1582년 천하통일을 눈앞에 둔 시점에서 가신인 아케치 미쓰히데의 모반으로 혼노지에서 49세로 자결한다.

4) 아케치 미Tm히데(1528~1582). 전국~오다(織豊)시대의 무장. 처음에는 아사쿠라 요시카게(朝倉義景)를 섬겼고 나중에는 오다의 가신이 되지만 1582년 혼노지로 오다를 몰아낸다. 히데요시와의 야마자키(山崎)전투에서 패하고 도주하던 중 농민에게 살해당함.

5) 도요토미 히데요시의 아명(兒名)

6) 요미혼(讀本)이며 7편(編) 84(책)冊으로 구성되었고 1797~1802년에 완성되었음. 다이코기(太合記物)의 하나로 널리 보급되었지만, 분카(文化) 1년(1804)에 절판(絶版)이 명해진다.

가득찬 에도江戸시대의 모노가타리物語에 유래하는 부분이 많아 역사상의 히데요시와는 상당히 다르다.

그런데 현대의 일본인은 히데요시가 사후死後에 신으로 모셔졌다고 하더라도 이상하게는 생각하지 않을 것이다. 왜냐하면 전국 각지에 역사적으로 유명한 사람을 제신祭神으로 하는 신사가 있고, 따라서 히데요시 정도의 인물이 신으로 모셔지는 것은 당연하다고 생각 될 것이기 때문이다. 그렇지만 신으로 모셔진 경위나 시대를 생각하면 천수를 다 누리고 죽은 천하인이었던 히데요시가 신이 됐다고 하는 것은 일본에서 '사람을 신神으로 모신다' 라는 신앙의 역사적인 면에서 특필 할 만한 사건이었다.

히데요시는 살아있을 때부터 자신의 혼령이 신으로 모셔지기를 원해서 유언으로 그것을 지시했던 것 같다. 이러한 일은 이제 까지는 없었던 것이다. 그 때 까지는 권력을 누리다 죽은 천황이나 귀족, 무장의 어느 누구도 사후에 직접 신으로 모셔지는 예는 없었던 것이다. 분명히 스가와라노 미치자네菅原道眞8)의 원령 등과 같은 많은 사람이 신으로 모셔지고는 있었다. 그러나 그들은 사후 곧바로 신으로 모셔진 것은 아니다. 더구나 신으로 모셔지기를 바라고 있었던 것도 아니다. 사후로부터 어느 정도 시간이 지나고 나서 신으로 모셔져야만 한다고 판단한 특별한 사정이 생겼던 결과, 사람들이 그들을 신으로 모셨던 것이다.

항간에는 엔노 교자役行者9)와 아베노 세메安倍晴明10)같은 실재 종교자나

---

7) 하치스카 고로쿠(1526~1586). 전국~오다 시대의 무장. 오다를 섬겼고 후에는 히데요시와 함께 전공을 세운다. 1586년 61세로 사망.

8) 스가와라노 미치자네(845~903). 헤이안(平安)시대 전기의 공경(公卿), 학자, 문장(文章) 박사. 894년 견당사(遣唐使)의 중지를 건의함. 899년 우대신(右大臣)이 되지만 좌대신 스가와라 도키히라(菅原時平)의 모략에 의해 다자이노 곤노소치(大宰權帥)로 좌천되어 그곳에서 사망한다.

9) 엔노 교자(생몰연도 미상). 아스카(飛鳥)시대의 주술사.『니혼레이키(日本靈異記)』에는 진언밀교의 주법(呪法)을 익혔으며 신선술(神仙術)을 행하는 인물이라고 되어있다. 헤이안(平安) 중기 이후 강산악(降山岳)종교의 수험도와 결부되어 결국 개조(開祖)가 된다.

10) 아베노 세메(921~1005). 헤이안시대 중기의 음양사(陰陽師). 천문도를 카모노 타다유

미나모토노 미쓰나카(源滿仲[11])나 후지와라노 가마타리(藤原鎌足[12])와 같은 일족—族의 선조도 신자나 후손에 의해 신격화되어 본당이나 사당에 모셔지게 되는 일도 있었다. 그러나 그것도 본인들이 살아있을 때부터 사후에 신으로 모셔지기를 희망했던 것은 아니다. 후세 사람들이 그들을 존숭尊崇한 결과, 다시 말해 계속 기억해 왔던 것이 점차적으로 신격화되어 갔던 것이다. 따라서 천하인 인 채로 죽은 자가 생전부터 사후 곧바로 신으로 모셔지기를 바라고 있었다는 사실과 그 사상은 전혀 새로운 시대의 등장을 의미하고 있었던 것이다.

현재의 도요쿠니신사는 히데요시의 사후에 창건되어진 도요쿠니신사가 도쿠가와德川시대에 이르러 폐절廢絶한 흔적을 계승한 모습으로 메이지明治 6년(1873)에 재건한 것이다. 제신도 사호社号도 같기 때문에 연속성이 있는 것처럼 보인다. 그러나 270여 년이라는 공백을 지나서 건립된 현재의 신사는 그 이전의 것과는 다른 사상 하에 창건된 다른 신사인 것이다. 우리들은 오히려 이 단절에 눈을 돌려야만 한다고 생각한다.

2. 호코지方広寺 대불전 건립과 도요쿠니묘豊国墓의 창건

최초의 도요쿠니신사 창건은 게초慶長 4년(1599), 히데요시가 사망한 다

키(賀茂忠行)와 야스노리(保憲)부자에게 배웠고 천문박사, 가즈에노곤노스케(主計助), 다이젠다이부(大膳大夫), 사교곤다이후(左京權大夫)를 역임함.
11) 미나모토노 미츠나카(912~997). 헤이안시대 중기의 무인. 안나(安和)의 변(變)에서 스가와라노 치하루(藤原千晴)를 밀고했고, 이후 스가와라 섭관가(攝關家)와 결탁하여 무문(武門)으로서 미나모토씨(原氏)의 지위를 쌓아올린다. 만년에 출가해서 다다신보치(多田新發意)라고 불리웠다. 법명은 만경(滿慶).
12) 후지와라노 가마타리(614~669). 아스카(飛鳥)시대 후지와라씨의 조상. 나카노오에(中大兄, 후에 덴지(天智)천황)와 함께 소가씨(蘇我氏) 타도를 도모하여 645년 소가 이로카(蘇我入鹿)를 살해한다.

음해이다. 게초 3년(1598) 히데
요시는 적자嫡子인 히데요리秀
賴나 조선출병문제 등의 많은
아쉬움을 남긴 채 62살로 이
세상을 떠났다. 시신은 히가
시야마東山의 아미타가미네 기
슭에 은밀히 매장되었다. 필
시 극락왕생을 기원하면서 서
향으로 매장 되었다고 한다.
아미타가미네阿弥陀が峰의 이름

아미타가미네

은 다이라노 시게모리平重盛13)가 산기슭에 48정사精舍를 지어 매일 밤 48
개의 등을 밝히고 대 염불을 했다는데서 유래한다고 하고, 또한 그 이전
부터 교기行基14)가 세웠다는 아미타阿弥陀가 있었다. 히데요시는 오래 전부
터 이 곳이 아미타 신앙의 성지인 것을 알고 있었기 때문에 여기에 매장
되기를 원했던 것이다. 아미타가미네에서 서쪽 선상에는 히데요시에 의해
옮겨진 동서 양쪽에 혼간지本願寺가 나란히 있었다. 자주 지적되는 것처럼
이것도 우연한 일은 아닐 것이다.

그런데 히데요시는 이곳을 자신의 무덤으로 정했던 것만은 아니었다. 이
미 생전부터 이 지역을 도요토미집안豊臣家의 하나의 커다란 종교 공간으로
할 계획을 추진하고 있었던 것이다. 히데요시는 덴쇼天正 14년(1584), 교토
무라사키노紫野에 덴쇼지天正寺라고 하는 하나의 큰절을 건립할 구상을 하
고 있었는데, 이것을 현실로 실행하지는 못했다. 그래서 다시 같은 해 14년

---

13) 다이라노 시게모리(1138~1179). 헤이안시대 후기의 무장(武將). 호겐(保元)・헤지(平)의
난에 부친과 함께 참여한다. 지조(治承) 원년(元年) 내대신(内大臣)이 되지만 부친보다
앞서 병으로 사망한다.
14) 교기(668~749). 아스카~나라시대의 승려. 각지에서 포교를 하며 포교당을 설치하여
많은 신자가 생겨났고 보살(菩薩)로 받들어진다.

도요토미씨豊臣氏의 '생生' 혹은 '광光'의 공간이라고도 할 수 있는 주라쿠다이聚樂第15)의 조영造營에 착수함과 동시에 이 아미타가미네 기슭에 있는 렌게오인蓮華王院16) 북쪽의 광대한 지역을 '사死' 또는 '암暗'의 공간으로 하는 대 사업에도 착수했다. 즉, 나라奈良의 대불을 모방하여 교토의 대불을 세울 것을 발원發願하고, 대불전의 조당造堂에 착수하여 건립한 것이 바로 그 유명한 호코지 대불전이다. 당초 대불은 나라의 대불과 같도록 금동제로 할 예정이었지만, 공사기간이 짧았기 때문에 표면에 옻칠을 하여 채색한 목상木像 대불이 만들어졌다. 대불전의 높이는 20척(약 60m)이고 대불 자체의 높이는 6척(약 18m)이다. 대불전은 분로쿠文禄 4년(1595)에 완성하여 대불개안공양大仏開眼供養17)이 다음해 8월 18일에 열릴 예정이었다.

그러나 그때 도요토미집안의 장래를 암시하는 듯한 큰 사건이 벌어졌다. 개안공양 직전에 괴멸적인 지진이 기나이畿內18) 지방을 엄습했던 것이다. 교토에서도 많은 집이 무너지고 사람들이 죽었어도 대불전은 파괴되지 않았었는데, 이 대지진으로 가장 중심적인 본존인 대불이 크게 파괴되고 만다. 도요토미씨의 권력의 상징으로 건립했던 거대한 대불전이 일순간에 본존을 잃어버린 횡한 건물로 변해버렸던 것이다. 이 일을 안 히데요시의 충격이 어떠했으리라는 것은 상상이 갈 것이다.

그리하여 히데요시는 '현몽을 했다'라고 하며, 다케다 신겐武田信玄19)에 의해 고후甲府20)에 옮겨져 있던 젠코지善光寺의 아미타 여래를 급히 이 대

---

15) 히데요시가 교토(京都)에 세운 화려하고도 장대(莊大)한 저택임. 1587년(天正15)에 완성했음.
16) 교토의 33간 당(堂)의 사호(寺号)임.
17) 새로운 불상, 불화 등이 완성되어 법당 등에 안치 될 때 행하는 불안(仏眼)을 여는 의식 법요(法要). 이 의식을 거쳐서 상(像)에 영혼이 들어간다고 한다.
18) 황거(皇居)부근의 직할지, 또는 교토에 가까운 다섯 지방
19) 다케다 신겐(1521~1573). 전국~오다시대의 무장. 덴분(天文) 10년 부친을 추방하고 자신이 가이(甲斐)의 국주(國主)가 된다.
20) 야마나시현(山梨縣)에 있는 시, 현청 소재지.

웅전에 천좌遷座시키기로 했던 것이
다. 권력을 제 멋대로 남용하는 불합
리하고도 보기 드문 소행이었다. 게
초 2년(1597) 7월 18일 거대한 대불전
에 1척 5촌(45cm)정도의 작은 여래상
을 맞이하는 '대불공양' '젠코지 여래
천좌善光寺如來遷座'라고 칭하는 의식
이 장대히 거행되었다. 오쓰大津에 도
착해 있던 젠코지 여래를 맞이하기
위해 아미타가미네까지는 겨우 10km
정도의 거리인데도 불구하고, 전체

도요토미 히데요시 초상화

길이가 5km나 되는 행렬로 맞이했다고 한다.

　그런데 본존을 들여놓고 일단 안심한 것도 잠시이고, 다음 해 게초 3년
(1598) 6월경부터 히데요시는 병상에 눕게 되었으며, 병은 점점 더 악화되
기만 하였다. 이렇게 되자 호코지 행사관계의 최고 책임자이며 히데요시
의 종교관계 측근이었던 고야산高野山의 모쿠지키 오고木食応基21) 쇼닌上
人22)들은 이것이 젠코지善光寺 여래如來의 재앙은 아닐까 라고 판단했다.
젠코지 여래당 공양이 예정보다 늦어지고 있었던 까닭이다. 그래서 개안
공양을 서두르는 동시에 많은 사원에서 병이 쾌유되도록 기도를 하게 하
였다. 그러나 그 보람도 없이 히데요시의 병은 점차 악화되어 혼수상태에
빠졌고, 게초 3년 8월 18일 마침내 세상을 뜨고 만다. 죽기 전날 젠코지
여래는 본 고장으로 되돌려 보내졌다.

---

21) 모쿠지키 오고(1536~1608). 오다~에도(江戶)시대 전기의 승려. 원래 무사였지만, 38세
　에 출가하여 고야산(高野山)에서 목식수행(木食修行)을 쌓았다. 이후 히데요시의 신임
　을 얻어 교토의 호코지, 고야산의 홍산사(興山寺)등 다수의 사사(寺社)를 세웠으며, 렌
　가(連歌)에도 뛰어났다.
22) 지덕(知德)을 갖춘 고승(高僧), 승려에 대한 경칭, 또는 승려계급의 하나를 일컫는다.

이러한 불행이 계속 이어진다고 생각할 수 있는 도요토미씨의 종교시설이었지만 도요토미씨는 이 땅을 방치하지 않고 오히려 충실을 기해 나갔다. 그 새로운 중핵이 된 것이 앞서 서술한 유언에 의해 아미타가미네 기슭에 매장되는 히데요시의 묘였다. 오히려 히데요시나 그의 측근도 히데요시의 묘가 이 종교시설의 중핵이 되는 것을 미리 생각하고 있었던 것으로 보일 정도이다. 히데요리는 히데요시의 사후 2개월 후에 이미 '호코지 대불전의 진수鎭守'창건으로 칭하고 히데요시의 묘를 만들기 위한 경계작업을 개시했다. 이때 일부 사람 외에는 히데요시의 죽음은 은닉되었으며, 그 시신은 아직 후시미성伏見城에 안치된 채였다.

다음해 4월 아미타가미네 묘사廟社가 준공되고 조정에서 '정1위 호고쿠 다이묘진正一位豊國大明神'이라는 최고의 신계神階인 신호神号를 하사하여 히데요시의 혼령은 정식으로 신神이 되었다. 호고쿠 다이묘진이라는 신호는 『호코쿠 다이묘진 제례기豊國大明神祭禮記』에서 이 호코쿠신사를 맡았던 신불습합의 요시다吉田신도(宗源一實神道)의 요시다 가네미吉田兼見[23]가 일본의 호칭은 '도요아시하라나카쓰쿠니豊葦原中津國'이고 히데요시는 '화조和朝의 누시主'이기 때문에 도요쿠니라는 신호神号로 했다고 전해지고 있다. 여기에서 간과할 수 없는 것은 장대하고도 화려하게 행해진 호코쿠사 천궁遷宮 식전은 다른 각도에서 말한다면 히데요시의 장례식이기도 했다는 것이다. 『기엔주고닛키義演准后日記』등에 의하면, 실은 이 천궁제의 수 일전 후시미성 안에 있던 히데요시의 시신이 비밀리에 아미다가미네로 옮겨져 묘에 안치되었다고 한다. 시신의 운반과 매장에 입회한 사람은 단지 고야산의 모쿠지키 오고스님과 고부교五奉行[24]의 한 사람인 마에다 겐이前田玄以[25]

---

23) 요시다 가네미(1535~1610). 전국~에도시대 전기의 신도가(神道家)이며 본슌(梵舜)의 형이다. 교토 요시다신도의 사관(祠官)이었고, 덴쇼(天正) 18년 신기관 팔신전(八神殿)을 요시다신사 경내의 제장에 재흥(再興)하는 허가를 얻게된다. 이후 요시다집안이 신기관 대표로서 제례의 일부를 대행하게 되었다.
24) 도요토미 정권의 정무를 분담했던 5명의 봉행(奉行)을 말한다.

등 몇 명이었다고 한다. 장례식과 천궁축하가 일체화된 제례가 행해진 것은 전대미문前大未聞의 일이었다.

이리하여 여기에 '호코쿠 다이묘진豊國大明神'으로 칭하는 '신'이 된 히데요시의 묘를 중심으로 하는 호코쿠지豊國寺가 탄생했다. 그 결과 호코지方廣寺 대불전이나 렌게오인蓮華王院 등도 그 시설의 일부로 짜 넣어지게 되었던 것이다.

호코쿠지는 신불습합의 신사였다. 그래서 신주神主와 사승社僧 양쪽이 모셨는데, 가네미兼見의 손孫인 하기와라 가네요리萩原兼從가 신주로 가네미의 동생인 신류인神龍院 본슌梵舜이 별당이 되었다. 도요쿠니묘의 건축양식은 기타노 텐만구北野天滿宮의 이시노마즈쿠리石の間造26)를 본뜬 것으로 현재 교토여자대학 일대부터 도다이지거리東大路通에 이르는, 30만평이나 되는 광대한 경내에는 많은 당堂과 저택이 늘어서 있다. 이러한 히데요시의 생전에서 사후에 이르는 일련의 아미타가미네 주변 정비의 민첩함과 장대함을 생각하면, 생전生前부터 히데요시는 신이 되려는 소망으로 그 준비를 스스로 진행했다는 것을 알 수 있는 것이다. 실은 『오유도노우에노닛키御湯殿上日記』27)에 의하면 아미타가미네에 장사지내는 것도, 또한 신이 되는 것도 히데요시의 유언이었다고 한다.

묘의 제사를 기본으로 한 도요쿠니샤에서는 매년 제신의 기일인 8월 18일을 레다이사이例大祭로 하여 도요쿠니제를 행하였다. 그러나 도요토미씨豊臣氏는 거기에 그치지 않고 히데요시의 7회 기일(게초 9년)과 13회 기일

---

25) 마에다 겐이(1539~1602). 전국~오다시대의 무장. 교토부교(京都奉行)의 소임을 맡았고 단파구산성(丹波龜山城, 교토부)의 성주와 도요토미씨의 고부교(五奉行)의 한 사람이 된다. 세키가하라 전투에서는 서군(西軍)에 합류했지만, 전후에는 이에야스에게 소유하고 있던 땅을 안도(安堵)시켰다.

26) 신사(神社)건축양식의 하나로 한 용마루 밑에서 본전(本殿)과 배전(拜殿)이 중전(中殿)으로 연결되는 형식을 말하며 곤겐즈쿠리(權現造り)와 같은 뜻임.

27) 오유도우에누를 모시던 여관(女官)의 일기로, 여자들에 관한 금지된 일상을 알 수 있는 역사적인 자료이다. 분메(文明)경부터 에도말기까지의 것이 현존하고 있다.

(게초 15년)에는 임시 대제를 더 성대하게 거행시켰다. 특히 7회 주기의 임시 제례는 에도막부를 열었던 도쿠가와막부 측이 도요토미씨의 축재蓄財를 방출시킴과 동시에 막부의 권위를 과시하고자 하였다. 또한 도요토미씨 측에서도 비록 세키가하라關ヶ原[28]의 전투에서는 패했지만 오히려 도요토미씨는 건재健在하다는 것을 과시하고, 히데요시의 위광威光을 확인시키려는 의도가 있었다. 그리고 여기에 교토의 경제를 부흥시켜 나갔던 시민들의 생각이 일치하여, 모모야마桃山시대의 피날레를 장식하는 화려하고도 열광적인 제례를 행하였다. 이러한 모습은 지금도 '호코쿠사이레즈뵤부豊國祭礼図屏風'등에서 엿볼 수 있다.

3. 도요쿠니샤豊国社 건립의 의미와 도쿠가와씨德川氏에 의한 파괴

그렇다 해도 아미타 정토의 왕생을 염원하면서도, 또 한편으로는 신이 되어 이 세상에 머무르려 했던 히데요시의 의도는 어디에 있었던 것일까. 왜 그러한 방법을 생각해냈던 것일까. 그 이유로는 히데요리秀頼와 요도기미淀君에게 불안한 종말의 최대 원인이 되었던 이에야스家康의 위협, 출병 중의 조선의 동향 등에 대한 염려가 많았다는 것을 그 배경으로 생각할 수 있을 것이다. 신神이 된다면 이 세상에 머무르면서 자손의 종말을 지켜보고, 게다가 그들을 수호할 수 있다고 생각했던 것은 아닐까?

문제는 그렇게 간단하게 신이 될 수 있는가 라는 것이었다. 그럼에도 불구하고 히데요시는 신이 되었다. 그러면 어떻게 그것이 가능했던 것일까.

---

28) 1600년 도쿠가 이에야스가 이끄는 동군(東軍) 10만명과 이시다 미쓰나리(石田三)가 이끄는 서군(西軍) 8만명이 도요토미정권의 주도권을 놓고 세키가하라에서 싸운 전투를 말한다.

먼저 그 무렵의 지배자나 사람들의 신에 대한 관념이 변화하고 있었던 사실을 지적할 수 있을 것이다. 요시다신도는 조정에 아첨하여 많은 신사에 신호神号를 부여하는 권리를 손에 넣고 있었다. 또한 이미 서술한 것처럼 무로마치室町시대에는 막부가 미나모토씨源氏의 조상인 미나모토노 미쓰나카源滿仲의 묘를 제사 지내는 다다노인多田院을 극진하게 보호하고 있었고, 후지와라노 가마타리藤原兼足의 묘를 모심으로서 세력을 키웠던 도우노미네데라多武峯寺도 존재하고 있었다. 스가와라노 미치자네菅原道眞를 제사 지내는 기타노 텐만구 조차도 어령신사御靈神社로서의 성격을 일소하여 교토의 수호신과 학문 신으로서의 성격을 전면에 내세워 왔던 것이다. 그러한 것을 잘 알고 있던 히데요시는 말하자면 어령화御靈化의 과정을 생략하고, 호코지의 진수鎭守, 더 나가서는 도요토미집안의 진수이며 도요아시하라노나카쓰지방(豊葦原中津國, 일본)의 진수가 되는 것을 생각해 냈던 것이다. 그 지혜를 받아들이게 한 것은 요시다 가네미와 본순 등 요시다신도계神道系의 종교가들이었음에 틀림없다.

여기에 좀 더 추론을 해본다면 히데요시와 그 측근들은 신사불각神社仏閣이 인심을 끌어들이는데 있어서는 대단히 효과적인 시설인 것을 자세히 알고 있었던 것이다. 예를 들면 젠코지 여래를 호코지方廣寺로 천좌할 때의 호화스러운 행렬, 도요쿠니샤 천궁식 임시 제례 등에서 알 수 있는 것처럼, 그들은 종교시설이나 종교행사를 구실 삼아 군중을 많이 모이게 할 수 있는 건조물을 건립하고 퍼레이드를 연출했다. 히데요시나 그 일족一族은 이러한 것을 사람들의 뇌리에 각인시키고, 그리고 1년에 한 번 내지 수 차례의 임시제례 등에서 '히데요시라는 훌륭한 인물이 있었다, 도요토미 일족은 그 자손인 것이다.'라는 것을 상기시킴으로서 결국 계속해서 기억시킬 수 있다는 것을 알고 있었던 것이다.

이른바, 오늘날로 말하자면 도요쿠니샤는 인물기념관, 즉 히데요시 기념관 같은 시설이었다. 그 제례는 기념관 주최의 이벤트이고, 히데요시의 유품 다수가 도요쿠니샤의 신보전神宝殿에 수장되어있는 것도 기념관으로서의 기능을 높이기 위한 필수 불가결한 판단이었던 것이다. 즉, 도요쿠니샤는 강력한 기억 장치이자 매개체였던 것이다.

이와 같이 도요토미씨는 도요쿠니샤의 신회랑新回廊의 신축, 호코지 대불전의 대불이나 범종의 주조, 또한 히데요시의 사후까지도 점점 이 종교 시설의 충실을 도모하게 하였다. 그런데 대불전 재건再建 낙성落成 공양을 목전에 두고 범종의 명문銘文 중에 '국가안강國家安康', '군신예악君臣禮樂'이라는 부적절한 문구가 있다고 도쿠가와막부에게 트집이 잡혀 최대의 제사장이었던 도요토미씨는 멸망해 버렸다. 게다가 주지周知한 것과 같이 천하를 쥐고 호령했던 도요토미씨의 숙적인 도쿠가와 이에야스였으므로, 그는 도요쿠니샤의 파괴를 그의 브레인이었던 난코보 덴카이天海[29]와 난젠지곤치인南禪寺金地院의 스덴崇伝[30]에게 자문을 구했다. 아미타가미네 코스모로지와 도요토미 히데요시 기념관(=도요쿠니샤)을 폐쇄시킬 작정이었던 것이다. 이에야스는 히데요시의 의도를 충분히 알고 있었던 것이었다. 그러나 덴카이와 스덴이 이에 반대하였고, 게다가 이 일을 안 기타노 만도코로北政所[31]도 이에야스에게 간청한 결과, 도요쿠니샤는 대불전 회랑 뒤쪽으로 옮겨져 대불의 작은 진수로 남겨지게 되었다. 또한 도요쿠니샤의 보물들은 고다이지(高台寺 · 기타노만 도코로가 은거한 절)와 묘호인妙法院 등에 점차적으로 옮겨졌고, 사전이나 당우도 해체되어 여기저기의 사원에 이전移轉되는

---

29) 덴카이(1536~1643). 전국~에도시대의 승려, 히가시야마(同山)부흥에 진력하여 천태종 부흥의 선조가 된다. 일본 초판본에 의한 대장경을 계획하였고 사후 간행되었다. 호는 남광방(南光坊), 법명은 수풍(隨風)이다.

30) 스덴(1569~1633). 오다~에도시대 전기의 임제종(臨濟宗)승려. 도쿠가와 이에야스시대에 외교사무, 호코지 종명(鐘銘)사건이나 사사(寺社)행정, 제 법도의 기초와 그리스도교의 금압자의(禁壓紫衣)사건에 관여하는 등 막부의 기초를 만드는데 공헌하였다.

31) 기타노 만도코로(1548~1624). 전국~에도시대 전기. 도요토미 히데요시의 처. 14세에 도요토미와 결혼, 남편의 출세에 의해 종(從)1위에 올라 기타노 만도코로로 칭하게 되었다. 히데요시의 사후에는 출가하여 고다인(高台院)이라 불리웠고 이에야스의 도움으로 교토에 고다이지(高台寺)를 세워 만년을 그 곳에서 보냈다.

지경에 이른다. 이리하여 강제적인 파괴는 면한 듯 하지만 남겨진 건물은
황폐하게 되었다.

4. 도요쿠니샤의 재건

도요토미씨의 조상인 히데요시의 묘를 중심으로 하여 도요토미씨와 그
신하들을 우지코氏子로 하는 도요쿠니샤는 겐카元化 5년(1619)에 창건된 지
얼마 지나지 않은 23년경에 소멸했다.

그런데 250년 이상의 세월이 흐른 근대에 들어서, 돌연 이 소멸했던 도
요쿠니샤의 재건이 계획되어 신속하게 실행에 옮겨졌다. 메이지明治 원년
(1868), 아직 보신戊辰전쟁32)이 계속되고 있던 때였다. 막부 타도를 진행하
고 있던 조정과 삿초薩長33)를 중심으로 하는 막부 타도세력으로 구성된
메이지정부는 반反 도쿠가와 상징의 역사상의 유명인을 물색하고 있었다.
그 중에서 선두에 거론 된 이름이 『다이코키太閤記』를 통해서 에도시대 이
미 민중에게 알려져 있던 기노시타 도키치로木下藤吉郎인 도요토미 히데요
시였다. 정부는 도요쿠니샤의 재건을 결정, 메이지 6년(1873)에는 구스노키
마사시게楠木正成34)를 제사지낸 미나토가와湊川신사와 나란히 별격관폐
샤35)로 되었고, 같은 해 13년(1873)에는 구 도요쿠니샤 터에 본격적인 사전

---

32) 내전이 시작된 1868년이 간지로 무진년(戊辰年)이었기 때문에 이후의 전쟁을 포함해
　　서 보신전쟁이라 총칭한다.
33) 사쓰마(薩摩) 즉, 지금의 가고시마현의 서부지방과 나가토(長門), 지금의 야마구치현의
　　서북부 지방을 말한다.
34) 구스노키 마사시게(1394~1336). 남북조시대의 무장. 가와치(河內)의 호족. 1331년(겐 ·
　　元弘) 천황 명에 따라 군사를 일으켜, 치하야(千早)성을 거처로 막부의 군사와 싸워,
　　겐무(建武)정권 하에서 가와치의 국사(國司)와 수호를 겸했고, 이즈미(和泉)수호를 담
　　당했다. 후에 규슈(九州)에서 동상(東上)해온 아시카가 타카우지(足利尊氏)의 군사와
　　싸워 미나토가와(湊川)에서 패하여 사망한다.
35) 메이지시대 이후 궁내성으로부터 폐백(신덴에 바치는 공물)을 진설 받았던 신사를 관

을 건립시켰던 것이다.

도요쿠니샤의 재건과 함께 도쿠가와의 명으로 도요쿠니샤가 폐지될 때에, 다른 사원寺院등에 옮겨졌던 여러 가지 보물도 점차적으로 기증하도록 하였다. 보물관에 수장되어 있는 신보神宝의 대부분은 이렇게 해서 모아지게 된 것이다.

그렇지만 도요토미씨에 의해 건설된 도요쿠니샤와 메이지시대에 재건된 도요쿠니신사는 제신祭神은 같으면서도 제사를 지내는 사람이나 신사를 이끌어 가는 이데올로기가 다르다는 것을 분명히 인식해야만 한다. 메이지시대에 재건 된 도요쿠니 신사의 마Tm리테祀り手36)는 메이지 신 정부에 있고, 제신 히데요시는 메이지국가를 창출해 가기 위해 필요한 신으로, 메이지천황과 그 브레인에 의해 재발견되었던 것이다. 결국 메이지시대의 도요쿠니 신사는 충군현창忠君顯彰형의 신사였던 것이다.

현재의 도요쿠니신사는 호코지方廣寺 대불전을 짓고 있을 무렵에 건립된 것으로 이 전의 도요쿠니샤 본전의 위치와는 다르게 되어있다. 또한 교토여자대학 아미다가미네산 정상에 있는 현재의 도요쿠니 묘는 메이지 31년(1898), 히데요시의 몰락 후 300년제가 거행되었을 때, 구 가네자와旧金澤 번주인 마에다씨前田氏 등의 도요토미씨와는 인연이 많은 다이묘大名의 자손들이 모였을 때 재건 된 것으로, 구묘旧廟의 위치와는 다르게 되어있다. 구 도요쿠니샤의 모습은, 겨우 현 도요쿠니샤의 정면 돌담을 보는 것에 지나지 않는다.

폐사라고 하며, 이 관폐사는 천황 및 그 친족 그리고 공신들이 모셔져 있어서 황실로부터 존중받았다. 이 중 역사상 특별히 큰 공적이 있는 인물을 모신 신사를 별격관폐사라고 이름 붙였다.
36) 신사에 모셔진 제신을 제사지내는 후손이나 그 단체를 말한다.

도쿠가와 이에야스德川家康

닛코 도쇼구日光東照宮 - 도치기栃木

1. 닛코日光를 방문하다

전국시대戰國時代[1]의 고난을 극복하고, '도쿠가와 태평시대'의 기초를 쌓아올린 도쿠가와 이에야스德川家康라는 이름은 일본에서 태어나서 자란 사람이라면 누구나 다 알고 있을 것이다. 이 이에야스는 죽은 후에 '도쇼 다이곤겐東照大權現'[2]이라는 신이 되었다. 이 도쇼다이곤겐을 모시고 있는

---

1) 전국시대(戰國時代)는 시작되는 시기와 끝나는 시기에 대해서 여러 가지 설이 있지만 일반적으로 오닌(応仁)의 난이 시작되는 1467년부터 오다 노부나가(織田信長)가 무로 마치막부(室町幕府)의 마지막 쇼군(將軍)인 아시카가 요시아키(足利義昭)를 모시고 입 경한 1568년까지를 말한다.

2) 곤겐(權現)은 일본에서 신의 칭호의 하나로 부처나 보살이 중생을 구하기 위해 일본에

도쇼구의 양명문(陽明門)

곳이 요메몬陽明門으로 유명한 닛코의 '도쇼구東照宮'이다.

닛코를 방문한 것은 7월 하순으로 일본열도에 무더위가 기승을 부리고 있을 때였다. 이전에 방문했을 때는 가을이어서 닛코역의 서쪽 방향인 도쇼구가 위치해 있는 숲을 향해 한가하게 걸어갔었는데 이번에는 더위에 시달리면서 참배를 했다.

헤이세이平成 11년(1999) 말, 닛코는 세계문화유산으로 등록되었다. 게다가 다음해 도쿠가와 이에야스德川家康·히데타다秀忠·이에미쓰家光의 에도 막부江戸幕府[3] 초창기의 3대 쇼군將軍의 활약상을 그린 NHK의 대하드라마인 『아오이산다이葵三代』도 일조를 해서 '닛코의 보물'전이 각지에서 개최되었다. 특히 닛코에서는 린노지 다이유인輪王寺大猷院의 이에미쓰 묘소廟所가 처음으로 공개되어 폭염에도 불구하고 많은 참배객으로 붐볐다. 닛코는 넓은 곳이고 볼만한 종교시설이 많다. 차분히 꼼꼼하게 둘러보자면 하루만에는 도저히 돌아볼 수가 없다. 사사寺社측에서도 이 점을 고려하여 관람권의 유효기간을 당일로 한정하지 않고 이틀로 하고 있을 정도이다. 나도 특히 '도쇼구'와 그 뒤쪽 산 위에 있는 '오쿠샤奧社'의 '호토宝塔'[4] 등을 시간을 들여 참배했다.

임시로 신으로 나타난 것이라는 사상에서 기인한다.
3) 1603년 2월 도쿠가와 이에야스가 정이대장군(征夷大將軍)에 임명되어 에도(江戸)에 막부를 열면서부터 1867년 10월 15대 쇼군(將軍) 도쿠가와 요시노부(德川慶喜)의 대정봉환(大政奉還)까지 265년 동안 지속된 무가정권을 말한다.
4) 도쿠가와 이에야스의 묘표(墓標).

도쿠가와 이에야스는 덴분天文 11년(1542)에 오카자키성岡崎城에서 성주인 마쓰다이라 히데타다松平廣忠의 아들로 태어났다. 비록 전국시대戰國時代의 관습이라고 하지만 인질로서 이마가와 요시모토今川義元[5) 측에 보내졌다. 그 후 이마가와 요시모토를 따라서 오케하자마桶狹間전투의 선봉을 담당했는데 요시모토의 패배로 그가 죽은 것을 알고 오카자키로 되돌아와서 자립하였다. 그리고 오다 노부나가織田信長[6)와 화해한 이후에는 능숙한 정치적 수완과 무력으로 세력을 확장하여 도요토미 히데요시豊臣秀吉[7)에 맞설 정도로 강한 다이묘大名[8)가 되었다. 히데요시가 죽은 후 세키가하라關ヶ原전투[9)에서 동군東軍의 총대장이 되어 승리하여 정이대장군征夷大將軍[10)에 임명된다. 다시 호코지方廣寺 대불사건大佛事件을 고의적으로 일으켜 오사카大阪의 겨울전쟁과 여름전쟁[11)으로 도요토미 집안豊臣氏을 멸망시키고 명실공히 도쿠가와의 천하를 확고히 하였다. 그 다음해 겐나元和 2년(1616) 슨

---

5) 이마가와 요시모토(1519~1560). 전국시대(戰國時代)의 무장으로 센코쿠 다이묘(戰國大名).

6) 오다 노부나가(1534~1582). 전국 통일의 발판을 만든 무장. 1560년에 오케하자마(桶狹間)에서 이마가와 요시모토(今川義元)를 무찌르고 나서 전국 통일을 이룩하려고 힘썼고 1573년에는 무로마치 막부를 멸망시켰으나 1582년에 가신 아케치 미쓰히데(明智光秀)의 배반으로 교토의 혼노지(本能寺)에서 피살되었다.

7) 도요토미 히데요시(1537~1598). 전국을 통일한 무장. 오다 노부나가(織田信長)의 부하로서 오다가 혼노지(本能寺)에서 죽은 후 주군의 복수를 명분으로 반대편을 제거하고 정권을 장악하였다. 토지조사(檢地)·무기몰수(刀狩) 등 전국 통일을 추진시켰으나 조선을 침략하는 과정에서 병사하였다.

8) 현미 생산량 1만섬 이상의 지역을 관장하는 막부 직속의 무사 집안. 막부와의 친소(親疎)관계나 에도성 안에서의 위치 등에서 세 종류로 분류되었다. 에도시대 중기 이후에는 약 260~270명 정도의 다이묘가 있었다.

9) 1600년 도쿠가와 이에야스가 이끄는 동군(東軍) 10만 명과 이시다 미쓰나리(石田三成)가 이끄는 서군(西軍) 8만 명이 도요토미정권의 주도권을 놓고 세키가하라에서 싸운 전투를 말한다.

10) 원래는 에미시를 토벌한 총대장에게 주던 직명이었으나 가마쿠라막부의 창시자인 미나모토노 요리토모(源賴朝)가 1192년에 정이대장군에 임명되면서 막부의 수장을 나타내는 관직이 되었다. 정이대장군의 거처를 막부(幕府)라 한다.

11) 1614년 11월 도쿠가와 이에야스는 오사카 토벌을 명령하여 약 20만 명의 도쿠가와군이 오사카성 공격에 출진함(오사카 후유노진 : 大阪冬の陣)과 1615년 오사카 재토벌을 다이묘들에게 명령하여 5월에 오사카성을 함락하여(오사카 나쓰노진 : 大阪夏の陣) 도요토미집안(豊臣氏)을 멸망시켰다.

푸성駿府城에서 사망한다. 향년 75세였다. 그의 삶에 대해서는 세상의 평판이 다양하지만 전국시대의 난세를 살아온 파란만장한 인생이었다.

2. 도쇼구 건립 이전의 닛코산日光山 신앙

관동 제일의 산악영지라고 하는 닛코산은 덴표진고天平神護 2년(766)에 쇼도조닌勝道上人이 닛코 지방에 발을 들여놓고 시혼류지四本龍寺와 주센지中禪寺 등을 개창한 데서부터 비롯된다. 그러나 그 이전부터 닛코 산록에서 사는 사람들 사이에서는 난타이산男体山을 주봉主峰으로 하는 닛코산 그 자체를 신격화한, 이른바 신체산신앙神体山信仰=山神信이 존재했다. 아마 이 원시적인 산악신앙의 담당자는 수렵을 하는 사람들이었을 것이다.

닛코산은 옛날에는 후타라산二荒山이라고 했다. 이것은 불교신자들이 닛코에 있는 산들을 후다라쿠산補陀落山으로 간주한데서 유래하고 있다. 즉 '후다라쿠ふだらく'가 '후타라ふたら'가 되고 '二荒'의 글자를 갖다 붙여 이것을 음독하여 'にっこう'(二荒→日光)가 되었던 것이다. 현재 도쇼구 서쪽에 '후타라산신사二荒山神社'가 있다. 이것은 메이지시대[12]의 신불분리에 의해서 린노지에서 독립한 신사이다. 그런데 생각에 따라서는 이 신사가 수렵자와 쇼도조닌 등의 불교계통의 산악수행자들이 믿었던 닛코산을 숭배한 원초적인 신앙정신을 근대적인 방법으로 계승하고 있다고 말할 수 있을지도 모른다. 이러한 것은 지금까지도 이 후타라산신사가 난타이산에 올라 참배하는 거점이 되고 있기 때문이다.

쇼도조닌 뒤에 고보다이시 구카이弘法大師 空海가 고닌弘仁 12년(821)에, 지카쿠 다이시 엔닌慈覺大師 円仁[13]이 가조嘉祥 원년(848)에 등배登拜했다는 전

---

12) 1868년부터 메이지천황이 사망한 1912년 7월까지 약 44년 동안을 말한다.
13) 엔닌(794~864). 천태종은 사이초(最澄)가 개종한 뒤에 엔닌에 의해서 완성되었다. 엔

승이 있다. 이것은 진언밀교 계통14)의 산악수행자와 천태밀교 계통15)의 산악수행자들이 헤이안 초기16)에 잇달아서 닛코산을 산악수행의 도장으로 삼았다는 것을 의미한다. 특히 엔닌의 등산이래 천태종이 커다란 영향력을 갖고 있었다. 린노지에 계승되고 있는 산부쓰도三仏堂, 조교도常行堂, 홋케도法華堂 등 당우군堂宇群은 천태종 승려들에 의해서 건립된 것이었다. 이러한 당우들을 기반으로 난타이산과 뇨호산女峰山·다로산太郎山을 수행도장으로 하는 닛코슈겐도日光修驗道17)가 형성되고, 이러한 삼산三山의 신격神格을 '곤겐權現'으로 한 '닛코산조곤겐日光三所權現'이 확립된 것이다.

「곤겐」은 슈겐도 계통의 사원에서 말하는 신으로 부처가 가상으로 나타난 것이라는 의미이다. 즉 일본의 토착신들은 불교의 신들이 토착신들의 모습을 띠고 일시적인 다른 모습으로 나타난 것이다. 예를 들면 구마노산산熊野三山의 신들, 즉 본궁本宮인 구마노혼구熊野本宮는 곤겐으로 본지本地는 아미타여래阿弥陀如來, 신궁新宮도 곤겐으로 약사여래藥師如來, 나치신사那智神社는 관음보살觀音菩薩이라는 식으로 설명했던 것이다. 이것이 신불습합사상18)의 핵심인 본지수적설本地垂迹說이다. 일본의 토착신들에 해당

닌은 808년 히에산에 올라가 사이초에게 사사받고 838년 당나라에 들어가 천태종을 배우고 10년 만에 귀국하였다. 854년 엔랴쿠지(延曆寺)의 사무를 총괄하는 좌주(座主)가 되어 천태종의 밀교화에 공헌하였다.

14) 구카이(空海)가 중국으로부터 전래하여 시작한 밀교의 한 종파로서 석가모니의 최고의 깨달음을 그대로 표현한 진실한 언설이라는 뜻으로 '진언종'이라 하였다.

15) 6세기에 중국 천태산(天台山)의 지의(智顗)가 대성한 종파로서 법화경을 중심 경전으로 삼는다. 805년에 사이초가 일본으로 전래하여 히에산(比叡山)에 엔랴쿠지(延曆寺)를 창립하여 본산으로 삼았다.

16) 794년 헤이안쿄(平安京)로 수도를 옮겼을 때부터 1192년 미나모토노 요리토모가 가마쿠라 막부를 열 때까지 약 400년 동안을 말한다.

17) 밀교·신도·음양도 등의 영향을 받은 주술적인 산악신앙. 주술자 엔노오즈누(役小角)를 시조로 받든다. 특히 중세에 번성하여 수행자(山伏)들은 오미네산(大峰山)·구마노산(熊野山)·하구로산(羽黑山) 등에서 수행하였다.

18) 일본 고유의 신에 대한 신앙과 불교 신앙과의 융합설. 나라(奈良)시대 즈음하여 일어나 메이지 시대 초에 신불분리령이 내려질 때까지 계속된다. 처음에는 신 앞에서 불경을 외운다든지 진구지(神宮寺)를 세운다든지 하여 서로 타협·조화의 움직임이었으나 곧 신과 부처는 본래 같은 것이라고 하는 방향으로 나아갔다.

하는 불교의 신들을 '본지불本地仏'이라 한다.

닛코산에서는 난타이산이 난타이곤겐男体權現이라는 신으로 표현되고, 게다가 그 신의 본지가 천수관음千手觀音[19], 뇨호산女峰山은 뇨호곤겐女峰權現으로 본지는 아미타여래, 다로산太郎山은 다로곤겐太郎權現으로 본지는 마두관음馬頭觀音[20]이며, 이것들을 합한 것이 닛코산조곤겐이었다. 닛코산조곤겐은 닛코산 안에서는 세 곳의 신사에서 즉 신구(新宮 : 현재의 本社)·혼구本宮·다키오瀧尾에 있는 신사에 모셔졌다. 그리고 본지불은 혼치도本地堂: 현재 三仏堂에 모셔졌다.

닛코역에서 문 앞쪽 거리를 빠져나가 서쪽으로 가면 먼저 오다니강大谷川에 놓여있는 가미바시神橋가 있고 그 강을 건너서 바로 혼구女峰權現社와 쇼도조닌이 개창한 시혼류지가 있다. 다시 서쪽으로 나아가면 이른바 린노지 산부쓰도가 있고, 이 린노지 옆의 넓은 산도參道[21] 앞쪽에 도쇼구가 있다. 그 서쪽에 후타라신사(新宮·男体權現社)가 있고, 도쇼구 뒤쪽에 다키오신사太郎權現社가 있다. 도쇼구 천좌遷座 이전의 닛코산의 기본구조는 도쇼구가 조영됨으로서 크게 개조되고 다시 또 신불분리로 약간 고쳐졌는데, 이러한 닛코산조곤겐을 중심으로 하는 슈겐도(修驗道=山岳信仰)이었다.

중세시대 닛코의 슈겐도는 미나모토노 요리토모源賴朝[22]의 신앙에 힘입어 크게 번창하였다. 그러나 전국시대가 되어 닛코산의 영지는 그 지역의 호족들에게 침략·횡령당하게 되어 점차 쇠퇴하였다. 그러한 닛코가 다시 부흥된 것은 도쇼구 천좌遷座에 의해서였다.

---

19) 6관음 중의 하나로 천수천안(千手千眼)의 관세음 보살.
20) 6관음의 하나로 보통 얼굴이 셋, 팔이 여덟, 보관(宝冠)위에 말 머리를 이고 성난 얼굴을 하고 있다.
21) 신사(神社)나 절에 참배하는 사람을 위하여 마련한 길.
22) 미나모토노 요리토모(1147〜1199). 1159년 헤지(平治)의 난에서 패배하여 이즈로 유배당했다. 이즈에서 20년 동안 유배생활을 하면서 간토(關東)지역의 무사들을 결집하여 다이라씨(平氏)를 토벌하고 가마쿠라(鎌倉)에 막부를 열었다.

3. 도쇼구의 창건

도쿠가와 이에야스는 죽은 후에 '신'으로 모셔졌다. 천하를 쟁취한 위정자를 '신'으로 모신다는 것은 이미 선례가 있었다. 앞에서 소개한 바와 같이 이에야스의 라이벌로 천하통일을 이룩한 도요토미 히데요시가 죽기 전부터 자신이 죽은 후에는 신으로 모셔지기를 바랬다. 그의 생각대로 '호코쿠다이묘진豊國大明神'으로 모셔졌다. 따라서 이에야스 자신과 적자嫡子인 히데타다, 막부 각료들이 막부의 종교 브레인들과 상의하면서 이에야스가 죽은 후 그를 신으로 받들 것을 계획하고 있었다고 해도 조금도 이상할 것이 없다. 이것은 도쿠가와 이에야스가 도요토미 집안豊臣氏을 멸망시키자 바로「호코쿠샤豊國社」를 파괴하려 했다고도 전해지고 있는 바와 같이 신으로 모심으로써 파급되는 정치적·종교적 효과가 얼마나 큰지를 잘 알고 있었기 때문이다. 그렇지만 '닛코도쇼다이곤겐'으로의 길은 반드시 순조롭게 진행된 것만은 아니다.

이에야스는 죽기 직전에 머리맡으로 혼다 마사즈미本多正純, 난젠지 곤치인南禪寺金地院 스덴崇伝[23], 천태종의 난코보南光坊 덴카이天海[24]를 불러서 "만약 내가 죽었을 때에는 유해는 구노산久能山에 매장하고 장례식은 시바芝의 조조지增上寺에서 거행하고, 위패는 미카와三河의 다이주지大樹寺에 모시고 1주기가 지나면 닛코에 작은 당堂을 세우고 나를 모셔라. 그렇게 하면 관동의 수호신이 될 것이다."라고 유언했다고 한다. 이에야스는 생전에 한번도 닛코에 발을 내디딘 적은 없었다. 그럼에도 불구하고 닛코에 자신

---

23) 스덴(1569~1633). 에도시대 초기의 임제종(臨濟宗)의 승려. 1608년 이후 도쿠가와 이에야스의 자문을 받고 공가제법도(公家諸法度)·무가제법도(武家諸法度)·외교문서의 작성, 사원통제, 기독교 금제 등 막부 중추에 관여하고 흑의의 재상(黑衣の宰相 : 승려 신분이면서 정치를 좌지우지하는 사람)이라고 불리었다.

24) 덴카이(1536~1643). 에도시대 초기의 천태종 승려. 난코보(南光坊)라고도 한다. 도쿠가와 이에야스의 인정을 받아 정무에 참여 기획하고 엔랴쿠지(延曆寺)의 부흥과 닛코산(日光山)의 정비에 진력하였다.

을 신으로 모실 때에는 그 분령分靈을 닛코에 모실 것을 지시한 것이기 때문에, 그가 닛코를 특별히 생각하고 있었던 것이 분명하다. 간토關東에는 닛코산이라는 전통 있는 성지가 있다는 것을 이에야스에게 평소에 강조하고 있던 사람은 유언의 자리에도 배석했던 덴카이였다.

이에야스는 간토에 막부를 연 대선배인 미나모토노 요리토모를 존경하고 있었다. 그가 정이대장군의 칭호를 바라고 막부를 열었던 것도 요리토모에게서 배웠기 때문이다. 그 요리토모가 숭경하고 있던 닛코에 신으로 모셔지는 것을 거부할 이유가 없었다.

그러나 닛코로 천좌가 실현될 때까지는 몇 가지의 어려움이 있었다. 이에야스의 유언에는 이에야스의 유체와 그 영혼의 취급과 관련하여 네 개의 종교시설이 거론되고 있다. 그 중에 미카와三河의 다이주지大樹寺와 에도江戶의 조조지增上寺가 있다. 이는 모두 정토종淨土宗[25]에 속하는 절로 소위 도쿠가와 집안德川家의 보다이지菩提寺[26]에 해당한다. 구노산은 매장지이다. 히데요시 경우의 아미타가미네阿弥陀ヶ峰에 해당한다. 실제로 그 유언에 따라서 죽은 직후에 유해는 구노산으로 운반되어 매장되었다.

우리들이 주목할 것은 이 매장의식을 맡은 사람은 요시다신도吉田神道의 신관승려인 신류인神龍院 본슌梵舜[27]이었다는 점이다. 그는 히데요시의 장례식을 맡았던 요시다 신도의 신관이었던 요시다 가네미吉田兼見[28]의 동생이었다. 따라서 그대로 일이 진행되면 구노산의 묘 주위에 요시다신도식

---

25) 이승에서 염불을 닦아 죽은 뒤에 정토왕생을 얻기를 바라는 정토교 사상에 기초를 둔 일본 불교 한 종파로 종조(宗祖)는 호넨(法然)이다.
26) 선조(先祖) 대대의 위폐를 모신 절.
27) 본슌(1553~1632). 에도 시대 초기의 신도가(神道家). 호는 신류인(神龍院). 도요쿠니 신사(豊國神社) 창립에 참여하여 기획하였다.
28) 요시다 가네미(1535~1610). 교토의 요시다 신사(吉田神社)의 신주(神主)로서 본슌(梵) 의 형이다. 조정(朝廷)의 사자(使者)로 당시의 권력자들과 접촉할 기회가 많았으며 그의 저서인 『가네미쿄키(兼見卿記)』는 당시의 정치정세와 사회, 문예 등 여러 방면에 걸친 귀중한 자료이다.

으로 사전社殿이 건립되고 이에야스는 요시다신도의 신호神号에 의해서 '다이묘진大明神'으로 모셔지게 되었다. 막부에서도 당초에는 그렇게 생각하고 있었던 것 같다.

그런데 덴카이가 여기에 이의를 제기했던 것이다. 이것은 언급한 바와 같이 이에야스가 덴카이를 배려한 결과일 것이다. 닛코에 작은 당을 세우고 거기에 신이 된 이에야스의 분령을 권청하여 모시라고 유언을 남겼다. 그런데 덴카이는 이것을 유언과는 크게 다르게 신호를 곤겐으로 하고 도우노미네多武峰로 이장된 후지와라노 가마타리藤原鎌足의 선례에 따라서 구노산의 묘를 다시 닛코로 옮기고 거기에 대규모의 묘소廟所를 만들어야 한다고 주장했던 것이다. 덴카이는 도대체 무엇을 생각하고 있었던 것일까?

4. 왜 닛코에 모셔졌을까?

덴카이는 천태종의 승려로 천태 안에서 성장한 슈겐도修驗道의 지도자였다. 게다가 게초慶長 18년(1613)부터는 관동지방 슈겐도의 거점으로서 전통을 가지고 있는 닛코산 간주貫首29)였다. 다시 말해 쇠퇴해 있던 천태계통으로 닛코산을 다시 부흥시키고 나아가서는 천태종의 총본산인 히에산比叡山의 엔랴쿠지延曆寺를 능가하는 성지로 만들려는 야심을 가지고 있었던 것이다. 덴카이는 일부러 이에야스를 '곤겐'이라는 슈겐도 계통의 신으로 모시는 것을 계획하고 이에야스의 묘소廟所를 닛코로 옮길 것을 주장했던 것이다.

당연히 덴카이와 스덴 등과 사이에 논쟁이 일어났다. 그러나 이 논쟁은 결국 "다이곤겐이 좋다. 다이묘진은 불길하다. 호코쿠다이묘진豐國大明神의

---

29) 천태종의 최고 승직(僧職)과 각 종파의 총본산이나 큰 절의 주지(住持)를 의미한다.

전례를 생각해 보아라"는 덴카이의 주장으로 결론이 났던 것이다.

그리고 덴카이는 이것을 기회로 '작은 당堂'이 아닌 '큰 영묘靈廟'를 건립하여, 이에야스를 자신이 생각한 대로 '신神'으로 모시려고 하였다. 그것이 덴카이에 의해서 맨 처음 제창된 「산노이치지쓰신도山王一實神道」였다. 산노이치지쓰신도라는 것은 사상사가思想史家들이 지적하고 있는 바와 같이 교토京都 왕권에 대해서 도쿠가와 왕권을 종교적으로 지지하고, 나아가서는 교토를 능가하기 위해 고안된 우주론(이데올로기)이었다.

곤겐고權現号로서 신호神号의 칙허를 신청한 막부에 대해서 조정은 협의 끝에 겐나元和 2년(1616) 9월, '도쇼곤겐東照權現' '니혼곤겐日本權現' '이레이곤겐威靈權現' '도코곤겐東光權現'의 네 개의 신호안神号案을 제시하였으며, 막부는 그 중에서 '도쇼곤겐'을 선택하였다. 말할 필요도 없이 거기에도 덴카이의 의향이 반영되었던 것이다. 도쇼곤겐고의 칙허를 얻은 제2대 쇼군인 히데타다는 닛코의 현 지역에 도쇼샤(東照社 : 후의 도쇼구)를 조영하고, 다음 해 봄에 구노산에 있는 이에야스의 영구靈柩를 발굴하여 닛코산으로 옮겨, 새로 지은 도쇼샤의 '오쿠노인奧の院'에 모셨으며, 도쇼샤에는 정일위正一位의 신위도 하사하였다. 다시 그 해에 별당사원으로서 다이라쿠인(大樂院 : 후의 린노지)도 창건되었고, 닛코산조곤겐日光三所權現을 제사지내온 종래의 수험사원도 이 다이라쿠인에서 모두 통괄하게 되었다. 이렇게 해서 '쇼이치이도쇼다이곤겐正一位東照大權現'이라는 이름의 신위와 신호를 가진 '신쿤이에야스코神君家康公'가 탄생했던 것이다.

덴카이는 이에야스를 '곤겐'으로 했다. 다시 말해 이에야스는 부처님이 일시적으로 인간의 모습이 되어서 나타난 것이라는 의미가 된다. 그럼 이에야스의 본지本地[30]는 어떻게 설명되었던 것인가? 덴카이는 이에야스를 '약사여래藥師如來'라 하였다. 그리고 '닛코산조곤겐'의 형식을 답습해서

---

30) 부처나 보살이 중생을 구하기 위해 임시적인 모습으로 나타난 수적신(垂迹神)에 대하여 그 본원인 부처나 보살을 본지(本地)라 한다.

'도쇼산조곤겐東照三所權現'의 형식을 정비하기 위해, 히에산比叡山의 산노신도설山王神道說을 근거로 도쇼곤겐을 중심으로 하여 산노신山王神(權現)과 마타라신魔多羅神(權現)을 합사合祀하였던 것이다.

덴카이가 죽은 후 제자들에 의해서 이에야스와 덴카이의 전기를 묘사한 「도쇼다이곤겐엔기東照大權現緣起」가 만들어졌다. 이런 식의 연기緣起는 주인공이 신비화되는 것이 많은 데, 아버지인 히로타다廣忠가 자식이 없는 것을 한탄해서 미카와三河의 호라이지鳳來寺를 참배하였는데, 그곳의 약사여래藥師如來에게 치성을 들여서 얻은 자식이 이에야스라고 말할 정도로 그다지 신비화되어 있지 않다. 그러나 이에야스가 약사여래가 점지해 준 아이라는 것은

도쇼곤겐 초상화

이에야스(도쇼곤겐)의 본지가 약사여래라는 것을 말하고 있는 것이다.

우리들이 여기서 특히 주목해야 할 것은 도쇼구는 곤겐즈쿠리權現造り[31]로 신호가 곤겐이고, 호코쿠샤豊國社는 묘진즈쿠리明神造り로 신호가 묘진이라는 차이점이 있지만, 그 핵심은 이에야스의 영묘靈廟인 도쇼샤東照社와 그 영묘를 관리하는 별당사원別堂寺院인 린노지輪王寺가 히데요시의 영묘인 호코쿠샤豊國社와 그 별당사원인 호코지方廣寺로 그 기본 플랜은 같다는 점일 것이다. 덧붙여 말한다면 이제까지 소개해 온 비원령형非怨靈型의 인신人神을 모시는 묘소廟所, 즉 유해를 중시한 영묘사원靈廟寺院의 변화인 것이다. 그것을 그대로 슈겐도修驗道의 성지인 닛코로 가지고 왔던 것이다.

우라이 마사아키浦井正明는 이 영묘, 즉 구노산에서의 이장에 관해 흥미 있는 해석을 내리고 있다. 그에 따르면 덴카이는 이에야스의 묘가 구노산

---

31) 신사(神社)의 건축양식의 하나로 한 용마루 밑에서 본전(本殿)과 배전(拜殿)이 중전(中殿)으로 연결되는 형식을 말한다.

오쿠미야(奧宮)의 탑

에 있으면 그 곳이 참배와 예배의 장이 되어 이에야스 숭배의 성지를 도쇼구에 집중시키는 것을 저해한다고 생각하였다. 그것을 방지하기 위해서 묘를 닛코로 옮길 필요가 있었다. 그렇지만 신성한 신이 된 이에야스의 '신사祉' 바로 옆에 부정不淨과 결합하기 쉬운, 그러나 참배의 대상이 되는 '묘墓'가 다이묘大名나 가신들이 참배할 수 있는 형태로 존재하고 있는 것도 바람직한 것은 아니었다. 그래서 이에야스의 묘는 '감춰졌던' 것이다. 이에야스 묘의 참배는 다이묘에게도 허락되지 않았다. 확실히 근세의 산 지도를 보면 도쇼구의 뒤쪽에 있는 산에 당연히 존재해야 할 묘가 기재되어 있지 않거나, 혹은 애매하게 '미오쿠노인御奥の院'이라고 밖에 기재되어 있지 않다. 현재도 이에야스의 묘를 '호토宝塔'라고 부르는 것도 이상한 일이다.

여기서 하나 더 주목하고 싶은 것은 당초에는 '도쇼샤'라고 불려지고 있던 도쇼구에 신호가 내려진 후 약 30년 정도 지난 쇼호正保 2년(1645)에, '도쇼구'라는 '궁호宮号'가 하사되었던 것이다. 그때까지는 '이세진구伊勢神宮'32)라든가 '하치만구八幡宮'33) 등 천황과 관련이 있는 신사 이외에는 '구宮'의 호를 가진 신사는 '기타노덴만구北野天満宮'34)뿐이었다. 이것도 정치적 역학의 결과이지만 조정에 있어서도 막부에 있어서도 지극히 중요한 의미를 가지고 있던 신사라는 것을 의미한다. 막부, 요컨대 덴카이는 닛코

32) 미에현(三重縣) 이세시(伊勢市)에 있는 천황가의 조상신을 모시는 신사.
33) 오진천황(応神天皇)을 주신(主神)으로 하는 궁시(弓矢)의 신을 모시는 신사.
34) 헤이안(平安)시대의 학자인 스가와라노 미치자네(菅原道眞)의 신령을 모시는 신사.

를 이세진구에 버금가는, 아니 그것을 능가하는 종교시설, 즉 닛코에 있어서 간토지방을 수호한다는 것뿐만이 아니라 닛코(관동)로부터 일본 전국을 수호한다는 의미로서 '도쇼東照'(동쪽으로부터 비추는 신)라고 이해하려 했던 것이다.

에도江戸시대의 닛코는 이에미쓰家光에 의해서 대규모로 개조가 이루어진 이후 메이지유신明治維新까지 거의 변하지 않았다. 그러나 메이지유신으로 신불분리[35]의 파도가 밀어닥쳤다. 고대부터 신불습합의 성지였던 닛코는 그때까지 린노지輪王寺 문중을 정점으로 하는 일산지배체제一山支配体制였는데, 이사일사二社一寺(도쇼구·후타라산 신사·린노)로 나누어지게 된다. 특히 린노지는 커다란 타격을 받았다.

최악의 변화는 도쇼산조곤겐東照三所權現 가운데 산노山王와 마타라신魔多羅神이 도요토미 히데요시와 미나모토노 요리토모로 바뀌어 버린 것이다. 덴카이가 고안해 낸 산노이치지쓰신도山王一實神道설은 무지한 메이지정부의 관리들에 의해 파괴되어 버렸던 것이다. 그렇지만 다른 데서 그 유례를 볼 수 없는 화려하고 웅장한 종교 건물이 많고, 또한 몹시 복잡하게 신불습합이 이루어지고 있었던 점도 있어서, 불교계통 당우堂宇의 파괴는 모면하였으며, 산부쓰도三仏堂 등의 이전移轉은 있었지만, 거의 근대 이전의 형태를 그대로 남길 수 있었던 것은 다행이었다.

닛코가 많은 서민들의 참배객을 모을 수 있게 된 것은 근대로 들어서부터이다. 그 이전까지는 닫혀진 성지, 도쿠가와 집안德川家과 도쿠가와 왕권의 성지였다. 그런 의미에서 도쇼구는 도요토미 집안豊臣家이 구상한 서민을 끌어들인 축제국가祝祭國家의 거점으로서 '호코쿠샤豊國社'와는 완전히 다른 구상 아래서 탄생한 영묘靈廟였다는 것이다.

---

35) 1868년 메이지(明治)정부는 일본의 토착종교인 신도(神道)를 국교(國敎)로 하는 정책을 취하고 그때까지 일반적으로 행해져 온 불교와의 혼합을 금지하여 신사를 사원에서 독립시켰다.

4장 민중

이삼평李参平
오타케お竹
사이고 다카모리西郷隆盛
마스다 게타로増田敬太郎

이삼평李參平

도잔신사陶山神社 - 사가佐賀

1. 왜 하필 도잔신사陶山神社인가?

'도잔신사陶山神社'라는 신사 이름을 듣고, 독자 중에서 아하 하고 금방 알아차리는 사람은 몇이나 될까? 그 신사가 이삼평과 관련이 있다는 설명을 듣고서, 그렇구나 하는 사람은 몇 명이나 될까?

도잔신사는 사가현 니시마쓰우라군 아리타정佐賀縣西松浦郡有田町의 한쪽에 위치한 자그마한 신사이다. 아리타有田는 아리타야키有田燒라는 도자기로 널리 알려진 곳이다. 그 명성은 일본뿐만이 아니라 세계적으로 유명하다고 해도 과언이 아닐 것이다. 그 아리타 마을의 한쪽에 도잔신사라는 자그마한 신사가 세워져 있다. 도잔이란 '도자기를 굽는 산'이라는 의미이다. 아리타는 일본의 유수한 도자기 산지 중에서도 특별한 장소이다. 왜냐하면 일본에서 처음으로 도자기를 구운 곳이기 때문이다. 신사 이름도 그 점을 의식해서 지은 듯하다. 그리고 최초로 도자기를 구운 사람이 한반도에서 건너온 이삼평이었다.

그런데 현재 도잔신사에서 배포하고 있는 간략한 신사의 유래서由來書에는 '아리타야키의 도조신陶祖神 도잔신사'라고 쓰여있음에도 불구하고, 주된 제신祭神은 오진천황應神天皇 즉 하치만신八幡神[1]이다. 이삼평은 상전신相殿神[2]으로서 그 옆에 모셔 놓은 데에 불과하다. 도대체 도잔신사는 어떤 신사이며, 어떤 경위에서 이삼평을 이 신사에 합사合祀하게 되었을까? 이삼평은 어떤 인물이었는가?

2. 아리타야키의 창업과 이삼평

도잔신사의 본전

이삼평이 실재인물인지에 관해서는 오랫동안 의문이 제기되었다. 현재는 실재인물인 '가네가에산베에金ヶ江三兵衛'와 동일인물일거라는 것이 정설로 되었다. 『아리타초사有田町史』를 참고로 하여 그 발자취를 더듬어보기로 한다.

도요토미 히데요시의 명령으로 조선으로 출병한 부젠豊前[3]지방의 다이묘大名인 나베시마 나오시게鍋島直茂의 군세軍勢는 조선반도의 충청도로 상륙하여 각지에서 싸웠다. 그러다가 도요토미 히데요시의 사망으로 본국으로 소환된다. 이 때 조선의 도공들이 나베시마군에 끌려서 일본으로 오게 되었다. 그들은 처음에 사가성佐賀城 부근에서 도기를 만들었다. 이 때 그들이 구운 도기는 가라쓰唐津 계통4)의 도기였다.

그 도기는 이미 후루타 오리베古田織部와 같은 다인茶人 사이에서 평판이 좋았다. 예를 들면 게초慶長 19년(1614)에 교토로 올라간 나베시마 가쓰시게鍋島勝茂가 고향에 있는 나베시마 이쿠조鍋島生三에게 보낸 편지에는 "교토에서는 조선의 다기가 크게 유행하고 있다. 지금 내 수중에는 조선의 다기가 하나도 없으므로, 조선의 다기라면 뭐든지 좋으니까 가지고 있는 사람을 찾아서 사들여 서둘러서 보내라"고 쓰여 있다. 사가지방의 조선인이 구운 다기가 '조선다기'라는 이름으로 매우 인기가 있었으므로, 사가 번주에게 그것을 부탁하는 사람들이 얼마나 많았는지를 전해주는 편지이다.

조선인이 구운 다기라는 점 때문에 인기가 있었던 것이다. 그로부터 10년 뒤인 겐나元和 10년(1624)이 되자, 자기磁器라는 이름이 등장한다. 가쓰시게의 동생으로 가지마鹿島 번주인 다다시게忠茂가 마찬가지로 나베시마 이쿠조鍋島生三에게 보낸 편지에는, "청자로 된 다기를 무척 갖고 싶은데, 어렵겠지만 세 개정도 보내주었으면 한다."고 쓰여 있다. 아마 이 다기는 아리타에서 구운 것일 거다. 『아리타초사有田町史』에는, 이런 사실로 미루어 볼 때 이 무렵인 10년 사이에 아리타에서 자기가 만들어지지 않았을까 하고 쓰여져 있다.

그런데 이삼평이 아리타의 이즈미야마泉山에서 질이 좋은 백자석白磁石을 발견하여 덴구다니天狗谷에서 자기를 굽는 데에 성공한 것은 겐나 2년(1616)이라고 한다. 이 점은 쇼오承應 2년(1653)에 이삼평 즉 일본명 가네가에

---

4) 가라쓰야키(唐津燒)라는 도자기를 일컫는다. 일본의 가라쓰(唐津)시에서 사가현(佐賀)서부 일대에 걸쳐 널리 제작되던 도자기를 총칭한다.

산베에가 나베시마 번藩의 가로家老인 다쿠多久 집안에 제출한 문서에서 확인된다.

이 문서에 따르면 이삼평(가네가에 산베에)은 조선에서 건너온 몇 년 동안은 가로家老인 다쿠 나가토長門지방5) 수령에게 맡겨졌는데, 수령의 허락을 받아서 모두 18명이 사라야마皿山로 이주한 지 38년이 되었다고 한다. 이 신고 내용을 역산하면 겐나 2년(1616)이 되는 것이다.

또한 이 문서에는 각지에서 이 곳으로 모여든 사람들이 현재 120명이 있으며, 이 사람들이 모두 이삼평의 휘하에 있다고 적고 있다. 이 사실로 미루어볼 때, 이삼평이 사라야마皿山로 이주하여 약 40년 동안에 계속해서 도공들이 모여들어 도자기를 생산하게 되고, 이삼평이 그들을 총괄하는 지위에 있었다는 사실을 알 수 있다.

이삼평의 출신지가 조선의 어느 곳인지 확실하지 않지만, 나베시마의 군대가 조선반도 각지에서 싸울 때에 그들을 '발견'하였을 것이다. 그 무렵의 사정에 대해서는 이삼평의 6대손 가네가에 산베에와 그 백부인 히사시로久四郎가 제출한 「선조의 유래서」를 보면 잘 알 수 있다. 그에 따르면 이삼평의 이력은 다음과 같다.

게초慶長 연간(1596~1615)에 도요토미 히데요시가 조선을 침략했을 때, 나베시마가의 군대도 조선으로 출진했다. 공격로를 탐색하고 있을 때에 나베시마 나오시게鍋島直茂의 군대가 알 수 없는 산길로 들어서고 말았다. 저 건너편에 조그마한 인가가 한 채 있어서, 부하가 그 곳으로 가서 길을 물었다. 그러자 조선인 세 명이 나와서 길을 가르쳐주었지만 말이 통하지 않았다. 그러나 손짓 몸짓으로 대충 알아듣고 가르쳐준 길로 들어가서 공격을 하고 이어서 대군이 들어와서 큰 승리를 거두었다.

그 후 전쟁은 끝나고 나베시마의 군대도 귀국하게 되었다. 귀국선에 오

---

5) 지금의 야마구치현(山口縣)의 서부와 북부에 해당된다.

르기 전에 나오시게는 길 안내를 해주었던 조선인을 불러서 칭찬했다. 그리고 이름과 주소를 물어보고 이어서 직업을 물어보았다. 두 사람은 농업이라고 대답하고, 이삼평은 도자기를 굽고 있다고 대답했다. 나오시게는 이삼평이 도자기를 굽고 있다는 점에 흥미를 느끼고, 길 안내를 했기 때문에 일본 군대가 물러간 후에 다른 무리들로부터 보복을 받을지도 모르니까, 일본으로 건너가서 가업인 도자기 만들기를 계속하면 어떻겠느냐고 열심히 권했다. 그 말을 따라서 이삼평은 일본으로 건너왔다.

일본으로 건너와서 다쿠 나가토長門지방의 수령에게 맡겨져서, 아리타 지방의 미다레바시亂橋라는 곳에 살면서 처음에는 이 곳에서 개간을 하며 생계를 이어갔다. 그 당시 사라야마皿山는 대단히 깊은 산으로 인가도 드물었고 약간의 전답만이 경작되고 있었다.

이삼평은 허락을 받아서 여러 곳을 둘러보다가 현재의 이즈미야마泉山에 도자기를 만들기에 가장 적합한 돌이 있다는 것을 발견했다. 그래서 물과 장작을 구하기 쉬운 덴구다니天狗谷에 가마를 쌓고 도자기를 굽기 시작했다. 번주는 이를 보고 매우 기뻐했고, 가로는 자신의 하녀를 이삼평의 아내로 삼게 했다. 그리고 이삼평의 아이가 태어났을 때에 이삼평의 출신지가 '가네가에金ヶ江'였다는 점을 고려하여 '가네가에 산베에金ヶ江三兵衛'라는 이름을 사용할 수 있도록 허락했다.

『히젠도자기사고肥前陶磁史考』의 저자인 나카지마 히로키中島浩氣는 한국의 충청남도 공주군에 있는 계룡산 기슭에 '금강도金江島'라는 도자기를 만드는 산이 있으며, 조선으로 침략했을 때에 도자기 만들기가 성행했었다는 점을 들어, 이 곳을 이삼평의 고향으로 추측하고 있다.

우리들이 유의해야만 할 점은, 앞의 이삼평의 이력에 관한 사항은 6대손이 기록했다는 점이다. 따라서 어디까지가 사실史實인지 알 수 없다. 특히 나베시마 나오시게鍋島直茂가 친절하게 일본으로 건너갈 것을 권했기 때문에 그 권유에 따라서 건너왔다고 적고 있지만, 사실은 그 반대로 이삼평이 도공이라는 점을 주목한 나오시게가 싫어하는 이삼평을 강제로 일본으로 데리고 왔는지도 모른다. 어떤 사료에 따르면 나베시마 나오시게가 조선에서 데리고 온 도공은 6, 7명으로 되어 있다「山本神右衛門重澄年譜」). 따라서 이 사료에 의하면 이삼평 혼자만이 도래한 것이 아님을 알 수 있다. 실제로 앞에서 언급한 바와 같이, 사가성 밖에서 도자기를 만들었다는 기록이 있기 때문에, 여러 명의 도공들이 도래했었다. 문화교류는 우호적인 형태로 진행되는 경우도 있지만, 이처럼 전쟁을 계기로 하는 형태로 교류가 이루어지기도 한다는 것을 이삼평의 사례가 시사한다. 아리타의 류센지龍泉寺의 과거기록에 따르면, 이삼평은 메레키明暦 원년(1655)에 사망했다. 향년 75세였다고 한다.

아리타야키(아리타는 산간지역에 있는 마을이었기 때문에 도자기는 이마리<伊萬里>로 반송되어서, 넓은 의미로는 이마리야키로서)는 전국각지로, 그리고 세계로 유통되고 수출되었다. 특히 중국의 저명한 도자기 생산지인 경덕진景德鎭의 도자기가 명나라에서 청나라로 왕조가 교체되는 데에 따른 혼란으로, 생각처럼 수출이 잘 안되던 시기였기 때문에, 아리타야키는 그 대용품으로 유럽에서도 주문이 쇄도했다. 아리타의 사라야마皿山로 도공들이 몰려든 배경에는 그와 같은 세계적인 동향도 영향을 끼쳤던 것이다. 그러나 아리타야키는 사가번의 보호를 받으면서 발전해 갔지만, 아리타의 도조陶祖인 가네가에金ヶ江 집안의 가계는 나베시마번의 강화된 통제의 영향이나 기술혁신이 늦어져서, 또 일족 사이의 내분이나 뛰어난 도자기를 만드는 다른 도공집단의 출현으로 해서 몰락해 갔다. 가키우에몬柿右衛門이나 이마우에몬今右衛門 등은 가네가에金ヶ江 집안과는 계통이 다른 도공집단이었다.

3. 하치만궁에서 도잔신사로

이삼평 즉 가네가에산베에金ヶ江三兵衛는 아리타야키의 원조였다. 이 책에서도 이미 아베노 세메安倍晴明를 숭상하는 음양도陰陽道 계통의 종교자들이 아베노 세메를 신으로 모시게 된 사례를 소개했다. 따라서 아리타야키와 관련이 있는 일에 종사하는 후세 사람들이 이삼평의 치적을 칭송하여 그를 기념하기 위해서 신사를 세우고 신으로 모셨다고 해도 조금도 놀랄 일이 아니다.

그렇지만 이삼평은 오랫동안 신으로 모셔지는 일이 없었다. 아리타 사람들은 적어도 에도江戸시대에는 그럴 필요를 느끼지 못 했던 것 같다.

실은 도잔신사에 이삼평이 신으로 모셔지게 된 것은 명치시대가 되고 나서부터이다. 왜냐하면 명치시대가 되자 이삼평의 업적을 상기할만한 사정이 생겨서, 이를 기념하기 위해서 신으로 모실 필요가 생겨났기 때문이다. 아리타 사람들은 아마도 위인을 신으로 모심으로써 현창顯彰하는 방식을, 명치정부가 국가적인 위인을 현창하기 위해서 신으로 모시는 신사를 건립하는 것을 보고 배웠을 것이다.

그런데 도잔신사는 에도시대부터 '도잔신사'라는 이름을 내걸었던 것은 아니다. 명치시대에 지역산업을 전국적·세계적으로 더욱 알리고자 하는 기대감에 불타던 세상이 되자, 아리타지역 사람들이 자신들의 거주지의 미래를 도자기로 개척하지 않으면 안 되겠다고 자각함으로써 붙여진 이름이다. 그 이전에는 '아리타산 종묘하치만궁有田山宗廟八幡宮'이었다.

신사의 전승에 따르면 이 신사는, 아리타의 사라야마皿山가 해마다 번성하여 인가가 늘어나자 오타루산大樽山에 신사의 본전本殿을 세우고, 중세 이래로 아리타 지방의 지역 신사였던 「간바라하치만궁神原八幡宮」(伊萬里市二里町大里)을 메레키明暦 2년(1656) 무렵에 분령分靈·권청勧請하여 창건했다고 한다. 하치만신八幡神이기 때문에 주신主神은 당연히 오진應神천황이다. 말하자면 급속히 출현한 '도자기 마을'의 수호신으로써 아리타산 종묘하치만궁有田山宗廟八幡宮이 창건된 셈이다. 도잔신사에서 현재 배부하고 있는 유래서에는 이 신사가 창건된 것을 만지萬治 원년(1658)으로 적고, 이는 이삼평이 죽고 나서 불과 3년 뒤이기 때문에, 이삼평과 도잔신사 사이에 무언가 관련이 있었다고 적고 있다. 마치 이 무렵부터 이삼평이 제신으로 모셔진 듯이 적고 있다. 그렇지만 이 때에는 이삼평과는 직접적으로 관계가 없는 신사였다고 생각하는 것이 타당할 것이다.

아리타에 처음 만들어진 가마터가 덴구다니天狗谷라는 지명을 가진 곳에 있고, 지금 신사에도 덴구天狗6)를 모시는 핫텐샤八天社라는 말사末社가 있다. 부젠豊前지방의 산간에 위치한 산들이 그러하듯이, 이 지역도 슈겐도修驗道 계통의 신앙과 결합된 덴구신앙의 영향 아래 놓여 있다. 때문에 이 아리타산 종묘하치만궁有田山宗廟八幡宮도 슈겐도 계통의 종교자들이 모신, 산신을 강조하는 신사였다고 생각된다. 그렇지만 분세文政 11년(1828)에 아리타를 엄습한 대화재로 인해서 신사의 본전과 함께 에도시대의 신사 모습을 알 수 있는 기록 일체가 불에 타버렸기 때문에 확실한 것은 아무것도 알 수 없다.

오자키 요코尾崎葉子에 따르면 에도시대를 거치면서 아리타산 종묘하치만궁有田山宗廟八幡宮으로 존속해 온 신사가, 도잔신사로 이름을 바꾼 것은 명치시대라고 한다. 명치시대가 되자 쇄국이 해금되어 구미와의 무역으로 국가가 부유해졌다. 명치 신정부는 구미의 도시에서 개최된 만국박람회에 적극적으로 무역품을 출품했다. 수출품으로써 전통이 있는 아리타야키도 그 품목에 더해져, 아리타야키의 산지인 아리타도 여기에 적극적으로 가담했다. 당시에 아리타야키의 최대 수출지역은 중국(청나라)으로, 아리타는 호경기를 맞이했다. 이를 배경으로 이즈미야마의 이시바신사石場神社에 임

---

6) 깊은 산 속에 산다고 알려진 상상의 괴물. 사람 모습을 하고 있으며 얼굴이 붉고 코가 긴 것이 특징이다. 신통력이 있어서 자유자재로 날아다닐 수 있다고 알려져 있다.

시거처를 삼고 있던 '하치만 신'의 신사 본전을 신축하자는 기운이 일어났다. 명치 13년(1880)에 신축된 본전으로 천궁遷宮하는 제전이 거행되었다. 아마 여기에 맞추어서 신사 이름을 도잔신사로 고치고, 이 무렵에 아리타가 발전하는 계기를 만든 나베시마 나오시게와 이삼평이 이 신사에 같이 모셔지게 된 것이 아닐까? 『히젠도자기사고肥前陶磁史考』는 천궁의 모습에 대해 다음과 같이 적고 있다.

> 아리타 도잔의 호화판 두루마리 그림 한 폭이었다. 근처의 각 촌에서 이 북적거리는 모습을 보기 위해 군집하였다. 10개 구 전체가 각자 취향대로 다시(山車)[7]나 포장마차를 꾸몄다. 그 중에서도 이즈미야마는 엄문전(厂文錢)으로 큰 범종을 만들어 밀고 나왔고, 오타루(大樽)에서는 천보전(天保錢)으로 만든 거룡(巨龍)을 끌고 다녔다. 도잔신사 경내의 무대에는 동화(銅貨)나 그 밖의 화폐로 닭을 몇 마리 만들었는데, 특히 다시 중에서 연습장에 설치한 용궁세계가 화려하고 장관이었다.

이 제례는 「오군치」라 불렀으며, 「나가사키 오군치長崎おくんち」[8] 제례와 비슷했다. 즉 명치시대가 되자 이삼평이 아리타 사람들 사이에서 공통적인 심벌로 상기되어, 아리타 자기의 원조로서 새롭게 기념할 필요가 생겨났다. 그리고 그 기념할 틀로 신사를 활용했던 셈이다. 즉 신으로 모시게 된 것이다.

---

7) 제례(祭禮)를 행할 때에 여러 가지로 장식을 해서 끌고 다니는 수레를 말한다.
8) 오군치(おくんち)란 오구니치(九月九日)가 변한 말로 9월 9일 혹은 이 날 행해지는 제례를 가리킨다. 이 오군치 중에서도 나가사키의 오군치가 가장 유명하다. 현재 나가사키에서는 매년 10월 7일부터 9일까지 진행된다.

4. 도잔신사를 방문하다

도조 이삼평비

8월 어느 날 이 도잔신사를 찾았다. 사가시佐賀市에서 JR사세보佐世保 본선의 특급으로 40분, 열차는 하우스텐보스로 놀러가는 듯한 승객이 대부분이다. 오후라서 그런지 아리타에서 내리는 승객은 별로 많지 않았다. 마침 내리기 시작한 소나기로 아리타의 산이 비구름에 덮여 흐릿했다.

가장 먼저 아리타의 민속자료관을 방문하여 사료를 찾았지만 눈에 띄는 사료는 없었다. 그 중에서 흥미를 느낀 것은 명치 18년(1885)의 도잔신사의 제례를 그린 두루마리 그림이었다. 이번 테마와는 직접적인 관련이 없지만 민속자료로 매우 귀중한 것으로, 이 시기에 이미 신사 이름이 도잔신사였다는 사실을 알았다. 안내를 해 준 오자키 요코 학예원의 이야기로는, 도잔신사에 관한 사료도, 이삼평에 관한 사료도 『아리타초사有田町史』에 발표된 것 이외에는 없다고 한다. 분세文政시기의 대화재로 아리타에

도자기로 만든 도리이

관한 사료의 대부분이 불타 버린 것이다.

비가 그쳤으므로 도잔신사를 참배하기로 했다. 신사의 사무소에 들렀다. 이 곳에서 배부된 것은 이미 언급한 「아리타야키의 도조신陶祖神 도잔신사」라는 제목을 붙인 B4 크기의 종이 한 장에 인쇄된 팜프렛 뿐이다. 사무소에

서 급하게 경사가 진 참배 길을 오르자 도자기로 만든 도리이鳥居가 서있다. 놀랍게도 그 앞을 JR사세보佐世保선의 노선이 가로지르고 있었다. 경내 곳곳에 도자기로 만든 봉납품奉納品이 장식되어 있다. 한 눈에 도자기와 인연이 있는 신사라는 사실을 알 수 있다. 그 주요 봉납품의 대부분이 명치 20년대초, 즉 아리타가 호경기로 활력 있고, 가장 신앙이 왕성했던 시기의 것들이다.

마침 내가 경내를 걷고 있던 때에 한 무리의 참배객들과 만났다. 한국에서 온 관광단이었다. 한국에서도, 분로쿠·게초노야쿠文祿·慶長の役(한국에서 말하는 임진왜란·정유재란) 때에 일본인에게 연행된 도공이 일본에서 세계적으로 유명한 도자기의 기초를 쌓았다는 사실이 소개된 이래로, 방문객이 끊이질 않는다고 한다. 배후에 있는 산 정상에 '도조 이삼평비陶祖李三平碑'가 커다랗게 세워져 있다. 그 부근에, 한국도자기문화협회의 협력을 얻어서 헤이세이 2년(1990)에 이삼평의 출신지로 여겨지는 충청남도 공주군의 계룡산에도 이삼평의 기념비를 세웠다는 취지를 적은 간판이 세워져 있다.

이삼평은 한국과 일본의 불행한 교섭의 결과, 일본으로 건너오게 되어 일본의 도자기 산업에 막대한 업적을 남겼다. 지금은 그 점이 한일우호를 위한 가교架橋 역할을 하고 있는 셈이다. 이삼평은 분명 나베시마의 군대에 끌려온 조선 도공 중의 한 사람이다. 그렇지만 이름 없이 사가佐賀 땅에서 죽은 조선도공들 모두를 기억할 수 있는 집합명사集名詞이기도 하다고 말할 수 있을 것이다.

<h1>오타케お竹</h1>

하구로산 오타케 다이니치도羽黒山 お竹大日堂 – 야마가타山形

<h2>1. 인터넷에서의 '오타케 대일여래お竹大日如来'</h2>

오타케 대일여래[1]에 대해서 조사하고 있을 때 혹시나 단서가 되는 정보를 얻을 수 있지 않을까 해서 인터넷 검색을 해 보았다. 그랬더니 네 건이 있었고 그 중에는 흥미로운 사이트가 있었다. 에도江戶시대부터 종이 도매상인 주식회사 오즈상점小津商店과 야마가타현山形縣 하구로정羽黒町의 사이트가 있었고, 그 안에 있는 오즈상점의 역사『오즈 330년의 발자취小津三三0年のあゆみ』에는 대강 다음과 같은 기사가 기재되어 있었다.

---

1) 진언밀교의 교주. 대일이라 함은 위대한 광명을 의미함. 원래는 태양이 밝게 비치는 것이었으나 후에 우주의 근본인 부처님의 호칭이 되었다. 우주의 실상을 불격화 한 근본 불로 모든 불·보살의 최고위에 있는 밀교의 부처님. 지혜를 나타내는 금강계와 이치를 나타내는 태장계의 존중임.

오즈상점의 본관 건물은 도쿄(東京) 주오구(中央区) 니혼바시(日本橋) 3정목(三丁目) 2번지이다. 여기는 오즈상점의 발상지로 에도시대에는 오덴마정(大伝馬町) 일정목(一丁目)이었다. "이 곳은 에도의 초창(草創)기 나누시(名主)이고, 창업자이며 오즈세자에몬나가히로(小津清左衛門長広)의 주인인 사쿠마 젠파치(佐久間善八)의 집 터였다. 여기는 오타케(於竹) 대일여래와 연고가 있는 땅이기도 하다. 간에(寛永)시대(1624~1644)의 일로, 사쿠마집안(佐久間家)에 오타케라는 자비심 많은 하녀가 있었는데, 불심이 두터워 가난한 사람이나 병에 시달리는 사람들에게 늘 자비를 베풀어서 이름을 부를 때에는 항상 오타케 대일여래로 칭하여 훗날까지도 사랑 받았다. 오타케가 사용했다는 우물은 오즈의 오쿠라(大蔵)근처에 있었다고 한다. 오즈상점에는 오타케 대일여래의 목상(木像, 약 30척)이 전해지고 있었는데, 간토(関東) 대지진[2]으로 불에 타 소실 될 때까지, 매월 19일 기일(忌日)에는 목상을 꺼내어 제사를 모시는 것이 예로 되어 있었다. 오즈 본관 빌딩을 지을 때, 건물이 있는 도로의 한 모퉁이에 '사적 오타케 대일여래 우물터'라는 비를 세워 그 기원을 새겨서 유래를 전하고 있다."

그 비碑에 새겨진 오타케 대일여래 연기는 다음과 같은 것이다.

오타케 대일여래는 간에(寛永) 17년(18살 때) 야마가타현(山形県) 쇼나이(庄内)에서 나와 당시의 오덴마정 바코미가(大伝馬町馬込家)의 소사(召史)가 된다. 그 행실이 모든 일에 친절해서 한 톨의 쌀, 한 줌의 야채도 결코 소홀히 하지 않고 가난한 사람에게 나누어주었다. 그렇기 때문에 오타케가 있는 부엌에서는 항상 후광(後光)이 비쳤다고 한다.

---

2) 관동대지진(關東大震災) : 1923(大正 12) 9월 1일 오전 58분에 발생. 단층을 진원(震源)으로 한 관동 지진은 진도 6으로, 피해는 사망자 9만 9천명, 행방불명 4만 3천명, 부상자가 10만 명을 넘고 피해세대도 69만에 이르렀다고 한다. 또한 혼란한 틈을 타서 조선인 학살이 행해졌다.

데와지방出羽國의 행자行者[3]인 조렌乘蓮과 겐료보玄良坊가 바코미집안馬入家을 방문해서, "하구로산羽黑山 신불의 계시에 의하면 오타케는 대일여래의 화신化身이다"라고 전했다. 주인은 이 말을 듣고 놀라서 오타케에게 부엌일을 그만두게 하고 지부쓰도持仏堂[4]를 지어 주었으며, 그 후 오타케는 염불 삼매의 도道에 들어간다. 이것이 에도 시중에 퍼지게 되었고, 그 후 오타케를 참배하려고 오는 사람들이 수도 없이 많았다고 한다.

오타케상이 읊은 노래에는 다음과 같은 것이 있다.

"손과 발은 바빠도 나무아미타불南無阿弥陀仏 입과 마음이 원하는 대로"

엔포(延宝) 8월 5일 이 세상을 떠나다. 향년58세
5대장군 쓰나요시공(綱吉公)의 모당(母堂)인 게쇼인(桂昌院)의 노래에
"너무나 감사한 일이네, 빛과 함께 가는 인생 끝은 극락에 가거보니 연꽃받침 위에 오타케 대일(大日)이 계시는구나."

이곳에 오타케상이 애용했고 가난한 자가 모여들었다고 하는 오타케 우물이 있었다. 사사社史의 본문에는 '사쿠마집안佐久間家'의 하녀였다고 쓰여 있는데 반해, 비문에는 '바코미집안馬入家'이라고 되어있는데, 사사社史에는 이것을 사쿠마가와 바코미가가 동일하다는 설에 의한 것이라고 설명되어 있다. 오즈상점 본관 건물이 서있던 곳이 오타케상이 봉공奉公[5]했다고 하는 사쿠마가(바코미가)의 집터였고, 그곳에 오타케상이 애용했다는 우물이 있었다.

---

3) 불도(佛道)를 닦는 사람, 수험도(修驗道)를 수행하는 사람.
4) 수호불을 모시는 사당.
5) 몸을 바쳐 봉사함, 고용살이함.

2. 오타케 대일여래의 전설

이러한 설명을 들으면 정말 오타케라는 인물이 있었던 것처럼 생각해 버리기 쉽다. 그러나 전설이라고 하는 것은 그 신빙성을 높이고 그것을 사람들 사이에 정착시키기 위해서, 전설과 관련 있는 사물이나 장소, 나오는 이야기들을 만들어 나가는 것이다. 전설은 이런 방식으로 점차 사실史實같이 치장을 해 나가는 것이다.

오즈집안小津家의 자손들 사이에는 이 집터가 대일여래의 화신이 된 오타케의 연고지라고 전해져 내려왔다. 이 전승을 어떻게 생각하는가가 문제인데, 먼저 오타케라는 인물이 실존하였으며, 그 무렵부터 전해지기 시작한 전승이 변용되면서도 현재까지 전해지고 있다고 생각할 수도 있다. 아니면 오타케가 살아 있었다고 여겨지는 시대부터 꽤 오랜 시간이 지나서 오타케 전설이 널리 세상에 유포되어짐에 따라 그녀와 연고가 있는 물건이나 장소가 발견되어, 그 결과 오즈집안에 이러한 전설이 들어갔다고 생각할 수도 있겠다. 아니면 마치 옛날부터 전승된 이야기처럼 되어있지만, 오즈상점 본관 건물을 건설할 때에 비문의 제작자들이 그때까지의 오즈집안의 단편적인 전승이나 오타케 여래 전승에 관한 연구를 참조하고 다시 새롭게 꾸몄다고 의심해 볼 수도 있다. 전승이라는 것은 결국 그러한 것도 있고, 연구자에 의한 실증적인 연구조차도 그러한 전승의 변화 속에 짜 맞출 수 있는 것이 가능한 것은 아닐까?

위에서 언급한 비문은 쇼와昭和 46년(1971)에 만들어졌다. 이 비문을 초안할 때에 참조했고 생각되는 문헌이 몇 개가 있는데, 그 중에서 가장 가깝다고 생각되는 것이 사이토 이와조齊藤岩藏의 『오타케 대일여래』이다. 그는 오타케가 쇼나이庄內 출신이었다는 점에서, 그 지방의 위인으로서 오타케를 현창하고 또한 후세에 전하고자 연구에 몰두하게 된 인물로, 오타케와 연고가 있는 지역을 조사 다녔다. 는 오즈본관 빌딩 건설 전의 오즈상점의 창고 밑에 오타케의 우물 같은 것이 있다는 것, 도쿄도東京都 기타구北區 아카바네정赤羽町의 젠토쿠지善德寺(간토 대 지진 후, 아사쿠사淺草에서 이전)에 는 '오타케 대일여래 존영 엔포延宝 8년 5월 19일 상천上天하셨다'라고 새 겨진 묘가 있는 것 등을 소개하고 있다.

그런데 사이토 이와조의 연구에는 기초가 된 이전의 연구가 있었다. 그 것은 그 지방의 민속학자이고 대일여래 연고의 슈겐지修驗寺 쇼젠인正善院 의 주지로도 근무한 적이 있는 도가와 아이쇼戶川安章의『오타케 대일여래 』이다. 이 책은 2부로 구성 되어있는데 전반에는 향토전설로서 오타케 대 일여래의 이야기가 소개 되어있고, 후반에는 문헌과 현지조사라는 고증이 덧붙여졌다. 사이토 이와조의 연구의 큰 틀은 여기서 확인해 볼 수 있다. 다음은 도가와 아이쇼가 소개하는 '향토전설鄕土伝説'을 살펴보기로 하자.

지금부터 300년경 전의 일로, 하구로羽黑 산기슭에 도쿠 우에몬德右衛門 이라는 정직한 농부가 살고 있었다. 오키ぉ幾라는 처도 남편과 같이 정직 하고 다정한 사람이었다. 보잘 것 없이 평화롭게 살고 있는 이들에게 한 가지 유감스러운 일이 있었다. 자식을 낳지 못하는 것이었다. 그래서 유도 노산湯殿山의 대일여래에게 자식을 낳게 해 달라고 빌었더니, 오키는 회임 을 하여 마침내 여자아이를 낳았으며, 그 아이에게 오타케라는 이름을 지 었다. 오타케가 11세 때 어머니가 돌아가셔서 명복을 빌기 위해 서쪽지방 西國 순례巡礼 여행에 나섰고, 돌아오는 길에 아는 사람의 도움으로 에도의 니혼바시日本橋 오덴마정大伝馬町의 호상豪商인 사쿠마 가게요시佐久間勘解由 의 집에서 아버지와 딸이 함께 봉공하게 되었다. 오타케는 근면하고 정도 두터웠으며 또한 물건을 소홀히 하지 않는 사람이었으므로, 누룽지 밥을 자진해서 먹거나 야채의 남은 부분을 버리지 않고 가축의 먹이로 사용했 고, 또한 적은 급료를 나누어서 거지나 가난한 사람에게 주었다. 다른 하 녀들은 그런 오타케에게 처음에는 반감을 품고 있었지만, 나중에는 점점 존경하게 되었고 주인으로부터도 높이 평가받게 되었다.

어느 날 두 명의 행자가 이 오타케를 찾아왔다. 한 명은 무사시지방 히키군 구마가이武藏國比企郡熊谷(현재의 구마가이시)의 행자인 조렌乘蓮이고, 또 한 사람의 행자는 하구로산羽黑山의 겐료보 센안玄良坊仙安이라고 이름을 밝혔다. 조렌이 내방한 이유를 다음과 같이 말했다. 지금부터 32년 전 어떻게든 살아있는 대일여래 모습을 참배하고 싶어서, 데와지방 유도노산出羽國湯殿山의 대일여래에게 33년 동안 기도를 드렸는데, 올해로 33년이 되는 해였다. 참배를 끝내고 산을 내려와 겐료보玄良坊에 머문 그날 밤, 졸고있던 조렌을 자꾸 부르는 소리가 났다. 눈을 떠보니까 유도노산湯殿山의 영전靈前에 엎드려 있었다. 후광만이 보이고 본존의 모습은 보이지 않았다. 옆에서 지팡이를 든 노승老僧에게 물어보니까, "유도노산 대일여래는 세상 사람을 구하기 위하여 인간의 모습을 하고 여러 지방을 순례하고 있는데, 지금은 에도에 계신다. 너는 불심이 깊으므로 특별히 가르쳐 주노라. 어서 찾아가 뵙는 것이 좋을 것이다"라고 말하고 노승은 재빨리 사라졌으며, 내가 제 정신으로 돌아와 보니 그곳은 겐료보이었다. 이 일을 겐료보의 센안仙安에게 말했다. 그러자 자신도 꼭 알현하고 싶다고 하여, 두 사람은 살아있는 대일여래의 모습을 뵈러 에도까지 왔다.

이 이야기를 들은 주인도 살아있는 대일여래가 대체 누구일지, 바로 생각나지는 않았지만 행자의 말을 여러 가지로 들어보니 역시 그것은 오타케일 것 같다는 생각이 들어서 두 사람을 오타케에게 대면시켰다.

오타케의 모습은 두 사람의 행자에게 고상하며 자애롭게 비췄으며, 몸에서 밝은 빛을 내뿜고 머리에는 옥관玉冠을, 손에는 정인定印을 한 대일여래의 모습처럼 보였다. 두 사람은 깜짝 놀라 엎드려 공손하게 절을 올렸다. 두 사람이 오타케에게 설교를 부탁하자 오타케는 "물건을 소홀히 하지 마세요. 사람은 서로 도와가며 살아가야 해요"라고 차분하게 말했다. 두 사람은 이 말을 듣고 눈물을 흘리며 사쿠마가를 나왔다.

오타케는 이 후 건강이 나빠져 방에서 경전을 읽다가 이십일 째인 간에

寬永 15년(1638) 3월 21일에 잠자는 듯이 극락왕생했다.

도가와 아이쇼戶川安章는 이것을 '향토전설'이라고 말하고 있다. 그러나 이 이야기는 쇼나이의 많은 사람들의 입에 오르내리는 구전이야기를 그대로 채록採錄한 것은 아니고, 에토키繪解6) 대본으로 사용되고 있던 쇼젠인正善院에 전해지는 에마키繪卷7)나 출개장出開帳8)으로 만들어진 약연기略緣起 등을 참고해서 도가와戶川가 읽기 쉽게 다시 쓴 것으로, 오히려 문자를 넣어서 전승했다는 편이 좋을 것 같다.

3. 하구로산羽黑山 자락에 있는 '오타케 다이니치도お竹大日堂'를 방문하다.

쇼나이庄內 공항에서 40분 정도 차를 달리면 하구로산 기슭인 야마가타현山形縣 하구로정羽黑町 도우게手向에 도달한다. 올해도 잦은 대설大雪로 길이 막혔다는 쇼나이 지방이지만, 내가 방문했을 때는 새로

오타케 다이니치도

돋아난 어린 싹들로 주위의 산이 연녹색으로 물들어 있었다. 방문할 곳은

---

6) 그림 풀이. 그림으로 뜻을 설명하는 것. 헤이안(平安)말기 이후는 직업으로 불화(佛)·지옥화(地獄畵)등을 종교적인 그림으로 설명하고, 또한 비파에 맞추어서 이야기하는 것도 있었다.

7) 그림 두루마리를 뜻하며, 설명하는 글이 곁들여 있음.

8) 사원에서 특정한 날에 부처님 상을 모신 곳을 공개하여 일반인에게 참배하게 하는 것.

물론 쇼젠인正善院이었다. 그 곳에는 「오타케 대일여래」를 모시고 있는 '오타케 다이니치도'가 있다.

도우게는 데와산산出羽三山 슈겐도修験道의 신자를 위한 숙소로 발전해온 촌락이다. 보통 때는 한가로운 마을이지만 지금 같은 여름의 입봉수행入峰修行때나 정월의 쇼레사이(松例祭9))와 같은 행사가 열릴 때에는 많은 신자와 관광객들로 북적인다. 쇼젠인의 도로를 낀 맞은편 쪽에 있는, 미나모토노 요리토모源賴朝가 창건했다는 오곤도黃金堂 경내의 한 모퉁이에 조그만 당우堂宇가 있다. 그것이 '오타케 다이니치도'이다. 모시고 있는 본존은 물론 대일여래이다. 그러나 이 대일여래에는 특별한 의미가 부여되어 있다. 이미 앞에서 서술한 것처럼 이 대일여래상은 '오타케'라는 여성으로 화신化身하여 이 세상에 나타났다는 '사건'에 기초하여 만들어졌을 것이다. 그 때문에 '오타케 다이니치도'라는 이름이 붙여진 것이다. 따라서 이곳을 참배하는 사람들은 '대일여래'와 함께 '오타케'를 참배하는 것이라고 말할 수 있을 것이다. 이 당우의 본존은 '오타케'를 의식해서 인지, 여성을 이미지화한 얼굴과 체구로 된 대일여래상이다. 또한 오타케 다이니치도에서는 속세 모습의 대일여래, 즉 오타케의 진영眞影을 묘사한 목판 인쇄본이 유포되어 있었다.

오타케 다이니치도는 간분寬文 6년(1666)에 건립되었다. 건립자는 오타케가 봉공하고 있던 사쿠마집안으로, 오타케 대일여래의 건찰10)에 의하면 사쿠마 가게요시佐久間勘解由라는 인물이 에도의 직인職人11)을 데리고 와서 이것을 지었다고 설명되어 있다. 오타케가 죽은 해는 하구로에 전해지는 연기류緣起類에는 간에寬永 15년(1638)으로 되어있지만, 젠토쿠지善德寺의 묘

---

9) 오미소카(12월 31일)부터 간단(元旦)까지 행해지는 하구로산의 대표적인 축제. 100일간 정진 결제한 두 명의 야마부시(山伏)가 어느 쪽이 신의 뜻을 잘 나타내는가, 하는 것이 축제의 중심이고 3일 동안 다른 행사도 행해지고 있다.
10) 건물에 대한 유래 및 설명을 적어놓은 패.
11) 자기의 손재주로 물건을 만드는 것을 업으로 하는 사람.

나 과거장過去帳12)에는 엔포延宝 8년(1680)으로 되어 있다. 따라서 전자에 의하면 오타케라는 인물이 사후 30년 정도 지나서, 또는 후자에 의하면 살아있을 때에 이 당이 건립된 것이 된다. 어느 쪽이 옳다는 판단은 제쳐두고라도, 사후 30년 정도 지나서 건립되었다고 가정하면, 오타케라는 인물이 살아있던 때를 기억하는 자가 아직 살아있었다고 여겨지기 때문에, 아마도 전설속의 오타케의 모델이 된 듯한 봉공인이 실제로 사쿠마집안에 존재했을 가능성이 높다.

전설 속에서 말해지고 있듯이, 신앙심 깊은 데와산산의 행자가 신앙심에서 그러했는지 혹은 사쿠마가에서 금품을 착복하기 위한 목적으로 조작한 것인가 와는 별도로, 유도노산에서 대일여래에 관하여 꿈에 알려준 대로, 많은 사람들이 사쿠마집안을 방문하여 오타케라는 봉공인을 '살아있는 대일여래'로 참배하기 시작했다. 이를 본 사쿠마집안의 주인과 그 외 주변의 사람들이 그녀의 유덕遺徳함을 기리기 위해, 혹은 대일여래의 영험함을 알리기 위해서 하구로산자락의 겐료보玄良坊에 오타케 다이니치도를 건립하게 되었던 것이다. 그렇게 되기까지는 아마 겐료보 등의 활약이 있었음에 틀림없다. 결국 민속학자인 미야다 노보루宮田登가 정확하게 지적한 것처럼, 이 두 사람의 수험자修験者가 오타케를 스타덤에 올려놓은 장본인이고, 또한 오타케의 승천을 연출하였으며, 이것을 통해 데와산산의 영험을 세상에 널리 알리는 일에 성공했던 것이다.

4. 에도江戸에서의 출개장出開帳

'오타케 대일여래'라는 귀중한 소재를 손에 넣은 겐료보는 이것을 포교

---

12) 절에서 신자들에 관한 내용을 기록한 장부.

활동에 이용하기 위해 부심했을 것이다. 그 배후에는 이를 이용해 이익을 보고자 한 상인·예능인·직인들이 있었다. 결국 '오타케 대일여래'는 에도에서 큰 인기를 얻게 된다. 그 계기가 된 이벤트가 에도에서의 출개장13)이었다.

겐분元文 5년(1740)의 출개장(장소는 명확하지 않음)을 시작으로, 안에安永 6년(1777)에는 시바아타고 엔푸쿠지芝愛宕円福寺에서, 분카文化 12년(1815)에는 센소지淺草寺 경내境內 염불당에서, 가에嘉永 2년(1849)에는 에코인回向院 등 모두 4회에 걸쳐 출개장이 행해졌다. 그 때에 오곤도의 겐료보가 제작하여 유포한 것이 '오타케 대일여래 약연기略緣起'와 '오타케 대일여래 속체진영俗体眞影'으로, 가에嘉永 2년의 출개장 때에는 3권의 에마키繪卷도 봉납되었다. 그것이 쇼젠인正善院에 전해지는 에마키였다. 이 내용은 대체로 앞서 소개한 도가와 아이쇼戶川安章가 말하는 '향토전설 오타케 대일여래'와 비슷한 것이었다. 이 연기가 누구에 의해 만들어진 것인지는 명확하지 않다. 그러나 미야다 노보루宮田登도 지적하는 것처럼, 오타케라는 이름이나 이야기 구조를 보면 '가구야히메かぐや姫'14)의 영향이 짙게 나타나고 있다는 것이다.

이 출개장은 크게 히트를 쳤다. 그 인기를 배경으로 해서 이 연기의 이야기를 소재로 한 시바이芝居15)나 고샤쿠講釋16), 소설, 니시키에錦繪17) 등이 많이 만들어졌다. 그 결과 오다케에 관한 이야기의 내용이 변용 되고 확산되면서 민중 속으로 폭넓게 유포되었다.

당연한 일이지만 겐료보 측의 기대는 오타케 대일여래의 회찰繪札이 팔

---

13) 불상을 절 밖으로 옮겨서 신도들이 볼 수 있게 하는 것.
14) 나무꾼 할아버지가 대나무 속에서 찾아낸 가구야히메가 아름답게 성장한 후, 다섯 명의 귀공자와 왕의 구혼을 물리치고 달나라로 돌아갔다는 내용으로, 인간의 힘의 한계와 미(美)의 영원성이 낭만 적으로 묘사되어 있다.
15) 가부키(歌舞伎)·신파극 등 일본 고유의 연극.
16) 문장의 뜻을 설명해 들려 줌.
17) 목판으로 다색 인쇄한 풍속화.

리고, 유도노산이나 하구로산의 영험 또한 널리 퍼지고, 신자 특히 겐료보 오타케 다이니치도의 참배자가 증가하는 것이었다. 그러나 그러기 위해서 는 민중이 바라는 오타케이어야만 했다. 여기서 소재를 구한 문예·연극·회화류도 그 점에서는 일조를 하고 있었다. 그 결과 오타케는 가난하면서도 절약·검약하는 이상적인 여성, 바람직한 봉공인으로서의 이미지, 조신하고 아름다운 여성으로서의 이미지가 창출되어 정착하게 되었던 것이다. 구니요시國芳나 구니테루國輝와 같은 그 시대에 저명한 우키요에시浮世繪師[18]가 그린 오타케 여래의 니시키에錦繪는 바로 그 산물이라고 말해도 좋을 것이다.

흥미로운 것은 가에 2년(1849)의 출개장出開帳 때에는 오타케 대일여래 본존과 함께 오타케가 설거지를 하면서 밥이나 반찬을 모았다고 하는 자루, 그리고 오타케가 착용한 앞치마와 끈, 그리고 겐료보에서 소장하고 있는 보물류도 진열되었던 것이다. 이 시대의 개장은 이른바 구경거리見世物의 일종으로 오늘날의 전람회의 전신前身이었던 것을 알 수 있다.

메이지明治시대에 이르러서도 쓰보우치 쇼요坪內逍遙[19]가 지은 '오타케 대일여래 일대기一代記'가 상연되는 등, 오타케 대일여래의 붐이 남아있었지만, 막부말기幕末의 일을 기억하는 사람들이 사라짐에 따라, 오타케 대일여래는 많은 사람들의 기억에서 사라져 버렸다. 노무라 고도野村枯堂[20]의 단편『오타케 대일여래』 정도가 그 마지막 모습이었을지도 모른다.

이 작품은 사쿠마집안에 봉공 하고 있던 아름다운 오타케가 갑자기 방문한 유도노산의 수험자인 겐타쿠玄澤에 의해 살아있는 대일여래로 간주

---

18) 우키요에는 에도시대에 발달한 민중적인 풍속화의 한 종류를 말하며, 우키요에시는 그러한 그림을 그린 사람을 일컫는다.

19) 쓰보치 쇼요(1859~1935). 소설가·극작가·평론가. 와세다대학(早大) 교수. 1885년(명치18) 문학론 「소설신수(小說神髓)」와「당세서생(當世生)」을 발표. 문학개량 운동의 중심이 되었다.

20) 노무라 고도(1882~1963). 소설가·음악평론가. 동경대(東京大) 중퇴. 「전형평차포물공(錢形平次捕物控)」에서 대중 문화의 새로운 면을 넓혔다.

되었으나, 힘든 생활을 이겨내지 못하고 남자와 눈이 맞아 달아나 버리는 결말로 되어있다. 창작이지만 의외로 오타케 대일여래의 '탄생'과 '승천'이란 실제로 이러했을지도 모른다.

'오타케 대일여래 사건'은 간에寬永시대부터 간분寬文시대 무렵 당시의 에도 민중 속에 살아있던 '사람을 신으로 모시는 풍습'을 기반으로 해서, 데와산산出羽三山의 수험자에 의해 유포되었고, 나름대로의 커다란 화제가 되었을 것이다. 그러다가 역시 하구로산의 수험자가 계획한 출개장에 의해, 18세기 중엽부터 막부말기에 걸쳐서 에도의 민중 사이에서 재발견되어 새로이 숭배崇拜되었다. 그것을 다시 재발견한 것이 사이토 이와조齊藤岩藏이고, 그 연장선에서 오즈(小津)상점 본관 건물의 비문이 만들어졌던 것이다.

사이고 다카모리西鄕隆盛

난슈신사南洲神社 – 가고시마鹿児島

1. 사이고 다카모리의 최후

가고시마시鹿兒島市[1] 가미다키오정上龍尾町에 있는 난슈南洲공원 안에 '난슈신사南洲神社'라는 신사가 있다. 창건된 시기는 다이쇼大政 11년(1922)이며, 지금까지 소개해왔던 '사람을 신으로 모신 신사' 중에서는 가장 최근에 지어진 신사이다. 내가 방문했을 때는 참배자는 한 사람도 보이지 않았고 그래서인지 청초한 신사라는 느낌에도 불구하고 왠지 적적한 분위기가 느껴졌다. 주제신主祭神은 사이고 다카모리西鄕隆盛[2]이며, 난슈南洲는 그의 필

---

1) 규슈(九州)의 남쪽 끝에 있는 현(縣).
2) 사이고 다카모리(1827~1877). 하급사족의 집안에서 태어나 메이지유신의 가장 중심적 인물로 활약하였다. 메이지 신정부의 요직에 참여하다가 정한론을 주창한 것이 정부에 받아들여지지 않자 관직에서 물러나 귀향해 후진 양성에 진력하였으나 중앙정부

난슈신사의 본전

호筆号이다.

거듭 설명할 필요는 없겠지만 사이고는 오쿠보 도시미치大久保利通3), 기도 다카요시木戸孝允4)와 함께 메이지유신明治維新의 세 영웅으로 불렸다. 삿초薩長5)를 중심으로 막부세력을 집결해 대정봉환大政奉還6)의 왕정복고王政復古 쿠데타를 성공시켜 메이지 천황

제 국가의 발족에 커다란 공적을 남긴 막말幕末·메이지시대의 정치가이다. 주요한 공적을 보면 동정대총독부東征大總督府 참모로서의 보신戊辰전쟁7)을 지도하였고 가쓰 가이슈勝海舟8)와의 회담에 의한 에도성江戸城 무혈입성9), 정부 근위병近衛兵의 설치, 폐번치현廢藩置縣10)과 지조개정地租改正의 단행, 징병제와

와의 대립이 격화되면서 1877년 세이난(西南)전쟁에 패하자 자결하였다.

3) 오쿠보 도시미치(1830~1878). 사쓰마번(薩摩藩) 출신으로 1859년 본격적으로 정치에 뛰어들었으며 번주(藩主)인 시마즈 히사미쓰(島津久光)에게 신임을 얻은 후 히사미쓰의 참모로 활동하면서 이름을 날린다. 사이고 다카모리와 함께 존왕양이의 대표적 지사로 활약하나 메이지유신 성공 후에는 정치적으로 결별한다.

4) 기도 다카요시(1833~1877). 조슈번(長州藩) 출신으로 1849년 요시다 쇼인(吉田松陰)에게 가르침을 받았으며 1852년 에도에서 검술과 서양포술을 배운다. 조슈번의 지도자로 떠오르며 지사로 활동한다. 1862년 번의 정책을 존왕양이에서 토막(討幕)으로 전환시키는데 진력했고 이후 명치유신 세 영웅으로 활약했다.

5) 사쓰마(薩摩) 즉, 지금의 가고시마현의 서부지방과 나가토(長門), 다시말해 야마구치(山口)현의 서북부 지방을 말한다.

6) 막부가 정권을 조정에 반환하는 것을 말한다.

7) 내전이 시작된 1868년이 간지로 무진년이었기 때문에 이후의 전쟁을 포함하여 보신(戊辰)전쟁이라 총칭한다.

8) 가쓰 가이슈(1823~1899). 에도출신으로 어렸을 적부터 검술과 난학을 배웠고 페리 내항 때 제출한 의견서가 인정되어 막부관리가 된다. 1860년 일미수호통상조약의 비준을 위해 간린마루(咸臨丸)의 함장으로서 일본인 최초의 태평양 횡단항해에 성공한다. 귀국 후 고베(神戸)에 해군 조선소를 설치해 인재양성에 힘쓴다.

9) 특히 영국은 내전에 의한 일본 시장의 혼란을 우려하여 에도성(江戸城) 총공격을 피할 것을 요망하였다.

학제學制의 도입, 신분제의 철폐11), 철도시설의 실시 등을 들 수 있다.

이와 같은 사실들에서도 알 수 있듯이 사이고는 메이지신 정부의 개혁과 문명개화를 상징하는 정책을 계속해서 지도해 온 그야말로 영웅이었다.

그는 조선과의 외교방침에서 대립한 이와쿠라 도모미岩倉具視12)와 오쿠보 도시미치大久保利通와의 정치투쟁에서 패배한 뒤, 메이지 6년(1873)에 정부의 요직을 모두 사임하고 고향인 가고시마로 돌아가 거기에서 요시노吉野13)땅을 동지들과 함께 개간하기도 하고, 사립학교를 설립하여 후진양성에 전력을 다했다. 당시 각지에서 사족士族14)의 반란이 일어났지만 사이고는 흔들리지 않았다. 흔들리지 않겠다는 나름대로의 방침을 세워두었던 모양이다. 하지만 그러한 사이고도 메이지 10년(1877)에 자신이 지도하던 사립학교의 청년들이 정부가 보관한 화약고 습격사건을 계기로 하여 궐기하지 않으면 안 될 상황에 처했으며, 결국 일본의 최후의 내전이라고도 불리는 세난西南전쟁15)을 일으킨 것이다. 이 사건은 오쿠보 등의 음모에 걸려들었다는 인상이 강하다.

궐기를 하기는 했으나 장비나 병사등 모든 면에서 차이가 있는 정부군을 상대로 한 전투에서 패전은 불을 보듯이 뻔했다. 구마모토熊本등 규슈

---

10) 모든 번을 현으로 했기 때문에 최초는 3부(府), 302현(縣)이었지만 다시 3부 72현으로 정리·통합했다.

11) 이른바 사민(사·농·공·상)평등이 이루어졌으며 정부의 포고에 의해 천민이라 할 수 있는 에타(穢多)·히닌(非人)의 칭호가 폐지되고 이들은 평민이 되었으나 실제로는 혼인 및 주거, 직업 등의 차별은 남아있었다.

12) 이와쿠라 도모미(1825~1883). 막말·메이지 전기의 정치가로 1854년 고메이천황(孝明天皇)의 측근으로서 막말의 동란기를 보낸다. 메이지유신 시기에 조정 내에서 가장 중심적 역할을 했던 인물로 막부타도를 주장하는 지도자들과 연락을 취하여 토막론(討幕論)을 전개하고 왕정복고의 사실상의 계획 실행자가 되었다.

13) 나라현(奈良縣) 남부의 지명으로 요시노(吉野)강 유역의 총칭이며, 벚꽃의 명소로 서남조(南朝)의 사적이 많다.

14) 무사의 가문. 메이지유신 이후 무사 계급 출신자에게 주었던 명칭이었다.

15) 1877년 일본 서남부의 가고시마의 규슈 사족인 사이고 다카모리를 앞세워 일으킨 반정부 내란을 말함.

각지를 전전한지 7개월 동안 퇴각을 거듭한 끝에 남은 병사를 이끌고 사쓰마로 돌아온 사이고는 가고시마성鹿兒島城 뒤에 있는 시로야마城山에 숨어 마지막 전투에 임하고 자결로 생을 마쳤다.

그 때의 모습은 이러했다고 한다. 9월 24일 오전 3시 55분 세 발의 신호탄과 함께 정부군의 총공격이 시작되고 2시간 여 만에 각 방면의 요새가 무너지고, 사이고 일행이 숨어있던 이와사키岩崎계곡만이 남게 되었다. 삼면에서 계곡을 향해 포탄이 집중되었다. 사이고는 기리노 도시아키桐野利秋16)·무라타 신바치村田新八17)등의 장사將士들과 함께 숨어있던 동굴에서 나와 이와사키 계곡의 입구를 향해 진군하였다. 병사들이 잇달아 쓰러지자 벳푸 신페이別付普平등이 "이제 그만 합시다." 라고 말하자 "대도大道에서 떳떳하게 죽겠다"고 말하며 돌진했다. 그리고 시마즈 오기치島津応吉의 저택 앞까지 왔을 때 배와 허벅지에 총알을 맞아 걸음을 걸을 수 없게 되었다. 거기에서 사이고는 "신페이! 이 정도면 되지 않겠나"라고 말한 후 정좌를 하고 동쪽을 향해 절을 했다. 그러자 벳푸 신페이가 "그럼 죄송합니다"라고 말하고 목을 내리쳤다. 목은 바로 그를 따르던 오리타 마사스케折田正助의 문 앞에 묻었다고 한다. 향년 51세였다.

사이고에게 있어서 이 궐기가 진심에 의한 것이었다고는 생각할 수 없다. 각지에서 일어나고 있었던 사족의 반란이나 농민소동은 말하자면 그가 정부고관이었을 때 단행한 정책에서 초래된 것이었다. 아마도 사이고는 그러한 반란과 소동을 부정적으로 보고 있었던 것은 아니었을까? 그럼에도 불구하고 불행하게도 부정해야 할 그들에게 속아 패배했던 것이다.

---

16) 기리노 도시아키(1838~1877). 메이지 초기의 육군군인으로 보신전쟁에서 활약했으며 세이난 전쟁에서는 사이고군의 대대장으로 후에, 총 지휘장으로 활약하다 전사한다.
17) 무라타 신바치(1836~1877). 막말·유신기의 가고시마 번사로 보신(戊辰)전쟁에서 가고시마번 상비대 포병대장으로 활약했으며, 1871년 이와쿠라 사절단의 한 사람으로서 유럽을 시찰하고 귀국한다. 1874년 귀국 후는 사이고를 따라서 귀향하여 사립학교 창설부터 사이고를 도왔으며 세난(西南) 전쟁에서 생을 마친다.

이 세이난전쟁 이후 이타가키 다이스케板垣退助[18]등의 자유민권운동이 뜨겁게 달아오른 것에서도 알 수 있듯이 사족들은 그 불만을 무력행사가 아닌 언론활동으로 향하게 되었다. 사이고가 사립학교를 설립한 취지도 분명히 거기에 있었다고 생각되지만 그러한 생각을 침투시키기 이전에 본의 아니게 반란에 휘말렸던 것이다. 즉, 사이고는 목숨을 걸고 그것을 사족들에게 인식시켰던 것이다.

2. 사이고를 둘러싼 이상한 소문의 발생

관직을 사임하고 은퇴한 사이고는 정삼위正三位의 육군대장이었다. 그러나 반란을 일으킴과 동시에 관직은 박탈당했고 반란군의 두목으로서 처리되었다.

하지만 신정부에 불만을 품은 민중들은 비극적인 결말을 맞이한 사이고의 일생에 깊은 공감을 가졌다. 그 전쟁 자체에 대한 평가는 어떻든 간에 비극적인 그의 죽음이 사람들의 관심을 모은 것이다.

사이고 인생의 발자취는 비극적인 장군 미나모토노 요시쓰네源義経[19]와 비슷하다. 요시쓰네는 헤케平家를 부수고 가마쿠라鎌倉막부 수립에 커다란 공헌을 했음에도 불구하고 형인 요리토모賴朝[20]에게 미움을 사 쫓겨난 몸

---

18) 이타가키 다이스케(1837~1919). 정치가이며 도사(土佐)번사로 보신(戊辰)전쟁에 참가하였으며 참의원을 역임하였다. 민선의원의 설립을 건의하여 자유민권운동의 지도자로 활약하면서 1881년에 자유당을 창설하여 입헌자유당의 총리가 된다.

19) 미나모토노 요시쓰네(1159~1189). 헤이안(平安)말기의 무장으로 요시토모(義朝)의 9남으로 태어났다. 형 요리토모(賴朝)의 거병에 합세하여 단노우라(壇の浦) 전투에서 승리를 한다. 불우한 영웅으로서 전설화된 인물이다.

20) 미나모토노 요리토모(1192~1199). 가마쿠라(鎌倉)막부의 초대장군으로 헤지의 난(平治の亂)때 이즈(伊豆)로 유배되지만 1180년 거병하여 헤씨(平氏)의 군대를 격파하여 대승한다. 1192년에 정이대장군(征夷大將軍)이 된다.

이 되어 오슈奧州지방21)의 후지와라씨藤原氏와 함께 멸망하였다. 그의 인생은 많은 사람들의 뇌리에 새겨져 수많은 이야기가 만들어지고 전해졌으며 패자의 입장에 공감을 보내는 '한간비이키判官びいき'22) 라는 말까지 만들어졌다.

사이고도 또한 막부를 쓰러뜨려야 하는 난제에 직면해서 커다란 역할을 해냈으면서도 신정부가 수립 된 후, 그 재능과 실적, 그리고 성격을 달갑지 않게 생각하는 반대파들의 음모에 의해 쫓겨나고 결국에는 목숨을 빼앗기기에 이른다. 사이고의 최후는 '한간비이키' 다시말해, 민중의 심리에 호소하는 강한 힘을 갖고 있었던 것이다. 필자 역시 사이고에게 마음이 끌렸던 한 사람이었다. 기억을 더듬어보면 초등학교 때 읽었던 전기伝記나 만화 속에 나오는 사이고 다카모리의 이미지가 확실하게 떠오른다. 분명 그때부터 사이고를 중심으로 막말·유신의 역사를 이해하게 되었던 것 같다.

사이고가 세상을 떠나고 얼마 지나지 않아 이상한 소문이 사람들 사이에 나돌기 시작했다. 사이고가 죽은 다음 밤하늘에 커다란 붉은 별이 출현했는데, 그 별에 대해서 사이고가 죽어 별이 되었다든가, 그 별 속에 사이고 같은 사람의 그림자가 보인다는 등의 소문이 사람들 사이에 퍼졌던 것이다. 그 별을 '사이고의 별西鄉星'이라고 불렀다. 이 별은 사실은 지구에 접근한 화성이었다. 밤하늘에 빛나는 붉은 별에 주목한 사람들이 이 별의 출현과 사이고의 죽음을 결부시킨 것이다. 당시의 풍속도를 인쇄한 목판화나 삽화가 들어있는 신문 등에도 다루어지고 있는 것으로 보아 널리 퍼진 소문이었던 모양이다.

---

21) 옛 지방의 이름으로 지금의 후쿠시마(福島), 미야기(宮城), 이와테(岩手), 아오모리(青森)의 4개 현을 말하며 넓게는 도호쿠(東北)지방 전체를 가리킨다.
22) 판관이란 옛날의 관제로서 사등관(四等官)중에 세번째 계급이며 제 삼자가 약자, 패자를 동정하는 것을 말한다. 미나모토노 요시쓰네(源義経)와 같은 불우한 영웅이나 패자 혹은 약자를 동정하고 편드는 심리를 가리킨다.

이러한 그림은 여러 종류들이 있는데 가와라 히로시河原宏의 『사이고 전설西鄕伝說』에 의하면 그 중에는 별 속에 사이고가 결가부좌結跏趺坐를 하고 있고, 거기에서 후광이 비추는 것을 사람들이 우러러보는 그림도 있었다고 한다. 이러한 그림은 신이나 부처를 그릴 때의 구도로 그런 의미에서 보면 사이고는 그야말로 신격화되어 가고 있었던 것이다.

'사이고의 별' 그림

더욱이 사이고가 죽은 직후부터 누가 한 말인지는 모르지만 마치 요시쓰네 생존설을 연상하게 하는 사이고의 생존에 관한 소문이 나돌았다. 사실은 사이고는 시로야마에서 죽은 것이 아니라 외국인의 안내로 중국대륙으로 건너가 살고 있다든지, 인도의 어느 섬에서 은신하고 있었는데 이번에 소환되어 정부의 요직에 복귀하는 것 같다는 등의 소문이다. 아주 그럴싸한 이 이야기가 얼마 후에 크게 폭발한다.

그것이 메이지 24년(1891) 러시아 황태자의 방일訪日에 맞춰서 퍼진 소문이었다. 예를 들면 그 중 하나는 이런 식의 이야기였다.

　"사이고를 비롯한 장사(將士)가 시로야마의 이와사키 계곡에서 전사했다는 것은 평소부터 의심스러웠는데, 최근에 들은 바로는 사이고를 비롯하여 기리노 도시아키, 무라타 신바치등의 여러 장군이 지금도 생존해있다는 것이다. 최근에 들어온 정보에 의하면 사이고 부대원의 장군은 시로야마 함락 이틀 전날 밤 적의 두터운 포위망을 벗어나 구시키노(串木野)23)의 하토히라우라(鳩平浦)에서 배

<hr />

23) 가고시마현 서부의 시(市)로 원양어업의 기지로 고시키지마(甑島) 열도로의 연락항이다. 구사키노 광산이 있으며 인구 2만 7천정도의 도시이다.

로 고시키지마(甑島)로 건너가 거기에서 러시아의 군함을 타고 블로디보스록 항에 상륙했다. 그리고 시베리아의 한 병영에 몸을 숨기고 러시아병의 훈련을 하고 있었다. 그런데 지난 메이지 17·18년(1884, 85)에 구로다 기요타카(黑田淸隆·사이고에게 은혜를 느끼고 있었으며 사이고와 같은 고향으로, 케이난 전쟁때에 활약한 육군 중장)가 유럽 순회 때 이야기를 듣고 몰래 병영을 찾아가 면회하고 일본의 장래에 대해 서로 이야기한 뒤 머지않아 조정에 복귀할 것을 약속했다. 그리고 사이고가 그것을 러시아정부에 신청하자 러시아정부는 장군들이 떠나는 것은 애석하지만 장군들이 고국을 생각하는 심정을 헤아려 군함으로 호송하겠다고 해서 황태자의 유람을 핑계삼아 수 척의 군함으로 귀국한다고 한다."

물론 사이고가 살아있을 리 없었다. 또 소문을 들은 사람들도 아주 진지하게 그 소문을 믿은 것은 아닐 것이다. 오히려 중요한 것은 사람들의 마음속에 사이고가 계속 살아있었다는 것이었다. 만약 사이고가 살아있었다면 그는 당시의 정국이나 세상에 어떻게 대처했을까? 이렇게 생각하고 싶었던 것이다. 즉, 사람들은 사이고를 살림으로써 자신들의 꿈을 이야기하고 기대를 걸어 자신들이 품고있는 울분을 해소하고 있었던 것이다. 그런 가운데 사이고는 갈수록 비극의 인물이 되었으며, 점점 그 인격의 청렴결백함과 무욕無慾이 대대적으로 강조되어 성인군자로서 추앙받게 되었다. 사이고의 인격을 말할 때 예를 들면 "자손을 위해 기름진 땅을 사지 않는다."[24]라는 유서속의 시구가 종종 인용되는 것으로 보아도 그런 사실이 잘 나타나 있다.

이러한 사이고에 대한 숭배도 한 몫을 한 것일까. 메이지 22년(1889)에 헌법발포의 대사면으로 죄를 면하게 되어 역적의 오명이 씻겨졌고 정삼위正三位의 직책이 내려지게 되었다. 이에 따라 사이고의 신격화가 한층 더

---

24) 일본어 원문으로는 '子孫の爲に美田を賣わず'임.

고조되어갔던 것이다.

3. 난슈사당南洲祠堂에서 난슈신사南洲神社로

사이고가 죽은 직후부터 그의 고향을 비롯하여 전국적인 규모로 사이고 숭배가 생겨났다. 그것과 거의 병행하는 형태로서 사이고를 사모하는 생각이나 공양하고자 하는 기분을 행동으로 구체화하기 위한 성지가 사이고의 묘를 중심으로 형성되었다. 난슈신사의 창건도 그 하나였다.

난슈신사는 가고시마시의 번화가에서 차로 5분 정도 걸리는 시로야마와 아주 가까운 조코묘지산淨光明寺山 중턱에 있는 난슈공원 안에 있다. 난슈공원은 '신이 된 사람들'에 관심을 갖고 있는 우리들에게는 실로 흥미 깊은 곳이다. 그것은 이 공원 전체가 그 명칭대로 사이고 다카모리를 기념하기 위한 하나의 시설로 되어있기 때문이다.

이 공원은 네 개의 영역으로 이루어져있다. 먼저 중심이 되는 시설은 중앙부를 넓게 차지하는 난슈묘지이다. 웅대한 사쿠라지마櫻島[25]를 바라보는 듯이 중앙에 사이고 다카모리의 묘가 세워져있다. 그 양옆에 기리노 도시아키와 무라타 신바치의 묘가 사이고를 지키고 있는 것처럼 서있고, 더욱이 그 주위에는 사쓰마군 전사자 2천 23명의 묘가 정연하게 늘어서 있다.

묘지 앞에는 '조코묘지淨光明寺'라는 이 묘지를 관리하는 절이 있다. 사이고가 죽기 이전부터 있었던 오래된 절이다. 묘지 오른쪽에 있는 것이 사이고 다카모리를 주제신主祭神으로 하는 '난슈신사南洲神社'이다. 그리고 묘지 왼쪽에는 사이고의 위업을 기념하고 현창할 목적으로 지어진 '가고

---

25) 가고시마에 있는 활화산 섬으로 북악, 중악, 남악의 3화산으로 만들어져 있으며 면적 77평방 킬로미터이다.

시마 시립 사이고난슈 현창관鹿兒島市立西鄕南州顯彰館'이 있다. 즉, 여기에는 묘지, 절, 신사 그리고 기념관이라는 형태로 영구히 기억해두고 싶은 사람이 있을 때 설치되는 기념·기억장치의 전형이 콤팩트하게 정리되어 있는 것이다.

이러한 기념·기억장치가 건설되기에 이르는 경위를 좀더 상세히 들여다보자. 시로야마의 전투가 끝났을 때 사이고를 비롯한 여러 장수들의 유해는 정부군인 야마가타 아리토모山縣有朋26)와 가와무라 스미요시川村純義27)등의 시신을 확인한 후 가까운 곳에 있던 조코묘지의 경내로 운구되었다. 사이고의 유해는 잘 보존되어 있었지만 나머지는 땅 위에 그대로 방치되어 있었다. 현령인 이와무라 미치도시岩村通俊가 그들의 가매장을 신청해서 현령자신이 유해의 이름과 신분을 확인하면서 묘에 푯말을 세웠다고 한다. 매장 장소는 현재의 신사에 있는 도리이鳥居 근처였다.

2년 후인 메이지 12년(1879) 여러 유지가 지사의 허가를 받아 가고시마 시내의 여러 군데에 가매장되어 있었던 220여명의 유골을 모아 사이고를 포함한 가매장 유골과 함께 현재의 위치에 정연하게 재매장을 하고 참배소를 지었다. 나아가 16년에는 규슈각지의 전투에서 전사한 자의 유골도 모아 이 묘역에 안장했다. 그 후 다이쇼 2년(1913)에 참배소를 개축하여 '난슈사당'이라고 칭했다. 불교적으로 말하면 '공양당供養堂'이지만 국가신도의 영향을 강하게 받았기 때문에 묘지 안에 신도적 색채가 강한 참배를 위한 시설이 만들어진 것이다.

다이쇼 11년(1922) '난슈사당'을 발전시키는 형태로 묘지와는 확연히 구

---

26) 야마가타 아리토모(1838~1922). 막말·메이지 시대의 군인이며 정치가로 메이지유신 후 징병령을 제정하는 등, 근대육군을 창설했으며, 후에 내상(內相), 수상(首相)을 역임하였다. 청일전쟁에서는 제1군사령, 러일전쟁에는 참모총장, 또한 후에 추밀원의장을 하였다.
27) 가와무라 스미요시(1836~1904). 군인이며 사쓰마 번사였다. 해군대장, 해군경으로 일본해군의 건설을 맡았다.

분이 되는 '난슈신사'가 드디어 창건되게
된다. 신도神道풍으로 말하면 사이고의 혼
령은 인간의 혼령에서 신으로 된 것이다.
사이고를 신으로 모시는 원동력이 된 것
은 그 위업과 유덕을 사모하고 경애하는
사람들이었다. 그들은 소위 '신사'라는 형
식을 빌려 사이고를 계속 기억하려고 했
던 것이다.

　위령이라는 측면을 지니면서도 난슈신
사의 주요한 기능은 메이지 국가 탄생 이
후에 고안된 선인들의 위업을 현창하고
사이고 다카모리의 묘지

기억한다고 하는 것에 있었다. 즉, 메이지 이후 엄청나게 만들어진 '사람
을 신으로 모시는 신사'의 일환을 일임하는 신사로서 자리매김 할 수 있
게 된 것이다. 주목하고 싶은 것은 그것이 국가주도가 아니라 그 지역사
람들의 주도로 건립되었다는 것이다.

　하지만 이러한 신사는 전후戰後 일본이 민주주의 국가가 되었을 때 하
나같이 곤경에 빠졌다. 지방 자치단체가 주최하는 형식의 '신사' 제사를
공공연하게 거행하는 것이 곤란해져버렸기 때문이다. 따라서 새로운 형태
의 사이고 다카모리의 위업을 기억하는 장치가 요구되게 되었다. 그로 인
해 창안된 것이 기념관이었다. 쇼와昭和 53년(1978) 사이고 다카모리가 죽은
후 100년을 기념하여 '사이고난슈 100년 기념현창회'가 결성되었다. 이
때 이 모임에서는 세이난전쟁의 전사자추도집회를 계획해서 난슈신사에
서 제전을 개최하는 동시에 '사이고난슈 현창관'의 건설을 계획하고 그것
을 가고시마시에 기부하기로 한 것이었다. 나는 기념관이라는 것을 종교
성이 배제된 '신사'와 같은 시설이라고 이해하고 있다. 분명히 이 난슈현
창관도 그러한 특징을 지니고 있다.

건물에 들어가면 정면에 커다란 사이고의 초상이 걸려있다. 그것은 신체神体[28]에 해당한다고 해도 될지 모르겠다. 관내에는 디오라마[29]와 사진으로 사이고의 생애가 그려져 있다. 사이고의 생애와 위업을 배워 익힐 수 있도록 되어 있는 것이다. 이것은 말하자면 현창관의 유래라는 것과 동시에 인접하는 난슈신사의 유래 역할도 하고 있는 것이다. 그리고 사이고의 유품도 진열되어있다. 이것은 '사보社宝'에 해당할 것이다.

이와같이 난슈공원에는 사이고를 기념하고 기억하려는 역사가 건조물로서 훌륭하게 나타나 있는 것이다.

---

28) 신령(神靈)의 상징으로서 신사에 모시는 예배의 대상물을 가리킨다.
29) diorama. 환시화(幻視畵). 풍경화 속에 물건을 놓고 여기에 조명을 비추어 들여다보는 장치를 말한다.

마스다 게타로增田敬太郎

마스다신사增田神社 - 사가佐賀

1. 『소녀의 일기』에서 알 수 있는 마스다신사增田神社의 유래

히젠정肥前町 다카쿠시高串는 사가현佐賀縣 가라쓰시唐津市의 서남쪽에서 20km 정도 떨어져 있고, 차로 약 30분 정도 걸린다. 현해탄玄海灘을 끼고 있으며 예로부터 내려온 어촌이다. 항구와 어장의 혜택을 받고 있기는 하지만 해안까지 산이 뻗어 있어서 평지라고 할 만한 곳은 거의 없다. 그렇기 때문에 마을은 얼마 안 되는 평지에 인가가 밀집해 있다. 이런 척박한 자연환경만을 보아도 일찍이 물이나 농작물의 확보에 많은 어려움이 있었을 것이라는 것을 짐작할 수 있다.

이 다카쿠시에는 주민들이 극진하게 모셔온 마스다신사增田神社[1]라고 하는 작은 신사가 있다. 이 신사는 매우 독특한 신사라고 할 수 있다. 왜

마스다 신사의 입구

냐하면 부임한지 얼마 안 되어서 죽은 마스다 게타로增田敬太郞라는 순사巡査를 유일하게 '신神'으로 모신 신사이기 때문이다. 그러나 이런 점에서뿐만 아니라 이러한 사례는 서민들 사이에서 전승되고 있던 사람을 신으로 모신다는 일반적인 프로세스를 생각하게 하는 단서가 된다는 점에서 흥미롭다.

지금은 거의 잊혀져 버렸지만, 실은 많은 사람들이 그의 이름을 들은 적이 있었다. 아마도 나이든 분들은 기억하고 있을 것이라 생각된다. 이것은 오쓰루大鶴 홍업소興業所에서 일하던 가난한 재일在日 한국인의 가정에서 태어난 야스모토 스에코安本末子라는 10살 밖에 안 된 소녀의 일기와 관련이 있다. 이 소녀의 일기가 베스트셀러가 되어 영화화되기까지 하였는데, 그 일기에 이 마스다신사에 관한 이야기가 쓰여져 있었기 때문이다. 일기에 쓰여진 내용은 아마 그 당시에는 이 부근에 널리 퍼져 있었을 것으로 생각된다. 그 내용을 요약하여 소개하기로 한다.

---

1) 마스다신사(增田神社)의 홈페이지에 올려진 유래의 내용은 다음과 같다. 구마모토현(熊本縣) 시스이정(泗水町) 출신인 마스다 게타로(增田敬太郞)는 메이지(明治) 28년 일본이 청일전쟁 승리로 들끓어 있을 무렵, 다카쿠시(高串)에 콜레라가 대 유행하여 급거 파견된 사가현(佐賀縣) 신임경찰관이었다. 그는 삼일 밤낮으로 쉬지 않고 교통차단, 사체소각, 지면소독, 식사지휘에 전념하였다. 그러나 결국은 본인에게도 감염되어 25세의 젊은 나이로 생을 마감한다. 마스다 순사는 죽기 직전에 "자신이 말한 것을 실행하면 반드시 콜레라는 퇴치된다."라고 말했다. 그 후 9名의 사망자를 만들어낸 콜레라는 아무런 일도 없었던 것처럼 종식되고 다카쿠시는 원래대로 평온을 되찾았다. 순사의 활동에 감격한 주민들은 마스다를 신으로 받들어 아키바 신사(秋葉神社)에 모셨고 매년 7월 26일에 마스다신사에서는 여름마쓰리(增田神社夏祭り)를 행하고 그 공덕을 기리고 있다.(http://ww7.tiki.ne.jp/~taku-jg6fcp/sub2.htm)

쇼와(昭和) 28년(1953) 7월 22일의 일이다. 둥둥 북소리가 나서 나가보니, 무엇인지 잘 알 수 없는 행렬이 영화관 쪽으로 향하고 있었다. 가까이 가서보니 타카쿠시의 마스다신사에서 여름마쓰리(夏祭)를 선전하는 행렬이었다. 마스다신사가 생긴 것은 50년이나 60년 정도 전의 일로, 그 무렵 타카쿠시에서는 지독한 전염병이 유행하여 사람들이 잇달아 죽어갔다. 그곳 타카쿠시에는 마스다라는 순사(巡查)가 있었다. 그는 전염병에 걸린 사람들을 친절하게 간병하고 문병하는 등 뒷바라지를 하다 그만 병에 전염되어 버렸다. 마스다가 묵고 있던 여관사람들은 자신들에게도 옮을까봐 먹을 것을 대나무 끝에 올려서 넣어 주었다고 한다. 그래도 마스다는 조금도 화내지 않고 주민들 일만 걱정하고 있다가 결국에는 죽어 버리고 만다. 게타로는 죽을 때 타카쿠시 사람들에게 "전염병의 씨는 내가 가지고 갈 테니 걱정 말아라"라는 말을 남겼다. 그리고 그 이후로 타카쿠시에서는 전염병이 유행하지 않게 되었다. 타카쿠시 사람들은 마스다의 위대함을 알고 신으로 모시기 위해 훌륭한 신사를 지었다. 그것이 타카쿠시에 있는 마스다신사이다. 현재까지도 다른 지역에서 아무리 심한 전염병이 유행하여도, 타카쿠시에서는 유행하지 않는다고 한다.

저자는 이 전승을 오빠에게서 들었다고 한다. 그리고 그것은 다음과 같은 의미를 보여주고 있다.

"나는 이 이야기를 듣고, 마스다씨의 따뜻한 마음에 진심으로 감동해 버렸습니다."

즉, 마스다 순사가 전염병에 걸린 사람들을 돌보는 헌신적인 모습에 감동한 것이다. 우리들이 감동하는 것도 아마 그 점 때문일 것이다. 이 전승은 그와 같은 감동을 느끼도록 의도적으로 만들어졌다고 해도 과언이 아니다.

2. 마스다 게타로增田敬太郎 순사는 어떠한 인물인가

그러면 사후에 신으로 모셔지게 된 마스다 순사는 어떠한 인물이었을까? 그리고 어떠한 경위로 신으로 모셔졌을까? 다행히도 우치다 마모루內田守가 이러한 의문을 풀 수 있는 상세한 기록을 『순사 다이묘진 젠덴巡査大明神全伝』에 남겨 두었다. 이 기록을 참고로 하여 그의 일생을 살펴보기로 하자.

　마스다는 메이지(明治) 2년(1869) 구마모토현(熊本県) 고시군(合志郡) 시스이촌(泗水村)에서 부농의 장남으로 태어났다. 메이지 21년(1888)에 상경하여 2년 정도 주로 법률학을 배우면서 광산학이나 영어, 속기술(速記術) 등도 공부했다고 한다. 귀향한 후로는 용수로 공사 기술자로 일하다가, 메이지 23년(1890)에 큰 뜻을 품고 그 뜻을 이루기 위해 주변사람들을 이끌고 홋카이도(北海道)로 건너갔다. 그러나 예상치 못한 악조건 때문에 뜻을 이루지 못하고 반 년 후에는 병을 얻어 귀향하였고, 그 후 관청의 서기를 거쳐 양잠업을 시작하였다. 또한 무역업에도 관심을 가졌었던지 나가사키현(長崎県)에도 간 적이 있었다. 그러는 동안에 자신 때문에 생긴 빚을 청산해주는 조건으로 장남임에도 불구하고 가독상속권(家督相続権)2)을 남동생에게 물려준다. 3년 정도 양잠업을 경영하던 마스다는 무엇이 계기가 되었는지는 확실치 않지만, 메이지 28년(1895) 7월 초에 사가현(佐賀県)에 있는 순사교습소에 입소하였다. 그리고 교습이 끝난 7월 17일에는 사가현 순사로 임명되었는데, 당시 콜레라가 유행하고 있었던 히가시마쓰우라군(東松浦郡) 이리노촌(入野村) 다카쿠시(高串)로 파견되었던 것이다.

이러한 경력을 볼 때 연상되는 마스다 순사의 이미지는 실로 평범한 부

---

2) 민법의 구(旧) 규정에서 호주권및 가산을 상속하는 것. 직계비속 중에서 한사람의 상속인(대부분의 경우 장남)이 선발되었다. 패전 후 이에제도(家制度)와 함께 폐지되었다.

농의 자식이다. 아니 이런 저런 일에 큰 뜻을 품고 도전하지만 능력부족, 준비부족으로 실패하고 빚만 늘어가는, 굳이 말한다면 지나치게 착실하며 사람은 좋지만 요령이 부족한 청년이라고 할 수 있을 것이다.

그러한 청년이 마음을 정하여 사가현의 순사가 되었으며, 그 최초의 부임지가 콜레라로 큰 소동이 일어난 다카쿠시였다. 마스다가 나름대로 익힌 콜레라 대처법이나 예방법 그리고 경찰권한을 최대한 살려 정열적으로 뛰어다닌 것은 쉽게 상상할 수 있다. 그러나 7월 21일에 다카쿠시에 들어가게 된 마스다 순사는 바로 이틀째 되는 23일 오후에 콜레라에 전염되어 발병하고, 다음날 오후 3시에는 어이없게도 죽고 말았다. 단 3일간의 순사 활동이었던 셈이다.

그럼에도 불구하고 다카쿠시 주민들은 자신들을 위하여 말 그대로 목숨을 다바쳐 활동한 마스다 순사에 대해서 깊은 감명과 감사의 마음을 간직하였다. 그런 마음에서 마스다 순사를 제대로 공양하고 더 나아가 신으로 모셔야 한다고 생각했던 것이다.

다카쿠시 사람들에게 감명을 준 활동의 예를 들어보자. 콜레라로 사망한 사람들의 시체를 마을에서 떨어진 언덕에 옮겨 매장하였는데, 그때 감염되는 것도 꺼리지 않고 혼자서 모든 사체를 운반했던 일과, 독약이 들어 있다는 소문이 있어서 약을 먹으려고 하지 않는 환자를 끈질기게 설득시켜 먹게 하였다. 그리고 죽어가면서 "다카쿠시의 콜레라는 내가 저 세상으로 짊어지고 가겠다. 그리고 앞으로는 이 마을에 전염병이 유행하지 않도록 수호하겠다."는 유언을 남겼다고 전해지고 있다. 이 중에서도 가장 다카쿠시 사람들을 감동시킨 말은 최후의 "다카쿠시의 콜레라는 내가 저 세상으로 짊어지고 가겠다. 그리고 앞으로 이 마을에 전염병이 유행하지 않도록 수호하겠다."라는 유언이었다.

마스다 순사가 정말로 그렇게 말했는지는 모른다. 의문을 가지고 생각하면 의심스러울 수도 있다. 그렇지만 다카쿠시 사람들은 마스다의 죽음을 다카쿠시 사람들을 대신해서 죽은 것, 혹은 콜레라라고 하는 재앙을 짊어지고 저 세상으로 간 스케이프고트(犧牲羊)라고 이해했던 것이다. 그리고 마치 이에 호응이라도 하듯이 콜레라는 종식되었다.

나는 콜레라가 종식된 사실이 결정적이었다고 본다. 만약 여전히 콜레라가 계속 유행하고 있었다면, 필시 마스다의 죽음은 점차 잊혀졌을 것이다. 또 그가 콜레라를 극복하고 건강을 회복했다 하더라도 후에 신으로 모셔지는 일은 없었을 것이다. 그의 죽음과 함께 콜레라가 종식되었다는 사실이 사람들에게 신비스러운 마음을 갖게 하고, 그의 혼령을 위로해야 한다는 생각을 불러일으켰던 것이다.

죽은 마스다의 유해는 히비스이도日比水道에 있는 작은 섬으로 운반하여 화장시켰다. 유골은 구마모토熊本에서 온 남동생에게 건네져 26일에는 가라쓰唐津의 지카마쓰지近松寺에서 쓰야通夜3)가, 그리고 다음날에는 가라쓰의 경찰장警察葬으로 성대하게 행하여졌다고 한다.

3. 마스다신사增田神社의 창건

마스다增田 순사의 언행에 감동한 사람들은, 이 일을 기념하기 위해 바로 다음달 초에 유족이 나누어준 유골의 일부를 마을 중앙에 있는 전망 좋은 아키바 신사秋葉神社4) 경내 한 쪽에 매장하였다. 그리고 등롱灯籠 모양의 묘비를 건립했다. 그 앞면에는 '고 사가현 순사 마스다씨의 묘비故佐賀縣巡査增田氏の碑'라고 쓰여져 있고, 뒷면에는 "마스다 순사는 올해 7월에 이 다

---

3) 망자(死者)를 장사지내기 전에 일가친척이나 알고 지내는 사람들이 모여 망자와 함께 밤을 지새우는 일.
4) 후쿠오카현(福岡縣) 하루노정(春野町) 아키바산(秋葉山) 정상에 있는 신사. 제신(祭神)은 가쿠쓰치노 가미(迦具土神). 방화의 신(防火の神)으로 존신(尊信)된다. 12월 15일·16일의 예제(例祭)는 아키바의 불축제(秋葉の火祭り)로서 알려져 있다.

카쿠시에서 몸을 던져 콜레라 박멸에 힘썼지만 7월 24일 애석하게도 감염되어 저 세상으로 가게 되었다. 이상하게도 이때부터 환자가 발생하지 않게 되었고, 사람들은 마스다 순사의 혼령이 수호해 주기 때문일 것이라고 생각하게 되었다. 그래서 이것을 후대에 길이 전하기 위해 비를 세우기로 했다"라는 취지가 쓰여져 있다. 이 묘지墓誌는 후일 마스다신사의 기원이라고 할 수 있는 것으로 마스다신사의 창건시기를 말해주고 있다.

마스다신사를 창건하게 된 계기는 마스다 순사의 죽음과 때를 같이 한 콜레라의 종식이었다. 여기에서 주목 할 것은 사람들 사이에서, 한층 그것을 뒷받침 해줄만한 소문이 퍼졌다는 점인데 그 한 예를 들어보면, 콜레라에 걸린 어린이들을 간병하고 있던 사람이 피곤해서 꾸벅 꾸벅 졸고 있었다. 그러자 주위에 하얀 연무煉霧가 자욱이 끼더니 양복을 벗은 흰 셔츠 차림의 몸이 커다란 남자가 칼을 들고 나타나, "나는 이 세상을 떠난 마스다 게타로增田敬太郎이다. 다카쿠시의 콜레라는 나의 원수이기 때문에 모두 저승으로 가지고 간다. 안심하고 어린애들을 간병하여라."라고 엄숙하게 말하고 칼을 휘두르면서 어디론가 사라졌다. 아직 순사가 죽은 것을 몰랐던 때라 순사의 죽음을 들었을 때 그 꿈이 정몽正夢이라고 생각하였다라는 식으로 전해진다. 여기에는 마스다 순사의 죽음과 콜레라의 종식을 연관시켜 특별한 것으로 만들어 가려는 주민들의 마음이 잘 나타나 있다.

다음해 메이지 29년(1896)에는 이 묘비를 덮을 만큼 큰 기와지붕으로 된 사전社殿이 만들어 졌다. 더 나아가 메이지 38년(1905)에는 러일전쟁의 승전 기념으로 도리이鳥居[5] 두개가 봉납되었는데, 첫 번째 도리이에는 '마스다 신사增田神社', 두 번째 도리이에는 '아키바 신사秋葉神社'라는 현판이 걸려 졌다. 이 점을 보아도, 이 무렵에는 이미 원래 경내의 일부를 마스다 순사

---

5) 신사의 참도(參道) 입구 등에 세우는 문. 두개 기둥 상부를 인방(貫)으로 고정하고, 그 위에 가로대(笠木)를 올려놓은 것. 가로대 밑에 도목(島木:긴 횡목)이 있는 형식과 도목이 없는 형식으로 대별된다. 화표(華表)

마스다 신사의 본전

의 묘지로 제공하는데
불과했던 '아키바 신사'
가, 경내의 일부에 세워
진 작은 사당인 '마스다
신사'에 우지코氏子[6]나
신자를 빼앗기고, 주제
신主祭神의 위치에서 밀
려나고 있었다는 사실
을 확인할 수 있다. 그
리고 그 다음 해(1906)에는 사전의 증축까지 행해지는 것이다.

　마스다신사에 대한 신앙이 다카쿠시 주민들로부터 시작되어 한층 주변
지역 사람들에게까지 확대되었다는 사실을 전해주는 것으로 다음과 같은
전승이 있다. 이웃 마을에 사는 젊은이들은 단 3일 정도 활동하다 순직한
순사를, 다카쿠시 사람들이 "신이다. 다이묘진大明神[7]이다." 라고 하면서
참배하는 것을 우스꽝스럽게 생각하고 있었다. 어떤 때는 그러한 감정을
순사의 묘 쪽을 향해서 방뇨하는 것으로 표출했다. 그러자 그 해 여름 그
마을에 돼지 전염병이 유행하고 차츰차츰 돼지가 죽어나갔다. "이것은 필
시 마스다님의 재앙일 것이다."라는 생각이 들어, 바로 마스다신사에 가서
참배하고 사죄의 기도를 했더니 곧 가축이 죽어 가는 일이 없어졌다라는
식의 일들이 여러 가지 형태로 나타나, 마스다신사의 신앙이 주변 마을
사람들에게도 퍼져나갔다.

　더 나아가 쇼와昭和 10년(1935)에는 마스다신사 역사상 간과할 수 없는
일이 벌어졌다. 이는 황기皇紀 2600년에 해당되는데 그 기념으로 세 번째

---

6) 공동의 조상신을 모시는 사람들. 우지가미(氏神)가 수호하는 지역에 사는 사람들.
7) 명신(明神)이란 사격(社格)의 일종을 말한다. 진좌의 연대가 오래되고, 유서가 있어 영
　험 있는 신사.

도리이가 봉납 되고, 그 편액扁額에 '순사 다이묘진巡査大明神'이라고 쓰여지게 된다. 아마도 아키바 신사의 제신祭神은 옛날에 '아키바 묘진秋葉明神'이라고 칭하고 있었을 것으로 생각된다. 그 묘진이라고 하는 호칭을 차용하여, '순사 다이묘진'이라고 하는 호칭도 생겼음에 틀림없다. 결국 2년후 쇼와 12년(1937) 현재의 사전社殿으로 개축하였을 때에, 예부터 줄곧 내려온 신사였던 아키바 신사는 마스다신사로 합사合祀되어 버린 것이다. 이렇게 하여 명실공히 독립된 '마스다신사(순사 다이묘진[巡査大明神] 혹은 마스다 묘진[增田大明神])'가 탄생하게 되는 것이다.

4. 마스다신사增田神社의 변천과 마스다 순사 현창顯彰활동

마스다신사는 콜레라의 엄습이라고 하는 미증유의 대사건을 겪게 된 다카쿠시의 주민들이, 마스다 순사가 스스로 목숨을 버리고 자신들을 구해준 것을 기념하고 그를 위령하기 위하여 건립한 신사였다. 신으로 모시는 것, 즉 신사를 세운다는 것은 그것이 당시 사람들에게 가장 유효한 기억장치였기 때문이다. 왜냐하면 신사에 모심으로서 매년 제례 때마다 제신의 업적을 상기하고, 기억을 새롭게 할 수가 있고 또 자손들에게 전할 수 있기 때문이다.

그렇지만 신사와 그 제례를 이용한 기억유지 활동에도 불구하고, 그 상태로는 시간이 경과함에 따라 후퇴해 가든가 고작 현상유지로 그칠 수밖에 없는 것이 일반적이었다. 다시 말해 한층 신앙권을 확대하기 위해서는 시대에 부응하는 활성화가 필요하였다. 그런데 의외로 마스다신사의 경우 그 역할을 할 수 있는 사람들이 나타났다. 바로 '사가현佐賀縣경찰'이다.

마스다신사의 초기 신자층은 주로 지역 주민들이었고, 그리고 제례 때만 오는 다카쿠시 관할 경찰서 사람들이 있었다. 가라쓰시唐津市 서장署長

에게도 초대장이 보내졌던 것 같은데, 사가현 경찰 간부의 관심을 거의 끌지 못했다. 일찍이 콜레라 소동 때 감염되어 죽은 젊은 순사를 위해 법요法要8)와 비슷한 행사가 그 지역에서 행하여지고 있다라는 정도로 인식하고 있었던 듯하다. 하지만 다이쇼大正 12, 13년(1923, 24)경, 가라쓰 경찰서에 근무하고 있던 요코오 사로쿠橫尾左六라는 경부보警部補가 술대접을 받을 목적으로 가라쓰 서장署長에게 이끌려서 마스다신사의 제례에 참례하고 큰 쇼크를 받는다. 단 3일 정도의 활동을 하다 죽은 순사를 위해 뜻 밖에도 큰 신사가 세워져 있고, 제례 때에는 재향在鄉・근린近隣에서 많은 사람들이 와 있었기 때문이었다.

그로부터 수년이 지난 쇼와昭和 초의 일이다. 이 요코오橫尾씨가 사가현 경찰의 경찰부장들에게 다카쿠시에 있는 마스다신사에 관한 이야기를 하였다. 그들은 그 이야기에 흥미를 가졌고 스스로 가서 참배하고 크게 감격하였다. 그리고 이것을 경찰관의 정신을 고양시키기 위한 자료로 쓰기 위하여, '아! 경찰의 신, 마스다 순사嗚呼警神增田'라는 타이틀을 붙인 팸플릿을 작성하여, 각 현縣에 있는 경찰관들에게 배포하였다.

흥미 깊은 것은 이 팸플릿 안에 이제까지는 '다이묘진大明神'이었던 마

마스다 순사를 기리는 비문

스다 순사의 혼령이 '경신警神'으로 바뀐 점이다. '경찰관의 신' 혹은 '신이 된 경찰관'이라고 하는 의미를 지닌 조어造語로써 '경신'이라는 호칭은, 마스다 순사의 혼령이 새롭게 모셔질 수 있는 자격을 획득하였다는 것

---

8) 불교의 의식. 주로 장의(葬儀)・추선공양(追善供養)을 말한다. 법사(法事). 법회(法會).

을 여실히 말해주고 있다. 그 후 사가
현 경찰계를 중심으로 갖가지 형태로
마스다 순사에 대한 현창顯彰 운동이
전개되게 되었다. 특필 할 만한 것은
현창 운동의 중핵을 담당한 것이 '마
스다 순사 극增田巡査劇'으로, 그것은
경찰 주도로 시나리오를 써서, 그것을
프로극단으로 하여금 현내縣內를 돌며
공연하도록 하였다.

이러한 경찰의 현창 활동에 자극을
받기도 하여, 마스다 순사는 사가현의
선각자·위인들 중의 한사람으로 손

마스다 순사의 입상

꼽히게 되고, 사가현 향토 자료집에도 마스다 순사의 순사殉死이야기가 수
록되기에 이르렀다. 쇼와 12년(1937년)의 마스다신사의 개축도 요코오 사로
쿠橫尾左六의 제안으로 사가현의 경찰관으로부터 기부를 모아 이루어진 것
이었다.

마스다 순사는 경찰관의 귀감으로써 사가현 경찰관계자에 의해 발견되
었고, 그리고 그들에게 직접 현창되었다. 또 현내에서는 신문, 잡지, 연극,
로쿄쿠浪曲[9], 그림 연극紙芝居 등과 같은 미디어를 통해 그 사적이 널리 계
속해서 선전되었다. 그 전통은 일본의 패전이후에도 계속 이어져 그 기본
구도는 지금까지도 그다지 변하지 않고 있다고 해도 좋을 것이다.

그런데 다카쿠시의 주민들 사이에서 전승된 마스다 순사의 이야기와
경찰이 발견해 낸 이후의 변형된 이야기사이에는, 기본적으로 그다지 큰
차이를 보이지 않는다. 어느 경우도 다카쿠시의 콜레라를 모두 짊어지고

---

9) 나니와 부시(浪花節)와 같은 말. 이야기 거리의 하나. 대정(大正) 6년경부터 사용되었
   다. 샤미센의 반주에 맞추어 독연(獨演)한다. 명치시대 이후에 번성하였다.

저 세상으로 갔다는 점을 부각시키고 있기 때문이다. 단, 다카쿠시의 주민들은 '자기 자신들을 대신하여 죽었고 그 후에는 마을의 수호신이 되어 주었다.'라는 점에서 가치를 두고 있는 반면, 경찰관계자는 '목숨을 걸고 직무를 다하였다.'라는 점에 가치를 두었던 것이다. 말하자면 제사를 모시는 측이 신으로 이끌어내고, 그 가치를 정하여 필요에 따라 그 신을 계속 살려가고 있는 것이다.

마스다신사는 지금도 여전히 전국 유일한 경찰관을 모신 신사로서 선전되고 있다. 이러한 점은 마스다 순사 이외에 다른 순직한 경찰관을 신으로 모시려는 움직임이 없었다는 것을 의미한다. 순직한 경찰관이 '신'이 되는 데에는 복잡한 요소가 작용하였던 것이다.

참고문헌

〈프롤로그〉

宮田登, 『民俗宗教論の課題』, 未来社, 1977.

柳田国男, 「人を神に祀る風習」, 『定本柳田国男全集』 第五巻, 筑摩書房, 1969.

〈제1장 숭배〉

藤原鎌足

稲葉伸道, 「多武峰墓守について」, 『談山神社』, 新人物往来社, 1995.

梅原猛, 『塔』, 『梅原猛著作集』 第九巻, 新潮社, 1982.

永島福太郎, 「中世の多武峰」, 『談山神社』, 新人物往来社, 1995.

藤原春雄, 『藤原鎌足』, 日本出版, 1989

山折哲雄,「『神像破裂』とは何か」,『談山神社』, 新人物往来社, 1995.

源満仲

熱田公・元木泰雄,『多田満仲公伝』, 多田神社, 1997.

鮎沢寿,『源頼光』, 吉川弘文館, 1968.

朧谷寿,『清和源氏』, 教育社, 1984.

猪名川町,『猪名川町史』第一巻, 猪名川町, 1987.

川西市,『かわにし 川西市史』第一巻, 川西市, 1974.

安部晴明

小松和彦,『安部晴明「闇」の伝承』, 桜桃書房, 2000.

志村有弘,『平安時代のゴーストバスター 陰陽師安部晴明』, 角川書店, 1995.

高原豊明,『写真集 安部晴明伝説』, 豊喜社, 1995.

村山修一,『日本陰陽道史話』, 大阪書籍, 1987.

〈제2장 원령〉
井上内親王·早良親王

青木和夫,『奈良の都』,「日本の歴史」第三巻, 中央公論社, 1984.

井上満郎,「御霊信仰の成立と展開−平安京都市神への視角」, 柴田実編『御
霊信仰』, 雄山閣出版, 1984.

柴田実編,『御霊信仰』, 雄山閣出版, 1984.

滝浪貞子,『平安建都』,「日本の歴史」第五巻, 集英社, 1991.

菅原道真

竹内秀雄,『天満宮』, 吉川弘文館, 1996.

笠井昌昭，『天神縁起の歴史』，雄山閣出版，1973.

坂本太郎，『菅原道真』，吉川弘文館，1990

竹内秀雄，『天満宮』，吉川弘文館，1996.

村山修一編，『天神信仰』，雄山閣出版，1983.

佐倉惣五郎

鏑木行広，『佐倉惣五朗と宗吾信仰』，崙書房出版，1998.

児玉幸多，『佐倉惣五郎』，吉川弘文館，1961.

高橋敏，「佐倉義民伝と市川小団次－歌舞伎佐倉義民伝の誕生と背景」，『地
　　　鳴り山鳴り－民衆のたたかい300年』，国立歴史民俗博物館，2000.

平将門

梶原正昭・矢代和夫，『将門伝説』，読書社．1966.

神田神社，『神田神社史考』，神田神社，1992.

山家清兵衛

青野春水，「山家清兵衛に関する二三の問題」，『伊予史談』，伊予史談会，1959.

門田栄男，『山家清兵衛公頼公』，和霊神社社務所，1921.

佐々木正興，「三島信仰と和霊信仰」，『愛媛県史(民俗編上』，愛媛県，1983.

愛媛大学国語国文学研究室，『和霊神社縁起物語集』，愛媛大学国語国文学
研究室，1992.

〈제3장 권력〉
楠木正成

木伴茂，『天皇と山伏』，黎明書房，1966.

海津一郎, 『楠木正成と悪党 – 南北朝時代を読みなおす』, 筑摩書房, 1999.

佐藤進一, 『南北朝の動乱』, 「日本の歴史」第九巻, 中央公論社, 1974.

村上重良, 『慰霊と鎮魂』, 岩波書店, 1974.

森田康之助, 『湊川神社史(景仰編)』, 湊川神社, 1978.

豊臣秀吉

岡田精司, 『京の社』, 塙書房, 2000.

小和田哲男, 『豊臣秀吉』, 中央公論社, 1985.

西山克, 「王権と善光寺如来」, 『古代・中世の信濃社会』, 銀河書房, 1992.

藤井譲治, 『江戸開幕』, 集英社, 1992.

森谷剋久, 「国祭臨時祭礼と賀茂競馬」, 『近世風俗図譜』第九巻, 小学館, 1982.

徳川家康

秋本典夫, 『近世日光史の研究』, 名著出版, 1982.

浦井正明, 『もうひとつの徳川物語 将軍家霊廟の謎』, 誠文堂新光社, 1983.

管原真海, 『山王神道の研究』, 春秋社, 1992.

中川光喜, 「日光山修験道史」(「山岳宗教史研究叢書」第八巻), 『日光山と関東の修験道』, 名著出版, 1979.

栃木県立博物館, 『天海僧正と東照権現』, 栃木県立博物館, 1994.

〈제4장 민중〉
李参平

尾崎葉子, 「陶山神社」, 『おんなの有田皿山さんぽ史』, 有田町歴史民俗資料館, 1998.

中島浩気, 『肥前陶磁史考』, 青潮社, 1936.

有田町, 『有田町史』(陶業編), 有田町, 1985.

お竹

牛島史彦, 「江戸の旅と流行仏」, 『江戸の旅と流行仏－お竹大日と出羽三山』, 板
　　　　橋区立郷 土資料館, 1992.

佐藤岩蔵, 『お竹大日如来』, 羽黒町観光協会, 1965.

戸川安章, 『於竹大日如来』, 羽黒山文庫, 1932.

戸川安章, 「羽黒山の語りもの－お竹大日絵解きを中心に」, 『絵解き研究』 第九
　　　　号, 絵解き研究会, 1991.

宮田登, 「お竹大日如来－江戸の都市伝説」, 『江戸文学』第四号, ぺりかん社, 1990.

山本則之, 「お竹大日如来譚私稿」, 『江戸の旅と流行仏－お竹大日と出羽三山』, 板
　　　　橋区立郷土資料館, 1992.

吉原建一朗, 『江戸の情報屋』, 日本放送出版協会, 1978.

西郷隆盛

河原宏, 『西郷伝説』, 講談社, 1971.

田中惣五郎, 『西郷隆盛』, 吉川弘文館, 1985.

学習研究社, 『西南戦争』, 「歴史群像シリーズ」, 学習研究社, 1990.

増田敬太郎

内山守, 『巡査大明神全伝』, 金華堂, 1976.

田中丸勝彦・重信幸彦, 「ある 『殉職』 の近代」, 『北九州大学文学部紀要』
第五十九号, 北九州大学文学部, 1998.

安本末子, 『にあんちゃん』, 光文社, 1958.

에필로그

小松和彦, 『たましい』という名の記憶装置」, 『記憶する民俗社会』, 人文書院, 2000.

佐野真一, 『渋沢家三代』, 文芸春秋社, 1998.

에필로그

마지막으로 필경 독자들이 품었을 의문에 답변하고자 한다. 인신人神사상을 받아들이면 우리들도 신이 될 수 있는가, 하는 의문이다.

야나기타 구니오柳田國男는 유한遺恨과 미련을 간직한 채 죽은 사람만이 '재앙신祟り神'이라는 과정을 거쳐, 이윽고 인신이 될 수 있었다고 설명했다. 고대에는 그러했다. 그러나 근세 이후에는 '재앙신' 계열의 인신은 감소하고, 오히려 '현창신顯彰神'계열의 인신이 증가했다. 따라서 이 점을 고려하면 우리들도 사후에 '재앙신'이 되지 않고서도 잠재적으로는 신이 될 자격을 지니고 있는 셈이 된다.

그렇지만 중요한 것은 우리들을 사후에 신으로 모시는 것은 우리들 자신이 아니라 후손들이라는 점이다. 예를 들면 우리들이 생전에 사후에 신이 되고 싶은 소망에서 '신전神殿'을 준비해 두었다고 해도, 거기에 우리들의 혼령을 제사지내 줄 사람들이 없으면 신이 될 수가 없다. 그 신전도 제신祭神 즉 우리들의 혼령을 모시고 제사지내지 않으면 마침내 썩어 없어지고 말 것이다.

반대로 생각하자면, 우리들이 생전에 신이 되고 싶다고 소망하지 않더라도, 사후에 우리들의 혼령을 모시고 제사지내는 사람들이 있다면 신으로 섬겨질 수도 있다. 즉 모든 것은 후세 사람들의 배려에 좌우되는 셈이다.

그런데 전후가 되어 근대천황제국가가 해체될 무렵, 이를 지탱하던 국가신도國家神道[1]도 해체되었다. 그 후, 국가나 지방자치단체 혹은 이에 가까운 민간단체에서 추진해 오던 현창신 형태의 인신의 창출은 거의 종식되었다. 그렇지만 사람을 신으로 모시는 전통이 전적으로 없어진 것은 아니다. 그 사상과 행위는 시간을 초월해서 계속 기억하고픈 소망에서 비롯된 것이다. 그 형상화라고 할 '신사'는 국가의 지배자가 그것을 지배도구로 이용한 적은 있었지만, 국가체제가 변했다고 해서 곧바로 그 사상체제마저 변한 것은 아니었다. 실은 일본의 한 구석에서는 그 사상을 계승한 신이 지금도 계속해서 창출되고 있다.

시부사와 신사와 동상

아오모리현青森縣의 미사와三澤시에 있는 시부사와신사澁澤神社는 그 한 가지 예일 것이다. 이 신사는 시부사와 에이치澁澤榮一와 그 손자인 시부사와 게조澁澤敬三의 위업을 칭송하기 위해서, 민간인인 스기모토 유키오

<hr>

1) 메이지유신(1868) 후에 신도국교화 정책에 따라 신사신도(神社神道)를 황실신도(皇神道) 밑에 재편성하여 만든 국가종교. 군국주의·국가주의와 관련지어 추진되었다. 천황제 지배의 사상적인 지주가 되었으며, 전후에 신도지령(神道指令)에 따라 해체되었다.

杉本行雄가 헤이세이 7년(1995)에 건립하였다. 규모는 작지만 호화스러운 신사이다.

시부사와 에이치는 덴포天保 3년(1832) 현재의 사이타마현埼玉縣 후카야시深谷市에서 부농의 아들로 태어났다. 젊었을 적에는 존황양이론尊皇洋夷論[2]에 기울었지만, 도쿠가와 요시노부德川慶喜[3]의 동생 도쿠가와 아키다케德川昭武를 단장으로 한 파리만국박람회 막부사절단의 일원이 되어 유럽 각지를 방문하고서 근대적인 사회경제제도나 산업시설을 견문하였다. 이 경험을 살려서 명치정부의 고관이 되었을 때, 오쿠라쇼大藏省에서 근대적인 세제개혁에 힘썼다. 관에서 물러난 후에는 국립은행이나 근대적인 회사 창립에 진력했다. 일본의 근대산업과 자본주의 육성을 위해 다한 역할이 실로 지대하며, 그 업적은 매우 기념할만한 가치가 있다.

시부사와 에이치의 손자인 시부사와 게조는 메이지 23년(1890) 도쿄에서 태어난 실업가로 제이차세계대전 말기의 일본은행 총재, 종전 직후에는 시데하라내각幣原內閣의 오쿠라대신大藏大臣으로서 전후 일본경제의 재건에 진력했다. 한편으로 민속학에도 정열을 쏟아서, 스스로 민속학연구소(지금의 가나가와대학상민문화연구소<神奈川大學常民文化研究所>의 전신)를 설립하였다. 야나기타 구니오나 오리구치 시노부折口信夫가 민간전승의 수집·조사를 통해 민속연구를 시작한 데 비해, 시부사와 게조의 경우는 민속 특히 민구民具의 수집·조사를 통해 민속연구를 수행한 것으로 알려졌다. 오사카의 반파쿠공원萬博公園에 있는 국립민족학박물관은, 시부사와 에이치가 사재를 털어서 수집한 민구나 기타 자료를 기반으로 구상되고 발전해 온 곳이다.(자세한 내용은 사노 신이치<佐野眞一>의 『澁澤家三

---

2) 천황의 권위를 강조하는 사상. 당초에는 신분질서의 정점에 있는 천황의 권위를 높임으로써 막번체제(幕藩體制)의 안정을 도모하는 의미가 있었지만, 막부말기에는 막부의 정치체제를 비판하는 사상적 근거로 기능하게 되었다.
3) 도쿠가와 막부의 제15대 쇼군(將軍)이다.

代』참조)시부사와신사는 JR 미사와역의 바로 남쪽에 위치한 리조트시설로써 개발된 고마키古牧온천 시부사와 공원의 한편에 있다. 22만 평에 이르는 광대한 부지에, 다섯 곳의 호텔·여관과 인공으로 만든 연못이나 다실茶室, 옮겨 세운 민가들이 있다. 그 중에서도 한층 돋보이는 것이, 시부사와신사와 옮겨 세운 구 시부사와 저택이다.

이 리조트 시설을 개발한 스기모토 유키오는 쇼와 4년(1929) 15세 때에 시부사와 에이치의 서생이 되었으며, 전시중과 전후에는 비서 겸 집사로서 시부사와 게조를 모셨다. 시부사와 농원을 정리하기 위해서 아오모리로 이주하였으며, 그 후에 미사와시에서 온천을 개발하여 관광업으로 대성공을 거둔 인물이다. 스기모토는 오쿠라쇼의 미타三田공용회의소가 된 구 시부사와 저택의 불하拂下를 오랫동안 신청했다. 헤이세이 2년(1990)에 '현재 상태로 보존'한다는 조건으로 불하를 받아서 헤이세이 3년(1991)에 저택은 물론 정원수 및 정원에 깔린 돌, 게다가 저택 안에 있던 이나리稻荷사당4)까지도 옛 그대로 미사와 리조트 시설 안으로 옮겼다.

그리고 이를 계기로, 신처럼 경애하던 시부사와 에이치와 게조의 위업

시부사와 신사 본전

을 칭송하고 후세에 전하기 위해서는 신으로 모시는 것이 바람직하다고 생각하고, 혼자 힘으로 시부사와신사를 건립하기에 이르렀다.

이 신사에는 스기모토의 마음속에 살아 있는 '에이치·게조'에 대한 기억이

---

4) 일본어 '이나리'에는 여러 가지 의미가 있다. 여우를 가리켜서 속칭 이나리라고도 하며 여우가 유부(油腐)를 좋아한다고 해서 유부의 다른 말로 사용되기도 한다. 여기서는 오곡을 관장한다는 우카노미타마(倉稻魂) 신을 모신 사당을 의미한다.

'에이치·게조의 혼령' 즉 제신으로 모셔져 있는 것이다. 시부사와신사를 참배하고 느낀 점이지만, 흥미롭게도 일반적으로 신사 앞에 세워진 도리이鳥居가 없다. 이를 대신할 셈이었는지 신사 건물 앞에는 에이치와 게조의 커다란 동상이 세워져 있다. 게다가 외궁外宮을 모방한 신전에는 신체神體로서 두 사람의 영정이 장식되어 있을 뿐이다. 더욱 흥미로운 것은 이 신사에는 신직神職이 존재하지 않는다고 한다. 즉 이 신사는 기억의 '요리시로依り代'5)이외에는 그 어떤 의미도 없는 셈이다. 이 신사가 앞으로 어떤 역사를 거치게 될 것인가? 나는 '사람을 신으로 모시는 습속'의 미래를 점쳐보는 의미에서라도 매우 흥미롭게 생각하고 있다.

그렇지만 시부사와신사처럼 꽤 화려하게 신사를 창건하는 것은 전후에는 드문 경우이다. 그와 같은 동향은 이미 쇠퇴의 길로 접어들었다고 보아도 좋다. 신사가 국가신도와 연결되었기 때문에, 본래의 사상을 전달하기 위한 장치로써도 기능 할 수 없게 되었기 때문이다.

그럼 일찍이 신사 등의 종교시설이 담당하고 있던 '기념·기억장치'로써의 기능은 어디로 사라져버린 것일까? 오늘날에는 이미 그 같은 종류의 건조물은 필요가 없어진 것일까?

그렇지 않다. 사람들은 지금도 특정한 인물에 대한 기억을 이어가고 싶어한다. 그리고 그 대체물로 등장한 것이 본서에서 서술한 바와 같이, '인물기념관'인 것이다. 예를 들어 사이고 다카모리西鄕隆盛를 모신 난슈신사南洲神社의 옆에는, 전후에 사이고의 유덕遺德을 추도하는 사람들의 기부로 난슈기념관南洲記念館이 세워져 있다. 앞에서 소개한 시부사와신사에도 그 옆에 '시부사와기념관'이라 부를만한 시부사와문화회관이 세워져 있다. 즉 오늘날에는 이 사람이다 하고 생각되는 인물의 업적을 후세에 전하고 싶을 때면, 사람들은 기념관을 세움으로써 이에 부응하려고 한다. 실제로

---

5) 신령(神靈)이 내려와서 기거하는 곳으로 수목·암석·인형(人形) 등이 일반적이다. 이를 신령으로 간주하고 제사를 지낸다.

오늘날에는 많은 수에 이르는 인물기념관이 전국 각지에 세워지고 있다. 그러나 그 중에서 어느 것이 백년 후 또는 이백년 후까지 남아 있을지는 알 수 없다. 이것도 또한 결국에는 기억을 이어가고자 하는 후세 사람들의 노력 여부에 달려있기 때문이다.

'혼령'이란 '기억'이다. 계속해서 기억하는 일이 그 사람의 '혼령'을 존속시키는 것이다. 앞으로도 이 같은 시점에서 이 테마를 심화시켜감과 동시에 다양한 '기억장치'에 대한 탐색을 이어가고자 한다.

저자후기

　이 책은 헤이세이 12년(2000) 1월부터 12월까지 일년 동안, 우라센케裏千家 다도잡지인 『단코淡交』에 연재했던 「신이 된 사람들神になった人びと」(모두 12회)이 바탕이 되었다. 연재에 있어서는 대상으로 다루는 신사에 가본 적이 있을 것, 신사를 창건한 경위에 유의할 것, 가능한 한 다양성을 고려해서 신을 선택할 것, 잡지의 성격상 에세이 스타일로 문장을 쓸 것 등을 고려했다.

　처음 연재할 때에는 현지를 방문한 인상을 섞어가며 비교적 가벼운 기분으로 써나갔지만, 연재를 거듭하는 중에 연구노트 같은 색채가 짙어진 듯 하다. 왜냐하면 이 테마가 당초에 생각했던 것보다 훨씬 흥미롭다고 생각했기 때문이다.

　단행본으로 출판하면서 「안베 세베에山家清兵衛 - 와레신사和靈神社」「오

다케ぉ竹-오다케다이니치도ぉ竹大日堂」「마스다 게타로增田敬太郎-마스다신사增田神社」등, 세 신사에 대한 원고를 새로 추가하였다. 연재할 때에는 주로 저명한 신 위주로 하였기 때문에, 단행본에서는 민중들이 만들어 낸 지역적인 신을 추가하고 싶었다.

이 책에서 내가 특히 강조하고 싶었던 것은, 일본인의 신에 대한 관념·영혼관을 탐색하기 위해서는 '사람을 신으로 모시는 습속' 즉 인신人神이 더할 나위 없이 좋은 소재라고 하는 점이다. 거기서 신사와 같은 신앙시설이 '기념·기억 그리고 지배장치'로서 기능하고 있는 점이 부각되었다.

처음부터 그런 측면을 부각시키려고 계획하고 있었다. 나는 이미 「혼령이라고 하는 이름의 기억장치たましいという名の記憶裝置」(『기억하는 민속사회(記憶する民俗社會)』, 小松和彦編, 人文書院, 2000年)에서, 그에 관한 견해를 피력했기 때문에 이를 구체적으로 확인해보고 싶었다.

말하자면, 옛날에는 생전에 좋은 의미에서건 나쁜 의미에서건 기억할만한 가치가 있는 일을 했다고 여겨진 인물을 후세에까지 전하고자 할 때, 신으로 모시는 것이 가장 좋은 방법이었다.

또 한 가지 강조하고 싶은 점은 우리들이 역사적 사실이라고 생각하고 있는 것이 실은 후세 사람들이 지어낸 이야기일지도 모른다는 점을 알아주었으면 하는 것이다. 우리들은 늘 선인들이 남긴 '사실史實'이나 '허구'적인 자료를 재구성하여 과거를 만들고 있다. 역사학자는 그 것을 구별하기 위해 세심하게 주의를 하지만, 우리들 민속학자들은 허실이 섞여 있는 민간전승의 전체상 쪽으로 관심을 기울인다. '사람을 신으로 모시는 습속'의 영역은, 그와 같은 민간전승을 연구하는 중요성을 보여주는 절호의 '현장'이다.

16명의 인신을 통하여, 그것도 한 사람에 관해서 원고용지로 불과 20매가 되지 않는 지면으로 고찰한다는 것은, 내 의도를 제대로 반영하기에 충분하다고 볼 수 없다. 그렇지만 주어진 지면 속에서 될 수 있으면 이제까지 별로 주목되지 않았던 측면을 부각시키기 위해서 힘썼다.

이 책을 구성하기 위한 원고를 집필하는데 있어서 관련자료를 소장하고 있는 박물관이나 도서관, 신사, 사원 관계자 여러분의 협조와 배려가 있었다. 진심으로 감사드리는 바이다.

2001년 8월

고마쓰 가즈히코小松和彦

역자후기

이 책은 일본의 고마쓰 가즈히코小松和彦 교수의 『神になった人びと』 (2001년 10월, 淡交社)를 완역한 것이다. 저자가 책의 뒷부분에서 밝히고 있는 것처럼, 『神になった人びと』는 헤이세이平成 12년(2000) 1월부터 12월까지 우라센케裏千家라는 일본의 다도 유파에서 발행하는 월간잡지 『단코淡交』 에 연재되었던 원고가 바탕이 되었다.

이 책에는 일본인들의 신에 관한 관념이나 영혼관이 잘 드러나 있다. 저자는 일본인들이 사람을 신으로 모시는 신앙의 근본원리와 구조 및 변천과정에 대해서, 역사적으로 실존했던 16명의 구체적 인물을 예로 들어 알기 쉽게 설명하고 있다. 책에서 소개하는 16명의 인물은 숭배, 원령, 권력, 민중이라는 범주로 나뉘어 배치되어 있다. 따라서 독자들은 이 책을 처음부터 순서대로 읽어도 좋으며, 관심이 가는 부분부터 읽어도 좋을 듯

하다. 여기에 소개된 인물들은 오늘날에도 일본의 신사神社나 사원에서 신으로 모셔지고 있다. 특히 제4장에서 소개하고 있는 이삼평李參平이라는 인물은 임진왜란 당시에 한반도에서 일본으로 끌려간 도공으로, 아리타야키有田燒라는 세계적인 도자기를 보급시킨 원조이다.

저자 고마쓰 가즈히코 교수는 신슈대학信州大學과 오사카대학大阪大學을 거쳐, 현재 일본의 교토京都에 위치한 국제일본문화연구센터國際日本文化研究センター에 재직 중이다. 민속학과 문화인류학이 전공으로 일본의 설화, 요괴문화, 민간신앙 등 다양한 분야에서 왕성한 저술활동을 전개하고 있다.

국내에서 고마쓰 가즈히코 교수의 저작이 소개되기는『神になった人びと』가 처음으로, 현재 중앙대학교 박전열 교수의 번역으로『이인론異人論』이라는 다른 저서가 한국어로 번역중에 있다고 한다. 고마쓰 가즈히코 교수는 한국의 일본학 관련 연구자들 사이에서는 비교적 많이 알려진 학자이다. 일찍이 여러 번에 걸쳐 국내의 일본관련 학회의 초청을 받아 강연을 하기도 하였다. 또한 2004년 9월에는 중앙대학교 한일문화연구원의 초청으로 학술대회에 참가하였으며, 10월에는 전남대학교 일본문화연구센터에서 기조강연을 한 적이 있다.

이 책은 전남대학교 일어일문학과의 김용의 교수와 대학원에서 일본문화를 전공하는 대학원생의 공동작업으로 번역되었다. 대학원생들이 각자 번역할 부분을 분담하여 번역이 끝난 후에, 연구회 자리에서 여러 차례에 걸쳐 원고를 돌려 읽으며 검토하였다. 이 과정에서 체재의 통일, 역주 달기, 일본어의 한글표기법 및 용어의 통일 등을 꾀하였다. 특히 독자의 편의를 위해서 원본에는 없는 역주를 알기 쉽게 달기 위해서 많은 시간을 들였다. 번역에 참가한 사람과 각자 맡은 부분은 다음과 같다.

한국어판 저자서문 : 김용의
프롤로그 : 김용의

후지와라노 가마타리藤原鎌足 : 주혜정

미나모토노 미쓰나카源滿仲 : 박홍일

아베노 세메安倍晴明 : 오세원

이노에 내친왕井上內親王・사와라 친왕早良親王 : 박선희

스가와라노 미치자네菅原道眞 : 김우봉

사쿠라 소고로佐倉惣五郎 : 김희경

다이라노 마사카도平將門 : 주혜정

얀베 세베에山家淸兵衛 : 박홍일

구스노키 마사시게楠木正成 : 박선희

도요토미 히데요시豊臣秀吉 : 송영숙

도쿠가와 이에야스德川家康 : 오세원

이삼평李參平 : 김용의

오타케お竹 : 송영숙

사이고 다카모리西鄕隆盛 : 김희경

마스다 게타로增田敬太郎 : 김우봉

에필로그 : 김용의

저자 후기 : 김용의

이 책이 나오기까지 많은 분들의 도움을 받았다. 흔쾌히 번역을 허락해 주신 저자 및 단코샤淡交社의 관계자 여러분, 저자와 역자 사이에서 연락 사무를 맡아 준 마쓰무라 가오루코松村薫子씨, 우리문화사의 최주호 사장, 민속원의 홍종화 부장을 비롯한 편집실 여러분께 깊이 감사드린다.

2005년 7월
역자 일동

〈지은이〉

고마쓰 가즈히코小松和彦

1947년 도쿄에서 태어났다. 도쿄도립대학 대학원 사회과학연구과 박사과정을 수료
하였으며, 민속학·문화인류학이 전공이다. 신슈信州대학과 오사카大阪대학 교수를
거쳐, 현재 국제일본문화연구센터 교수로 재직 중이다. 저서로『異人論』,『妖怪學
新考』,『神隱し』등이 있다.

〈옮긴이〉(가나다순)

김용의
전남대학교 일어일문학과 졸업
중앙대학교 대학원 일어일문학과(문학석사)
일본오사카대학 대학원 일본학과(문학석사)
일본오사카대학 대학원 일본학과(문학박사)
현재 전남대학교 일어일문학과 부교수

김우봉
전남대학교 일어일문학과 졸업
조선대학교 교육대학원 일본어교육전공(교육학석사)
전남대학교 대학원 일어일문학과 박사과정 수료
현재 전남대학교 일어일문학과 강사

김희경
전남대학교 일어일문학과 졸업
조선대학교 교육대학원 일본어교육전공(교육학석사)
전남대학교 대학원 일어일문학과 박사과정 수료
현재 전남대학교 일어일문학과/언어교육원 강사

박선희
조선대학교 일본어학과 졸업
조선대학교 교육대학원 일본어교육전공(교육학석사)
전남대학교 대학원 일어일문학과 박사과정 수료
현재 광주대학교 강사

박흥일
호남대학교 일본어과 졸업
전남대학교 대학원 일어일문학과(문학석사)
전남대학교 대학원 일어일문학과 박사과정 재학
현재 전남대학교 평생교육원 강사

송영숙
여수대학교 일본학과 졸업
전남대학교 대학원 일어일문학과(문학석사)
전남대학교 대학원 일어일문학과 박사과정 재학
현재 순천청암대학 강사

오세원
전남대학교 일어일문학과 졸업
전남대학교 교육대학원 일본어교육전공(교육학석사)
전남대학교 대학원 일어일문학과 박사과정 수료
현재 전남여자상업고등학교 교사

주혜정
조선대학교 유전공학과 졸업
조선대학교 교육대학원 일본어교육전공(교육학석사)
전남대학교 대학원 일어일문학과 박사과정 수료
남도대학 / 순천청암대학 / 조선대학교 강사 역임